BESTSELLER

JACOBO GRINBERG-ZYLBERBAUM

LA BATALLA POR EL TEMPLO

DEBOLS!LLO

El papel utilizado para la impresión de este libro ha sido fabricado a partir de madera procedente de bosques y plantaciones gestionadas con los más altos estándares ambientales, garantizando una explotación de los recursos sostenible con el medio ambiente y beneficiosa para las personas.

La Batalla por el Templo

Primera edición en Debolsillo: septiembre, 2024
Primera reimpresión: octubre, 2024
Segunda reimpresión: noviembre, 2024

D. R. © 1991, Jacobo Grinberg-Zylberbaum
D. R. © 2024, con la autorización de Estusha Grinberg Arditti

D. R. © 2024, derechos de edición mundiales en lengua castellana:
Penguin Random House Grupo Editorial, S. A. de C. V.
Blvd. Miguel de Cervantes Saavedra núm. 301, 1er piso,
colonia Granada, alcaldía Miguel Hidalgo, C. P. 11520,
Ciudad de México

penguinlibros.com

D. R. © 2024, Emiliano Ruiz Parra, por la semblanza
D. R. © 2024, Joaquín Nava, por la ilustración en portada
D. R. © 2024, Leilani Grinberg, por el retrato en interiores
Penguin Random House / Laura Velasco, por el diseño de portada

Penguin Random House Grupo Editorial apoya la protección del *copyright*. El *copyright* estimula la creatividad, defiende la diversidad en el ámbito de las ideas y el conocimiento, promueve la libre expresión y favorece una cultura viva. Gracias por comprar una edición autorizada de este libro y por respetar las leyes del Derecho de Autor y *copyright*. Al hacerlo está respaldando a los autores y permitiendo que PRHGE continúe publicando libros para todos los lectores.

Queda prohibido bajo las sanciones establecidas por las leyes escanear, reproducir total o parcialmente esta obra por cualquier medio o procedimiento, incluyendo utilizarla para efectos de entrenar inteligencia artificial generativa o de otro tipo, así como la distribución de ejemplares mediante alquiler o préstamo público sin previa autorización.
Si necesita fotocopiar o escanear algún fragmento de esta obra diríjase a CeMPro (Centro Mexicano de Protección y Fomento de los Derechos de Autor, https://cempro.org.mx).

ISBN: 978-607-384-833-6

Impreso en México – *Printed in Mexico*

A Estusha

ÍNDICE

Jacobo Grinberg-Zylberbaum: El Quijote de la ciencia,
por Emiliano Ruiz Parra   XI

I.	Infancia	1
II.	Escuela	19
III.	Estusha	29
IV.	Pubertad	37
V.	Israel	43
VI.	La universidad	57
VII.	Lizette	69
VIII.	Nueva York	83
IX.	Tepoztlán	99
X.	Pachita	119
XI.	Cuernavaca	131
XII.	Ile	137
XIII.	India	141
XIV.	México	147
XV.	La Batalla por el Templo	161
XVI.	El testigo	173
XVII.	La catedral	179
XVIII.	España	183

XIX.	Mayra	191
XX.	Safed	195
XXI.	Terita	199

NARRACIONES

El pez y el ave	207
La abeja y su panal	211
Janios y Or	215
El diálogo	229
El organista	235
El hombre	241
Interna	245
Prólogo al libro *El despertar de la conciencia*	249
El juego	261
El Zohar	267
En busca de Dios	287

Agradecimientos, por Estusha Grinberg   317

JACOBO GRINBERG-ZYLBERBAUM: EL QUIJOTE DE LA CIENCIA

Por Emiliano Ruiz Parra

Jacobo Grinberg nació el 12 de diciembre de 1946 en la Ciudad de México, en una familia de inmigrantes que habían escapado de las persecuciones antisemitas en Europa del Este. Estudió psicología en la Universidad Nacional Autónoma de México (UNAM) y un doctorado en Neurociencias en la Universidad de Nueva York.

Jacobo Grinberg es uno de los mexicanos más desafiantes de la segunda mitad del siglo XX. Eligió el cerebro humano como tema de investigación y se propuso responder a la pregunta de dónde proviene *la experiencia*, es decir, cómo se construye la realidad en la mente. Esa respuesta lo llevó a formular la *teoría sintérgica* (*sintergia*, neologismo derivado de *síntesis y energía*), de la que se hablará más adelante.

Grinberg fue un hombre de ciencia, obsesionado con las mediciones objetivas y puntuales, los experimentos y las comprobaciones de laboratorio. Esa obsesión, sin embargo, no le impidió cruzar fronteras: conoció y divulgó los supuestos dones de los chamanes indígenas como Pachita, que realizaba trasplantes de órganos con un cuchillo de monte. Se tomó en serio las escuelas místicas, en especial la cábala judía y el budismo tibetano; estudió y practicó la meditación y el yoga. Sus intereses intelectuales quedaron registrados en más de 50 libros. Fue un autor prolífico que lo mismo escribió textos científicos que cuentos, novelas y una autobiografía.

En diciembre de 1994 Jacobo Grinberg desapareció. Nunca fue localizado y las autoridades no obtuvieron mayores pistas de su paradero ni de los posibles responsables de su secuestro. Su repentina ausencia provocó, primero, una temporada de olvido. Grinberg no era bien visto por la comunidad científica de su época y durante años había soportado acusaciones de charlatanería y falta de rigor científico. Con el tiempo, sin embargo, se ha formado un público dispuesto a las propuestas del doctor Grinberg. Quien se aventure a leer sus libros encontrará a un autor audaz, a un científico que cruzó fronteras y, sobre todo, a un ser humano que buscó la libertad en cada palabra escrita.

El ortodoxo

Antes de convertirse en un científico de mente abierta, Jacobo Grinberg fue un hombre de normas y estructuras tradicionales. Cuando era joven, escogió como mentor al profesor más rígido y exigente de la carrera en Psicología: el médico y neurofisiólogo Héctor Brust Carmona. "Se convertiría en la influencia más importante de mi vida —escribió el propio Grinberg—, mi ser reconocía en Brust la figura paterna que mi inconsciente anhelaba".

En los sesenta los estudios de psicología habían surgido dentro de la Facultad de Filosofía y Letras de la UNAM, que bullía entre movimientos de izquierda, pensadores existencialistas y jóvenes en pleno despertar político y sexual. El plan de estudios incluía materias más duras, como la psicofisiología, y los estudiantes debían caminar a la Facultad de Medicina a tomarlas. Entre esos profesores estaba Brust Carmona.

"Me burlaba de las emociones, considerándolas muestras de debilidad —escribió Grinberg en su autobiografía *La batalla por el templo* (1991)—, el impulso a ser admitido me perseguía siempre". Después de rigurosos exámenes, el joven Grinberg entró como aprendiz al laboratorio que dirigía Brust Carmona y se vestía siempre de bata, traje y corbata. Tanto en el laboratorio como en su vida matrimonial "todo debía vivirse de la misma forma, sin desviación alguna", recordó después. El joven Jacobo —al igual que Brust Carmona— estudiaba el núcleo caudado del cerebro: justo la parte del órgano que regula el control.

En esa época se aceptaba y practicaba la experimentación con animales. En el laboratorio de Brust lo hacían, sobre todo, con gatos. Se les abría la cabeza, se les conectaban ánodos y cátodos en el cerebro, y se les estimulaba con proteínas. Lizette Arditti, quien fue su primera esposa, me cuenta que el examen profesional de Jacobo provocó conmoción. Llevó a un gato con electrodos en la cabeza. El auditorio se crispó cuando el michi enseñó los colmillos después de que le estimularon la amígdala (un núcleo subcortical en el cerebro). En ese entonces, escribió Grinberg, "solo aceptaba los resultados de experimentos controlados". Aprendió a dominar las artes quirúrgicas, el registro encefalográfico y el método experimental. Y comprendía la física cuántica, central para sus teorías de madurez.

Y llegó 1968, ese año que subvirtió a las juventudes en diversas ciudades del mundo y, por supuesto, en la Ciudad de México. Para ese entonces, Jacobo ya empezaba a cuestionarse sus ideas sobre la vida. Y dio el paso: al igual que cientos de miles de jóvenes universitarios, se sumó al movimiento estudiantil. "Me gustaban las normas —reflexionó después— pero también empezaba ya a anhelar un cambio de estructuras". La tarde del 2 de octubre tenía planeado acudir a la marcha a Tlatelolco, pero uno de los gatos del laboratorio sufrió una crisis y Jacobo pasó horas dándole respiración de boca a boca y eso le impidió llegar a la marcha que devino en masacre. En los días que sucedieron a la matanza de las Tres Culturas, Jacobo acudió a cuidar a los gatos en medio de una universidad tomada por los soldados.

"Empecé a sentir una necesidad imperiosa de libertad y todo el control que me había impuesto comenzó a resquebrajarse, dentro de mí hervía la inquietud y el deseo de algo desconocido". Su atuendo sufrió cambios: guardó la corbata y comenzó a usar guayaberas, mezclilla y tenis.

LA MADRE

Hay un tópico que se repite en los textos acerca de Jacobo Grinberg: el impacto que le provocó la muerte de su madre. El niño Jacobo tenía 10 años y cuidó a su mamá en su agonía, en la casa familiar de la calle Sócrates, en la colonia Polanco. Él mismo se pregunta si esa orfandad lo llevó a estudiar el cerebro, pues su madre falleció de un tumor cerebral.

"Yo pasaba mucho tiempo solo cuidando a mi mamá; pensaba yo mucho y pensaba en las distintas dimensiones del mundo", le contó a su amigo Juan José Sánchez Sosa.

Sin ese cimiento que era Estusha Zylberbaum, la familia quedó a la deriva, en manos de un padre violento y de una nana, Petra, que cuidó a los pequeños hermanos Nathán, Jacobo y Gerardo Grinberg, de acuerdo con el relato autobiográfico del propio Jacobo.

En un ambiente doméstico sofocante, Jacobo Grinberg se matriculó en la licenciatura en Física en la Facultad de Ciencias de la UNAM. Y se inscribió en un grupo sionista: quería emigrar a Israel. En ese grupo conoció a Lizette Arditti. Jacobo, recuerda Arditti, era un muchacho lector y muy intelectual, que desde entonces lucía una larga y cerrada barba negra. En unos meses se instalaron como trabajadores agrícolas en un kibutz a escasos 500 metros de la Franja de Gaza —uno de los kibutz atacados por Hamas el 7 de octubre de 2023.

"Descubrimos el amor con mucha libertad. No estaban nuestros padres para decirnos así sí o así no. Era una exploración hermosa y muy libre", recuerda Arditti más de medio siglo después. Arditti lo sigue llamando Jaco, como le decía de cariño cuando eran novios.

Un año después, Grinberg volvió a México. Su padre había tenido otro hijo con una nueva esposa: un niño "que era una hermosura", como recuerda el propio Grinberg. Ese pequeño se convertiría en el célebre actor Ari Telch. Arditti regresó también a la casa de sus padres, en Guadalajara. Jacobo la visitaba cada que podía. El propio Grinberg cuenta en sus páginas autobiográficas que era tímido y se quedaba callado en las comidas con sus suegros. Pronto abandonó la física porque reparó que las matemáticas no eran su fuerte, se matriculó en la carrera de Psicología y consiguió trabajitos como ayudante de maestro y auxiliar de laboratorio. Su amigo y también estudiante de psicología Juan José Sánchez Sosa recuerda que ambos trabajaban en el laboratorio de la Preparatoria 4, al poniente de la Ciudad de México. Con una mínima autonomía económica, el 25 de septiembre de 1968 Jacobo y Lizette se casaron en la sinagoga de la calle Monterrey, en la colonia Roma de la Ciudad de México. Lo celebraron con un brindis en la casa de los padres de Arditti, que se habían mudado a la Ciudad de México. En 1971 nació Estusha Grinberg, la única hija de Jacobo y Lizette.

Jacobo era un muchacho bajito y regordete de —más o menos— un metro sesenta de estatura. "Un osito", como lo recuerda Juan José Sánchez Sosa. Un joven de buen sentido del humor, que contaba chistes.

"Lo recuerdo muy claramente como alguien excepcionalmente despierto. Muy perceptivo. Era optimista y muy cercano interpersonalmente. Ponía mucha atención a lo que estaba uno diciendo, lo pensaba, lo comentaba e interactuaba a partir de eso", me dice Sánchez Sosa en su laboratorio de la Facultad de Psicología, de la que es profesor emérito.

Grinberg empezó a cuestionarse ideas incluso desde su propia vida personal.

"Abrazaba a Lizette, pero soñaba con otras mujeres", escribió Grinberg en su autobiografía.

"Era todo muy lindo hasta que Jacobo empezó a despertar a otras mujeres", me cuenta Arditti. Jacobo trató de convencerla de tener una relación abierta. "Yo no pude con eso. Me dije: tengo que hacerle caso a mi corazón, no a las ideas. Y ahí hay una separación contundente y Jacobo agarra su camino".

En *La batalla por el templo* Grinberg cuenta sus múltiples búsquedas que lo llevaron a romper con maneras de ser y de pensar que había aprendido de su rígida madre y de los maestros del Colegio Israelita. Grinberg amó profundamente a las mujeres. A su hija Estusha, sobre todo, y a Lizette mientras fue su pareja. Los enamoramientos de Grinberg eran como erupciones volcánicas. Se fascinaba por una mujer y la amaba locamente unas semanas; luego llegaba el aterrizaje a la realidad, empezaban los pleitos constantes y Grinberg se sentía agobiado.

"Siento que no era muy maduro en la parte afectiva", me dice Arditti en entrevista.

La pareja intentó una reconciliación. Grinberg se fue a estudiar el doctorado a la Universidad de Nueva York, al laboratorio de Estudios del Cerebro, que dirigía Roy John. En Nueva York, Grinberg experimentó un despertar intelectual y empezó a forjar sus más revolucionarias ideas. Lizette y la pequeña Estusha lo alcanzaron y retomaron la vida familiar. Pero a las pocas semanas ocurrió lo mismo: Jacobo se sintió "en una prisión" y la pareja se separó por segunda vez. El viaje, sin embargo, fue provechoso para ambos. Lizette hizo una maestría en Psicología Humanista y descubrió su segunda vocación, la pintura. Aun después de separarse, Grinberg le llevó a Arditti cada uno de sus más de 50 libros. Sabía que ella los leería y comprendería.

Años después, Grinberg reflexionaría acerca de su rompimiento con Arditti: "Lizette era mi amiga, hermana y esposa, y ambos nos sosteníamos a la perfección. Solamente cuando se pierde una relación así se percibe lo maravillosa que era".

La teoría sintérgica

Los chamanes indígenas, los lamas tibetanos, la cábala judía. Grinberg les dedicó atención y escribió sobre ellos como ningún otro investigador mexicano de su época. Pero fue más lejos, en busca de explicarse la conciencia terminó por ofrecer una teoría del cosmos. Grinberg se preguntó cómo se forma *la experiencia*: aquello que los seres humanos percibimos y conocemos como la realidad:

"Jacobo quería entender el mundo consciente: lo que vemos, tocamos, saboreamos, sentimos. A Jacobo le interesaba el hecho de que nosotros estamos conscientes y podemos hacernos preguntas como de dónde vienen los átomos, cuál es el origen de la vida, y otras", me dice Manuel Delaflor, quien fuera su discípulo durante seis años.

Grinberg pronto se dio cuenta de que no existía una dicotomía entre la realidad y nuestra percepción, o entre la materia y la idea que tenemos de esta. Ambas eran una sola cosa y había que entenderlas como una unidad. O mejor aún, como *la Unidad*.

Y para explicarlo ofreció la teoría sintérgica.

El universo —propone esta teoría— está conectado a través de la *lattice* (celosía, enrejado), una matriz, constituida a nivel cuántico, que contiene toda la información del universo. La lattice contiene la misma información en todos y cada uno de sus puntos. Lo que nosotros conocemos como realidad es el resultado de la interacción entre la lattice y nuestro campo neuronal. Pero el ser humano no es un receptor pasivo de la lattice. La conciencia no solo recibe la información. También participa de ella. Al hacerlo, la altera y la modifica.

"Cuando la energía se concentra de cierta forma en el cerebro se produce lo que él llama un campo neuronal, que interactúa con la lattice o matriz básica del espacio, y de esta interacción surge el mundo que vemos. ¿Cómo se crea la experiencia? Es la distorsión producida por la actividad cerebral —me explica Delaflor—. Sí existe un mundo material, pero lo que nosotros percibimos está mediado por esta interacción. Lo que percibimos está construido, no está dado".

El cerebro, para Grinberg, es una estructura *similar* a la lattice: un cuerpo orgánico cuyos 12 mil millones de neuronas se conectan por medio de los axones. El cerebro, dice Grinberg, es un espejo donde se refleja la lattice. Y el órgano capaz de decodificarla por medio de un proceso que llamó la *neuroalgoritmización*.

Durante meses, Grinberg estuvo presente en la sala de operaciones de Bárbara Guerrero, *Pachita*. ¿Cómo debe reaccionar un científico ante lo que veían sus ojos? Grinberg cuenta que Pachita sacaba tumores o trasplantaba órganos sanos después de extirpar riñones o pulmones enfermos. Lo que más interpelaba a Grinberg era que, de la nada, aparecían en las manos de la chamana un riñón, un pulmón o un pedazo sano de cerebro que injertaba en los cuerpos de sus pacientes.

Grinberg se explicó esos milagros por medio de su teoría sintérgica. Decía: el cerebro de Pachita es capaz de alterar la lattice. Por eso el interés de Grinberg en estudiar los cerebros de los chamanes mexicanos y los lamas tibetanos.

"Lo voy a explicar en términos especulativos: si el cerebro construye el mundo que vemos, ¿qué pasa si nos encontramos con un cerebro que no procesa el mundo como los demás? El chamán aparentemente tiene capacidades que le permiten hacer predicciones o curaciones de formas que no son entendidas de manera convencional porque su conciencia es distinta: distorsionan de otra manera la base del espacio y, por lo tanto, tienen habilidades que otros no tienen. El interés de Jacobo, más que antropológico, era 'necesito encontrar cerebros que no funcionan como los cerebros convencionales para ver si la teoría tiene sustento'", dice Delaflor.

"Todos nuestros pensamientos están interrelacionados […] muchos ni siquiera son nuestros, sino que vienen del colectivo", anotó Grinberg. En busca de huellas medibles de la interacción entre el cerebro humano y la lattice, pensó en el concepto *potencial transferido*. Quería saber si los cerebros de dos personas podían comunicarse. El experimento era sencillo: dos personas se encontraban y conversaban. Después, metía a cada uno a una cámara de Faraday, en donde no tenían ningún tipo de contacto. Ahí, estimulaba solo al sujeto A. Quería saber si el cerebro del sujeto B, en ese mismo momento, registraba una variación eléctrica medible por los aparatos. Según el periodista Sam Quiñones —que escribió sobre Grinberg tres años después de su desaparición—, sus resultados fueron positivos en el 25 por ciento de los casos.

"Para la ciencia son casualidad. Como no se ha logrado replicarlo con un nivel estadístico confiable, la comunidad científica lo ha eliminado de sus áreas de experimentación", escribió Leah Bella Attié (*Alicia en el país de la conciencia*). Attié era la colaboradora de Grinberg que estaba a cargo de los experimentos de potencial transferido a la desaparición del investigador.

La teoría sintérgica no se tomó en serio. "Me siento como excomulgado, viviendo al margen de la sociedad, [ese ha sido] el precio a pagar por no someterme al paradigma imperante", escribió Grinberg en *La batalla por el templo*.

Meses antes de desaparecer, Grinberg recibió a un reportero. Le dijo que sus investigaciones tenían tres vertientes: el enfoque neurofisiológico, que desarrollaba en el laboratorio; el enfoque chamánico, que se hacía en el trabajo de campo, y el estudio de las distintas escuelas místicas. "Lo acusan de charlatanería", lo provocó el reportero. "La ciencia se define por su método, no por sus temas", replicó el psicofisiólogo.

Sam Quiñones hace una bella síntesis de la sintergia: "La teoría por la que Grinberg llegó a ser conocido reflejaba su personalidad. Basándose en la física y en sus experiencias con curanderos, un poquito de Einstein, un poquito de doña Pachita, su mensaje esencial era cálido y esperanzador: toda la humanidad está interconectada. Grinberg pasó casi toda su vida de adulto tratando de probar esta idea. Si tuvo éxito o no es un debate que continúa en su ausencia".

El laboratorio

Así lo describe Manuel Delaflor: "Entrabas y había un espacio de oficina con el escritorio de Jacobo enfrente de una ventana. Había libreros por todos lados y podíamos sentarnos ahí ocho o diez personas con sillas alrededor del escritorio. Luego un pasillo, otra computadora y varios estantes y aparatos de registro electroencefalográfico. Después venía un baño independiente y una cámara de Faraday en donde podía la gente entrar y estar aislados electromagnéticamente del entorno".

Leah Bella Attié y Amira Valle tenían poco más de 20 años cuando trabajaban con Jacobo Grinberg. Ellas han escrito un libro para rescatar sus memorias y los trabajos científicos que hicieron con la dirección de su maestro. Se llama *Alicia en el país de la conciencia* e hicieron una edición de autor en 2014. Ellas conocieron a Jacobo Grinberg cuando él estaba en la cuarta década de su vida. Grinberg ya había desarrollado sus principales teorías. Era consciente de la heterodoxia de sus planteamientos y del rechazo que provocaban en los científicos institucionales.

En el volumen, Attié y Valle cuentan que cuando Jacobo Grinberg llegaba enojado al laboratorio "su energía era tan fuerte que las computadoras paraban o no prendían. Teníamos que poner las manos encima para que se calmaran como si fueran cachorritos". Por el contrario, cuando Grinberg estaba feliz y entusiasmado, "el hipercampo del laboratorio cambiaba" y los aparatos funcionaban a la perfección.

Jacobo Grinberg dirigía el laboratorio número 23 de la Facultad de Psicología de la UNAM, el cual obtuvo cuando lo nombraron coordinador de la maestría en Psicobiología. Allí pasaba la mayor parte de su tiempo. "Tenía cámaras de Faraday, electroencefalógrafos, equipos para inducir sonidos con bocinas; tenía registros psicofisiológicos, tasa cardiaca, pletismógrafo para respiración, [medidores de] temperatura distal periférica", recuerda Juan José Sánchez Sosa, quien, en la década de los noventa, era director de la Facultad de Psicología. La cotidianidad se desarrollaba entre computadoras, plumillas y papel de electroencefalograma.

"Jacobo era muy entusiasta y podía ser muy convincente y elocuente con las personas correctas. En la UNAM nosotros teníamos siempre las mejores computadoras antes que nadie. Era el mejor laboratorio", recuerda Delaflor.

Celebraba reuniones semanales cada viernes a las tres de la tarde. Attié y Valle cuentan que era una delicia intelectual. Discutir los proyectos de trabajo, los hacía hablar de filosofía, ciencias y disciplinas orientales. Y no tuvo problema en aceptar entre sus colaboradores al "genio autodidacta" —así lo llamaba— Manuel Delaflor, quien carecía de títulos y diplomas.

Jacobo Grinberg también se postulaba a diversas convocatorias del Conacyt y la UNAM para obtener becas para los 15 colaboradores que llegó a tener el laboratorio.

"No existían los buscadores [de internet], pero Jacobo era muy diestro buscando y encontrando qué fundaciones financiaban proyectos. Alguna vez me dijo 'no tienes idea de la cantidad de dinero que nadie usa porque nadie responde a las convocatorias'. Él conseguía dinero del Conacyt, que ya existía, con relativa facilidad", recuerda Sánchez Sosa.

Al laboratorio acudían lamas tibetanos, chamanes indígenas, cabalistas judíos, pacientes operados por Pachita. Grinberg los invitaba a que entraran a la cámara de Faraday, a ponerse gorritos con electrodos en la cabeza y medirles el *potencial evocado* y el *potencial transferido*, conceptos centrales en las investigaciones del equipo. El laboratorio era el epicentro, pero los investigadores salían a confrontar sus hallazgos. Delaflor recuerda que acompañó a su maestro a ver a luminarias contraculturales de su época como Carlos Castaneda —el autor de *Las enseñanzas de don Juan*— o el muy excéntrico jesuita Salvador Freixedo, experto en ovnis.

"Jacobo daba batallas frontales para defender el laboratorio de despiadados ataques", escribió Amira Valle. Ataques que provenían de "el grupo de neurofisiólogos que no podía aceptar que un miembro de su comunidad hubiese cambiado radicalmente el enfoque, alejándose de la ortodoxia". Por esas épocas, Grinberg dirigía el curso de meditación en el auditorio de la facultad; tenía la cátedra de Mecanismos de la Memoria, y además daba un seminario con especialistas, con quienes discutía temas diversos.

"Cuando empieza a describir estas otras experiencias que parecían no tener explicación, una gran cantidad de la comunidad científica de la UNAM y de afuera dijeron 'es otro charlatán, ya está hablando de cosas raras, no está haciendo ciencia', pero Jacobo nunca dejó de usar el laboratorio con la metodología apropiada", recuerda su amigo y colega Sánchez Sosa.

"Cerramos los jueves", decía un letrero pegado en la puerta del laboratorio. Leah Bella Attié descubriría que los jueves Jacobo Grinberg se dedicaba a meditar, hacer yoga y profundizar en prácticas orientales. Leah quiso sumarse, después uno y otro colega de su equipo se fueron animando hasta que los jueves se convirtieron en el día en que varios integrantes del laboratorio viajaban a la cabaña que Grinberg tenía en algún lugar de los Altos de Morelos. Allí les enseñó yoga, meditación autoalusiva, Prana Yana (una técnica de respiración) y caminatas de conciencia: a cada paso había que tocarse un dedo y decir za-ta-na-ma... "Era ver al académico transformarse en nuestro maestro espiritual", escribió Attié. "Durante un tiempo, cada jueves, ahí íbamos a hacer meditación. La cabaña estaba en medio del bosque y no tenía agua ni luz, ni nada", dice Delaflor.

Era una época sin internet ni celulares. Las cartas se recibían por fax y se imprimían en ruidosas impresoras de puntos. No había teléfono adentro del laboratorio y, cuando Grinberg tenía llamada, Leah era la responsable de salir corriendo a contestar el teléfono.

Algunos colaboradores se ganaron el mote de "los cuatro sintérgicos". Uno de los sueños de Grinberg era establecer el Instituto Nacional para Estudios de la Conciencia (INPEC): un espacio donde integrar sus búsquedas científicas y espirituales: continuar con sus investigaciones y también enseñar meditación y yoga. Pero sobrevino su desaparición a fines de 1994 y sus proyectos quedaron en vilo.

Las fronteras

Jacobo Grinberg cruzó las fronteras de la ciencia. Experimentó con la ouija, el I-Ching, la astrología y la cábala; creyó en la *visión extraocular* (ver sin los ojos) y enseñó a los niños a practicarla. De acuerdo con sus escritos, alguna vez logró levitar; rememoró 12 vidas pasadas y al menos dos veces *mudó de cuerpo*. Fue a Costa Rica a buscar señales de la Atlántida, el continente perdido, acompañado de chamanas de ese país. Cuando Grinberg escribió sus libros la contaminación del aire en la Ciudad de México era ya insoportable. Según su propio testimonio, no se quedó cruzado de brazos: con ejercicios de respiración y meditación limpió la atmósfera de algunas de las manzanas a la redonda. Luego se comunicó a la Secretaría de Ecología (*sic*) para ofrecer su técnica y fue cortésmente desairado.

Pero acaso su experiencia más audaz la vivió junto a Bárbara Guerrero, *Pachita*, la chamana que hacía trasplantes de órganos con un cuchillo de monte. Grinberg atestiguó decenas, acaso cientos de operaciones de pacientes que llegaban desahuciados y se iban felices, sanos y curados. Pachita —cuenta Grinberg— entraba en trance y el espíritu de Cuauhtémoc, el último emperador azteca, tomaba el cuerpo de la chamana. Grinberg se dirigía a Pachita como "Hermano", porque en realidad le hablaba a Cuauhtémoc, con quien conversaba en los intervalos entre paciente y paciente.

"Supe que yo estaba ahí no para fundar un instituto [de estudios de la conciencia] sino para establecer un puente de unión entre Cuauhtémoc y Quetzalcóatl [...] Cuauhtémoc me animaba a escribir en un lenguaje florido [...] me contaba de su vida de emperador y de la terrible conquista [a la] que fue sometido él y su reino", cuenta el propio Grinberg. "Publiqué un libro sobre Pachita y mis colegas de la UNAM pensaron que había enloquecido", recordó después.

En la India fue a buscar a un gurú de 800 años de edad, pero llegó tarde: había muerto tres días antes. En México buscó al chamán don Panchito, menos longevo, pero que llegó a los 130 años. También estuvo en busca de las huellas históricas del indio yaqui Juan Matus, el sabio de *Las enseñanzas de don Juan*. Se convenció de su existencia histórica y absorbió sus ideas por medio de los libros de Carlos Castaneda.

"Comencé a sospechar que las ideas que yo suponía mías en realidad me habían sido dadas por don Juan desde el otro mundo [...] mi campo neuronal había logrado interactuar con don Juan en alguna zona de la lattice".

He hecho una enumeración de algunas de las fronteras intelectuales que Grinberg cruzó, y que él mismo contó en el delicioso volumen autobiográfico *La batalla por el templo* (1991). Lo dicho aquí con prisa y trivialidad posee, en realidad, un atrevimiento que el lector solo encontrará cuando lea los libros de Grinberg.

Su audacia intelectual más seductora tiene un giro borgiano o de cuento de Philip K. Dick. Cuenta Grinberg que, en los años cincuenta, un inmigrante europeo llegó a una universidad norteamericana a dictar conferencias sobre la conciencia. Se le conocía como el Viejo. Convocó a sus estudiantes más comprometidos a apartarse a una vida de reflexión en una reserva indígena. Ahí, el maestro llegó a un grado tan elevado de meditación que un día se esfumó entre los árboles. Ese maestro se llamaba —coincidentemente— Jacobo *Albert* Grinberg-Zylberbaum.

Décadas después, uno de los discípulos del Viejo encontró los libros de Jacobo Grinberg —el mexicano—, y notó que coincidían punto por punto con las enseñanzas del viejo Albert. Grinberg —el joven— se pregunta si acaso el espíritu del Viejo lo ha tomado y guiado desde su infancia, específicamente desde un momento crucial: la muerte de su madre, Estusha. "¿Era Albert el arquitecto del plan y yo una simple herramienta en sus manos para realizar sus deseos?", se pregunta. Acerca de aquel hombre "de vez en cuando recibo noticias confirmatorias de su existencia y de su conexión misteriosa con la mía".

Sin embargo, dice Delaflor, Jacobo siempre renegó de que lo tildaran de *parapsicólogo*. "Esto es ciencia", decía.

Y nunca, recalca su amigo Sánchez Sosa, nunca Jacobo Grinberg perdió contacto con la realidad. Era reticente al consumo de alcohol y drogas. Nunca alucinó ni oyó voces.

"Buscaba la explicación científica para aquello que no parecía científico. Siempre regresaba a la metodología científica, principalmente la metodología experimental. Le alborotaba la mente el encontrar un puente entre lo que había visto aparentemente sin explicación ninguna y lo que sabíamos de neurofisiología y psicofisiología", afirma.

El hobbit

"De lejos parecías un hobbit de Tolkien, bajito, regordete", le escribe Amira Valle. Poseía una bella voz de tenor. En la intimidad —me cuenta Estusha Grinberg— le gustaba cantar arias de ópera. Acumulaba frascos de vitaminas y las consumía seguido, y en las paredes colgaba collages de fotografías de sus viajes, en particular sus retratos con lamas o chamanes. Le gustaba la comida judía, pero en la cotidianidad lo recuerdan comiendo en el puesto de quesadillas de la Facultad de Psicología y disfrutando tacos de chile relleno.

Se movía en cochecitos sencillos: un vochito azul celeste y un Brasilia que lo llevó con Estusha en un largo viaje hasta San Francisco, California. Se encerraba a escribir y a meditar en una cabaña en el fraccionamiento Los Robles, en Morelos, que había bautizado como *Safed* en honor a una ciudad de cabalistas en Israel. Ahí no había luz ni agua, solo paz y silencio.

Tenía carácter fuerte. Impulsivo, me dice Manuel Delaflor. "Gruñón, sangroncito, fascinante, un genio", añade Amira Valle. "Duro, exigente y perfeccionista", dice Leah Bella Attié. "No era una persona realizada, no tenía logros contemplativos ni regulación emocional", según Valle. "Jacobo era neurótico. Nos hizo llorar varias veces. La gente lo tenía idealizado: no estaba iluminado", remata Attié.

Ella cuenta que Grinberg dormía poco. "Decía que su cabeza era un radio. Un día no podía dormir, prendió su radio de onda corta y escuchó la noticia: empezaba la Guerra del Golfo".

"Soy una especie de iluminado neurótico", se confesó Grinberg ante Attié. Hay una escena que quedó marcada en los recuerdos de Amira y Leah. Además de científica en ciernes, Leah era bailarina. Se preparaba para una presentación en el Festival Cervantino y tenía un ensayo aquella tarde. Se disculpó por retirarse antes de su hora de salida y se despidió de sus colegas. Grinberg montó en cólera. Golpeó la mesa con los puños y le puso un ultimátum: elige el laboratorio o la danza. Uno de los colaboradores lo llamó a la calma.

"Está bien, pero termina lo que estás haciendo en el laboratorio porque no me queda mucho tiempo", pidió Grinberg.

Su hija Estusha lo recuerda de una manera diametralmente distinta: un padre amorosísimo y muy consentidor, y un hombre sereno que nunca se estresaba. Amira Valle y Leah Bella Attié también lo rememoran haciendo expediciones al Espacio Escultórico para meditar en grupo o caminando entre las milpas y nopaleras de Morelos tras una sesión de yoga. A Grinberg le emocionaba el aprendizaje. Cuando aprendía algo nuevo parecía un niño feliz.

De niño le llamaban Jacky en la familia y lo hacía feliz ir de vacaciones a Acapulco. En ese entonces criaba tarántulas, desarmaba radios y televisores para aprender su funcionamiento y construía pequeños aviones. En esos años tuvo un sueño revelador: estaba adentro de una nave espacial y un ser extraño le ponía cables en la cabeza. Le enseñaba a leer libros con solo poner sus manos encima del volumen y le daba una predicción que se cumpliría décadas después: escribirás muchos libros.

El escritor

Nunca acudió a un taller literario ni manifestó, de niño o adolescente, deseo de convertirse en escritor. Sin embargo, un día —un día que recuerda bien Lizette Arditti— se propuso escribir.

"Yo quiero escribir, y voy a hacer mucho dinero de escribir. Siento que puedo hacer suficiente dinero y entonces voy a poder dejar la facultad".

Por aquel entonces Estusha tenía apenas cuatro añitos de edad. "Su apasionamiento por escribir le dio de un día para otro", recuerda Arditti. Era 1972, posiblemente. Desde entonces y hasta 1994, el año de su desaparición, Jacobo Grinberg escribió más de 50 libros. Sus obras solían ser breves, pero su fiebre escritural no deja de ser un portento para un académico de tiempo completo, viajero incansable, que pasaba parte de su tiempo buscando financiamientos para la investigación o tomaba algún empleo ocasional para completar sus ingresos.

"En ocasiones podía escribir durante horas y sentirme fresco en lugar de cansado", recordaba el propio Grinberg en el libro dedicado a Pachita. Y sí: llenaba agendas con su letra pequeñita que luego pasaban a máquina sus asistentes de investigación. Escribía cuatro libros simultáneamente y se aventuró a diversos géneros. Libros de texto para estudiantes, tratados científicos; pero también cuentos y novelas de ciencia ficción, poemas y su volumen autobiográfico, una honesta revisión de sí mismo —a veces quizá demasiado severa— que recuerda a las *Confesiones* de San Agustín.

"Se sentaba durante horas, todo lo escribía en manuscrita y nunca corregía, o mínimamente", añade Arditti, testigo de su súbita conversión a escritor. Primero empezó con cuentos: "Sus cuentos son sueños de libertad —me dice—, de encontrarse a un sabio en una cueva que le diga de qué trata la vida y el cosmos. Y tuvo una evolución hasta novelas más complejas como *Los cristales de la galaxia*, completamente integrada a la teoría sintérgica".

De joven se bebió a los grandes autores de ciencia ficción. Todos, dice Arditti: Asimov, Clarke, K. Dick, Le Guin…

A veces dictaba sus textos en casetes que luego transcribían sus asistentes de investigación. Los martes eran sus días de escritura en el laboratorio. Además, se encerraba en su cabaña del fraccionamiento Los Robles, en Ahuatlán, Morelos, a poner sus ideas en negro sobre blanco. Entre sus discípulas corrió la idea de que podía escribir un libro en una sola noche.

Aprendió a jugar con las palabras, como lo hizo con la creación del nombre de su teoría sintérgica. Con las metáforas puestas al servicio de la ciencia, la noche estrellada le hacía pensar en una red neuronal: las estrellas hacían sinapsis unas con otras. El cosmos como un gran cerebro pensando: pensándonos. Lo mismo imaginó del planeta: si la Tierra es un ser viviente —como estaba seguro que era—, ¿en dónde estaría su mente? ¿Dónde guardaría sus recuerdos? Alguna vez hizo esta pregunta frente a sus colegas del laboratorio y Amira Valle aventuró una respuesta: en el mar, ahí está la memoria de la Tierra. Grinberg asintió.

Los delfines

Jacobo Grinberg nadando con delfines. Esa es la última imagen que Amira Valle y Leah Bella Attié guardan de su maestro, en noviembre de 1994. Querían probar si era posible que los cerebros de los niños con autismo y los cerebros de los delfines experimentaran el potencial transferido. Habían conseguido gorritos con electrodos adaptables a los mamíferos marinos del parque acuático Atlantis, en el Bosque de Chapultepec. Como Attié estaba embarazada, se quedó en la orilla. Amira, Jacobo y Terita —su última esposa— se lanzaron al acuario con trajes de neopreno. Todo iba bien hasta que un delfín atacó a Terita y la obligó a salir de la alberca. La jornada de nado con delfines terminó con un regusto amargo.

Tres décadas después, estos sucesos se leen como una señal de mal augurio o, quizá, un asomo de advertencia interespecie. ¿Qué percibió aquel delfín de lo que ocurría con Grinberg?, se pregunta Attié.

"La conocí en una reunión, vestida al estilo iraní y con unos ojos rasgados que le daban una apariencia extraña. Más rara me pareció su conducta y su lenguaje", escribió el científico en su autobiografía. Poco antes de conocerla, Grinberg había visitado a un quiromanciano que había leído las líneas de su mano. Le dijo que "estaba a punto de conocer a [su] verdadera compañera... y que sería mi última oportunidad de formar una relación estable", como escribió Grinberg en *La batalla por el templo*. Grinberg decidió creerle y se casó con Teresa Mendoza, *Terita*, la mujer que ha sido señalada como sospechosa de colaborar en su desaparición.

En las vísperas del 12 de diciembre de 1994 —cumpleaños de Jacobo Grinberg— lo esperaban en casa de Luis Schettino —uno de "los cuatro sintérgicos"— para celebrar sus 48 años, pero nunca llegó. Su familia también le había preparado una comida que se quedó sin cumpleañero.

Las alertas tardaron algunas semanas en encenderse, porque Grinberg y Teresa tenían un viaje programado a Campeche y luego otro a la India. La policía de investigación descubriría después que ni siquiera habían comprado los vuelos. Nunca se volvió a saber de Jacobo Grinberg.

Hay distintos puntos de vista sobre los últimos meses del científico y en particular del papel de Terita. Sam Quiñones, periodista estadounidense que se interesó por el psicofisiólogo tres años después de su desaparición, afirma que 1994 había sido un buen año para el investigador. Los experimentos sobre potencial transferido eran prometedores; Grinberg los había llevado a un congreso internacional y había regresado *radiante*. Estaba feliz porque recibió noticias de que el libro *Pachita* sería traducido al inglés. En efecto, tenía problemas con Terita, pero se debían a que ella quería tener hijos y Jacobo no. Salvo eso, "Grinberg tenía todas las razones para estar con Terita".

Otros indicios apuntan a que Grinberg y Terita mantenían una pésima relación. A su hermano Jerry, Grinberg le había dicho que tenía miedo de su pareja y prefería dormir en una combi (testimonio dado al cineasta Ida Cuéllar). La desaparición sigue sin aclararse. El documental *El secreto del doctor Grinberg* (Ida Cuéllar, 2020) especula con la hipótesis de que la Agencia Central de Inteligencia de Estados Unidos (la CIA) secuestró a Grinberg —posiblemente— para usar sus descubrimientos con propósitos militares. La película de Cuéllar apunta a que Terita pudo haber colaborado en la desaparición.

A principios de diciembre de 1994, sonó el timbre del teléfono en el laboratorio. Ruth Cerezo, una de "los cuatro sintérgicos", tomó la llamada. Era Terita, quien le informaba escuetamente que ya no esperaran a Jacobo durante el resto del mes. Pero pasó el tiempo y, al no recibir señales de vida, la familia y amigos de Jacobo acudieron a las autoridades. La Procuraduría General de Justicia del Distrito Federal asignó al comandante Clemente Padilla como responsable de la investigación. Padilla estableció que Grinberg había desaparecido contra su voluntad, pero nunca lo encontró y apuntó hacia Teresa como sospechosa. Hasta el día de hoy el caso sigue sin aclararse.

Los recuerdos de Valle y Attié pintan a un Jacobo Grinberg librando batallas. Una de ellas con Terita: Jacobo llegaba alterado al laboratorio "especialmente después de pelearse con Teresa, y perdía por completo el control, [estaba] en mucha turbulencia emocional", escribieron en el manuscrito inédito *Anécdotas de laboratorio*.

La desaparición de Grinberg dejó en la orfandad a varios de sus colaboradores. "Cuando él desaparece canibalizan el laboratorio: todo el mundo se pelea por las cosas porque teníamos lo mejor de lo mejor", dice Delaflor. Valle y Attié acusan que aquellos colegas que menospreciaban su trabajo se apropiaron de las computadoras y los sofisticados aparatos de su laboratorio, que quedó clausurado. A Estusha se le permitió sacar objetos personales de su papá, pero las investigaciones, los *papers*, los proyectos quedaron interrumpidos y abandonados.

Desde entonces, la familia de Jacobo Grinberg se ha encargado de resguardar y difundir su legado. Lizette Arditti, en su momento, fue la creadora de las portadas originales de los libros de quien fuera su primer esposo. Su hija, Estusha Grinberg, gestiona la página web oficial: jacobogrinberg.com. Ella es una de las representantes más importantes del género World Music en México, y musicalizó el libro de poemas *Cantos de ignorancia iluminada* de su padre. Su página web es estusha.com. Nicolás Mesnage, yerno de Jacobo, ha sido un promotor infatigable de los libros de Grinberg, al ser el primero en digitalizarlos y ponerlos de vuelta al alcance del gran público. Jacobo Grinberg tiene hoy dos nietas —a las que no conoció—, Ixchel y Leilani. Esta última es la autora del retrato que acompaña este texto. La Biblioteca Jacobo Grinberg que se publicará en bolsillo forma parte de este esfuerzo por mantener el legado del científico mexicano.

En internet circulan fantásticas hipótesis: que lo secuestraron los ovnis, que se transformó en el Subcomandante

Marcos del EZLN, o que llegó a un estado meditativo tan elevado que simplemente se evaporó. Una de las teorías compara a Jacobo Grinberg con Neo, el personaje de la película *The Matrix* (hermanas Wachowski, 1999). La *matrix* es un programa de realidad virtual en el que todos vivimos inmersos. Los robots han tomado el control del mundo y nos mantienen esclavizados, conectados a cables para extraer nuestra energía. Esos mismos cables nos conectan a *the matrix*, a la ilusión en la que creemos estar vivos, mientras somos expoliados. Jacobo Grinberg, como Neo, se ha liberado de esa matriz y es el primer hombre libre de la Tierra. Y así se propaga la leyenda, el mito del autor de culto, guía intelectual y espiritual.

Lizette Arditti anota otra hipótesis: en un país como México, con 120 mil desaparecidos, te matan —y acaso te desaparecen— por robarte el dinero de la billetera.

Juan José Sánchez Sosa dice lo que perdió la ciencia: "Lo que le haya pasado es una pérdida gigante para la psicología en particular. Iba en el camino correcto, acabaría no sé si con el Premio Nobel, pero sí con un premio importante. Hubiera encontrado los principios regulatorios de lo que vemos y decimos: 'no lo puedo creer'. Y describir cómo ocurrió: cómo es que lo vi y cómo se explica".

¿Qué diría hoy si regresara?, se pregunta Lizette Arditti. Aventura una respuesta: aprovecharía los avances tecnológicos para probar sus teorías y prestaría poca atención a la mitificación de su personaje. Arditti lo compara con el Quijote. "Jacobo podría ser un Quijote. Porque el Quijote era un congruente total: vivía su cuento". Amira Valle le escribe con cariño y nostalgia: "Te mando un beso a la lattice, donde habitas por siempre". Amira Valle, Leah Bella Attié y Manuel

Delaflor tienen además un proyecto: darles continuidad a las investigaciones de su maestro y reabrir un laboratorio para volver a ellas. Su hija Estusha Grinberg pide recordarlo no solo como un gran científico, sino, también, como un hombre que dio su vida por la búsqueda de libertad.

Retrato de Jacobo Grinberg-Zylberbaum hecho por su nieta Leilani Grinberg.
leilanigrinberg.com

I

INFANCIA

Los árboles del parque México despedían unas sombras gigantescas que refrescaban el suelo rojizo, por el que caminaba, tomado de la mano de mi madre. A ella no la conocía bien, aunque a mis dos años de edad no tenía conciencia de ello. Era de mañana y yo no alcanzaba a ver el cielo.

Me preocupaba decirle que deseaba tener un hermano. En realidad no lo deseaba y no había pensado en ello, pero alguna señal de su parte me había indicado que pedírselo la haría sentirse orgullosa de mí. Su reacción fue la esperada, se asombró y me felicitó por ser tan generoso. Me sentí feliz, pero le había mentido. Lo que me interesaba era recibir su felicitación y aprecio.

A medida que maduro me doy cuenta de que cada instante refleja, en forma concentrada, el tema central de la vida y el primer recuerdo lo contiene como en capullo. He repetido la misma conducta centenares de veces, haciendo cosas por control externo para ser aprobado. No sé si el patrón fue programado en mi mente antes de ese primer recuerdo consciente. Probablemente así era, porque también mi madre estaba entrenada para hacer lo mismo.

Tengo una imagen precisa de dos mujeres bañándome en una tina, pero no sé si es un recuerdo o un comentario que oí y grabé como propio, o el resultado de haber visto una fotografía. Las dos mujeres eran mi madre y mi abuela. Esta última se llamaba Menuje y era una mujer judía, delicadamente intensa y dominante.

Mi madre nació en Polonia; provenía de la ciudad de Lublin, famosa por haber albergado en su seno a un gran cabalista hacía varios siglos. Se le conocía como el Vidente de Lublin porque era capaz de saber los pecados y las virtudes de todo aquel que se le aproximaba. De pequeño lo que veía le provocaba tanto sufrimiento que pidió ser vendado de los ojos, permaneciendo así durante toda su infancia. Le rogaba a Dios que su videncia terminara o que, al menos, se restringiera a unos pocos kilómetros a la redonda.

Menuje era hija de un estudioso de la Torá[1] y considerada una de las más bellas doncellas de su pueblo. Poseía un espíritu bohemio que la hizo amar el teatro y dedicarse a él. Le gustaba el arte y leía todo lo que caía en sus manos. Su mente abarcaba mucho más que su época y estaba enterada de la política internacional y sus vicisitudes. Sin embargo, vivía en una comunidad cerrada y rígida. Su padre estaba asustado por la liberalidad que veía en ella y la obligó a casarse con un religioso ortodoxo.

Mi abuelo la conoció el día de su boda. Él era un estudiante aventajado de la yeshivá.[2] Había sido elegido por mi bisabuelo por su talento, pero a mi abuela no le gustó cuando en su ceremonia nupcial lo observó por primera vez. Lo consideró débil e indigno de ella y mantuvo esa impresión el resto de su vida. Tuvieron seis hijas, la menor de las cuales fue mi madre, Estusha.

De niña, Estusha asistía al colegio polaco, en el cual sobresalía por su inteligencia y dedicación. Como premio la nombraron portadora de la bandera nacional en una celebración a la que asistió el presidente de Polonia.

Al pasar junto a ella los nervios la traicionaron y dejó caer la insignia precisamente sobre la cabeza del presidente. Todos contuvieron el aliento, esperando una represalia. La niña era judía y aquello podía haberse interpretado como un atentado. En lugar de

---

[1] La biblia hebrea.
[2] Escuela religiosa de alto nivel.

eso el presidente se le acercó y la consoló diciéndole que un accidente le podía suceder a cualquiera.

Mi padre Abraham provenía de otra aldea polaca, Sokolov; en ella su padre era un pudiente comerciante judío de pieles, que obligaba a su hijo a asistir en la madrugada al jeder,[3] ya nevara o lloviera, para recibir un entrenamiento rígido, que el niño odiaba. Le gustaba la nieve, y lanzarse en un trineo por las laderas heladas era su mejor diversión. Se había construido uno de madera, imitando los lujosos trineos de los hijos de los terratenientes polacos. Era un chico muy travieso y valiente. En una ocasión decidió lanzarse por la más escarpada pendiente de su pueblo, atropellando a una vendedora de tortitas de patata, que salieron disparadas de su canasta, con el beneplácito de los niños del Jeder.

Su madre, Jaye, mi abuela paterna, era hermana de Menuje, pero ambas representaban las caras opuestas de una misma moneda. Menuje era culta, sutil, sensible y bondadosa, mientras que Jaye era materialista, burda y oscura de emociones.

En Sokolov las temperaturas llegaban hasta los 40 grados centígrados bajo cero. Mi abuelo paterno viajaba dos veces al año a Moscú y a París, con el objeto de comprar pieles para su negocio. De París importaba charol finísimo y de Rusia, gruesas y pesadas pieles de astracán. En Polonia se le consideraba un gran erudito en el Talmud[4] y un estudioso brillante de la Torá. Sus continuos viajes lo convencieron de que el antisemitismo iba a ir en aumento y en 1927 emigró a América.

Desembarcó en Veracruz, en lugar de Nueva York. Descendió del barco, para encontrarse con un espectáculo extraño. Multitud de seres morenos, sudorosos, cargaban bultos en sus espaldas. El calor era sofocante y el encargado de inmigración no entendía una sola palabra del lenguaje de mi abuelo. Trató de deletrear su apellido, Warshavsky, pero frustrado le exigió que lo cambiara por un nombre más comprensible. Desesperado, mi abuelo se decidió por Grinberg.

---

[3] Escuela religiosa elemental.
[4] Conjunto de comentarios bíblicos.

Durante un año vivió en una pensión para inmigrantes judíos y poco a poco restableció su comercio en pieles, con el objeto de traer a la familia al Nuevo Mundo. Jaye esperaba noticias y cuando recibió la buena nueva de partir, tomó un trineo guiado por un caballo polaco y trasladó en él a sus tres hijas y a mi padre a la estación de trenes. Sus hermanas adoraban a mi padre y lo envolvieron con las más gruesas pieles y dos pares de guantes para evitar que se enfriara. Mi abuela se enfundó en su más costoso abrigo de caracola y en poco tiempo estaban en Varsovia. Allí esperaron otros tres meses hasta recibir los boletos del barco que los llevaría a Veracruz.

La comunidad judía mexicana deseaba que mi abuelo se convirtiera en su rabino, pero a este lo dominaba la necesidad de hacer dinero para Jaye y pronto pudo abrir una sucursal de su negocio de pieles.

El dominio femenino ha sido un tema recurrente en mi familia. Jaye era la principal protagonista de este. A su esposo le demandaba más y más lujos, a los que él accedía por temor. Por su parte, Menuje dominaba a mi abuelo materno por su altura intelectual y personalidad carismática. En Lublin, este había logrado construir un edificio en el cual vendía un sinnúmero de mercancías.

Cuando el antisemitismo recrudeció recibió una invitación por parte de su concuñado para trasladarse a América. Accedió después de muchas dudas, pero una de sus hijas decidió quedarse en Polonia, lo cual le costó la vida a manos de los nazis.

El frío tremendo de Polonia contrastaba con el calor excitante de México y en esa temperatura los dos primos hermanos, Estusha y Abraham, se comenzaron a conocer. Mi padre se llevaba muy bien con su tía Menuje y sus hijas, y a través de los años se estableció una amistad afectuosa entre mi padre y mi madre.

Ella salía con un pretendiente que estaba profundamente enamorado de su belleza e inteligencia, pero la efervescencia del reconocimiento seductor, cálido y excitante de la misma sangre en su primo hermano venció ese amor y un día ambos se percataron de que no podían vivir uno sin el otro. Cayeron en una pasión ardiente; se veían a sí mismos cuando veían los ojos del otro y una ansiedad extraña los unió, fundiéndolos en la misma sangre.

La familia miró extrañada lo que acontecía; sin embargo, lo aceptaron, al sentir la fuerza que animaba a los dos enamorados.

En un excepcional signo de generosidad, Jaye convenció a su marido de hacer una sociedad con su hijo, pero se arrepintió tres meses antes de la boda.

Mi padre se enfureció y comenzó a competir con mi abuelo, hasta que Jaye volvió a intervenir convenciendo a su hijo de abrir una zapatería, para así evitar una ruptura mayor. Un año después la zapatería quebró y mi padre decidió que era tiempo de volverse independiente de Jaye y abrió una peletería, en la que prosperó.

La pasión intensa es deliciosa, pero peligrosa. Estusha y Abraham se conocieron y la fuerza de su unión se fortalecía a medida que nacían sus hijos. Sin embargo, la misma pasión que los ligaba se manifestaba en peleas terribles, cuando entraban en desacuerdo. Estusha dependía de la personalidad de su madre. Ella la guiaba y acompañaba en todos sus procesos. La misma dependencia, aunque más profunda, la mostraba su hermana Eva. Ambas consideraban a su madre como un ejemplo magnífico a seguir, pero ninguna tenía la altura y personalidad de mi abuela materna.

Menuje nunca fue capaz de aprender español. Mascullaba algunas palabras, mezclándolas con el idish[5] y el polaco, por lo que sus dos hijas la ayudaban siempre que iba de compras o trataba con hispanohablantes.

Mis dos abuelos asistían a la misma sinagoga, en la calle de Ámsterdam. Allí me llevaban de pequeño y todavía recuerdo a los ancianos de grandes barbas meciéndose en los rezos, envueltos en sus inmensos talits[6] de rayas negras sobre fondo blanco. Todo era

---

[5] Idioma usado por los judíos de Europa Occidental.
[6] Mantos ceremoniales sagrados.

majestuoso durante el rezo y la atmósfera se llenaba de palabras sagradas, cantos y lamentos que yo sentía como reflejos de un mundo ajeno a la tierra, sagrado y espiritual.

Las dos hermanas, Menuje y Jaye, no se llevaban bien. Siempre se criticaban y competían por asuntos que yo no entendía. Para el esposo de Jaye, su mujer era una princesa que gustaba de joyas y lujos exorbitantes, que él siempre complacía. Era rico por su negocio y por haber ganado tres veces el premio mayor de la lotería. Sus amigos lo seguían para espiar los números que compraba. Menuje, en cambio, era sencilla, aunque muy culta. Dominaba a su marido totalmente y era generosa en extremo. Siempre había dulces para sus nietos y dinero de domingo que arrebataba de los bolsillos de mi abuelo, provocando su enojo y nuestro regocijo.

Antes de su matrimonio, mi madre se adaptó maravillosamente a México. Vivía en el centro de la ciudad y asistía a la Preparatoria Nacional, mientras su hermana Ida terminaba la carrera de medicina. Se parecían tanto que los maestros no las podían distinguir. Aprovechando la situación, en una ocasión Ida le pidió que la sustituyera en la presentación de un examen para el que no estaba preparada. Mi madre se puso unos lentes oscuros y presentó el examen.

En la preparatoria, Estusha fue electa reina de la belleza, lo que le satisfizo enormemente. Recuerdo que al pasear con ella en la calle todos los varones le lanzaban piropos, que a mí me provocaban grandes rabietas y un sentimiento extraño de orgullo.

Mi padre sufrió el dominio despiadado de mi abuela paterna. Lo hacía trabajar junto con sus hermanas y solo pudo estudiar en su tiempo libre, terminando la carrera de contador. Durante toda su vida se quejó del terrible trato que recibió y de la ausencia de juguetes o fiestas. Con sus propios hijos, sin embargo, repitió la misma conducta. De pequeño siempre esperaba yo recibir algún regalo de mi padre, hasta que el deseo se fue opacando y consideré natural la ausencia de sorpresas.

Entendí, mucho después, que en la vida repetimos innumerables veces nuestros propios aprendizajes tempranos, hasta que nos damos cuenta de la existencia de un patrón o programa. Si tenemos suerte y fortaleza, lo podemos modificar, pero siempre parcialmente.

Mi infancia no fue infeliz. Mi madre sufría de una preocupación obsesiva con respecto a mi salud y me prodigó exagerados cuidados, echándome a perder. Alguna vez oí decir que los rusos acostumbraban romper estrepitosamente las copas que les servían para beber vodka. Yo adopté la misma costumbre, rompiendo los vasos después de beber su contenido.

Me llevaban al parque México y mientras corría por sus prados y calzadas, robaba todos los sombreros que los ancianos dejaban en los bancos, llevándoselos a mi abuelo materno, que se regocijaba con ello.

Adopté la costumbre materna de colocar una servilleta de papel sobre la superficie líquida de la sopa, con el objeto de absorber las partículas de grasa. Me parecía que todo el mundo hacía lo mismo y nunca me pregunté la razón del hábito.

Me encantaba nadar. Me llevaban a la piscina del recién inaugurado Centro Deportivo Israelita, en la cual chapoteaba en compañía de otros niños. Un niño, un poco mayor que yo, empezó a molestarme. Me tiraba agua a la cara y quería pelearse conmigo. Incapaz de defenderme por mí mismo, le empecé a gritar a mi madre, pidiéndole auxilio. Ella me contestó que yo era suficientemente grande para saber defenderme. Aquello me impresionó mucho; no estaba acostumbrado al rechazo materno. Me sentí solo en medio de la piscina.

Adoraba a mi tía Ida y cuando ella decidió emigrar a Israel se lo prohibí, en medio de una terrible rabieta que nadie pudo parar. En la estación me colgué de sus faldas, amenazándola con suicidarme si se iba.

A las pocas semanas la había olvidado completamente, continuando con el robo de sombreros en el parque y destruyendo vasos de cristal. Ida había estudiado medicina en México y se había divorciado después de un matrimonio que fracasó. Antes de emigrar definitivamente a Israel vivió dos años en Kansas, en donde se especializó en neonatos. En Israel conoció a un médico, del cual se enamoró y casó.

Desarrollé una extraña afición por los automóviles. Presumía ante todo el mundo de saber la marca y el año de cuantos veía. Mi madre se asombraba por mi capacidad de discernimiento y memoria.

Antes de aprender a leer era capaz de repetir los anuncios de las calles, reconociendo su contorno. Mi madre, orgullosa de mis habilidades, las reforzaba continuamente.

Mi hermano Nathán nació repentinamente. No recuerdo haber reconocido ni el embarazo ni la ausencia de mi madre hasta que vi aquel ser rojizo y gordo acostado en una cuna en mi cuarto.

Vivíamos en la colonia Condesa, frente a la casa de mis primos. Recuerdo mucho más su casa que la mía, porque prácticamente vivía en aquella. Mi madre y su hermana Eva acostumbraban pasar todas las tardes juntas y yo, en consecuencia, hacía lo mismo. Mi primer amigo fue mi primo Moishe. Lo admiraba e imitaba en todo lo que hacía y decía. No existía en el mundo nadie tan sabido y bueno como él. Pasaba mucho más tiempo con Moishe que con Nathán o Jerry, mis hermanos menores.

Habían nacido uno después del otro y los tres dormíamos en el mismo cuarto. Nathán hacía ruidos descomunales en la noche, mientras se arrullaba a sí mismo dentro de su cuna.

Mis hermanos se peleaban muy a menudo. Nathán colocaba a Jerry dentro de una enorme cazuela, que golpeaba, provocando agudos tonos metálicos y terribles llantos, que solo cesaban cuando Petra, nuestra nana, tomaba cartas en el asunto.

Petra era una india tlaxcalteca de nariz chata y tez bronceada. Había llegado a la casa al nacer Jerry y siempre le había prodigado un cariño especial que a mí me pasaba desapercibido, pero que afectó tanto a Nathán que solo con la ayuda de una psicoanalista pudo elaborarlo muchos años después.

Petra se adueñó de la casa. A mí me vestía de pantaloncillos cortos para mandarme a la escuela, con el beneplácito y anuencia de mi madre y la burla despiadada de mis compañeros de kínder. Asistía al Colegio Israelita de México, en las calles de San Lorenzo. Mi padre había asistido al mismo colegio y en él estudiábamos los hijos de los primeros inmigrantes judíos. Sokolov había sido la aldea polaca en la cual mi padre vivió sus primeros años y ahora la Ciudad de México nos criaba a nosotros sus hijos.

Mi abuelo materno se levantaba de madrugada para ir a la sinagoga, mientras su mujer preparaba un desayuno kosher,[7] casi siempre consistente en queso blanco que ella misma preparaba. También fabricaba un vino casero delicioso que siempre se servía en las festividades religiosas. En ellas, toda la familia se reunía alrededor de una gran mesa del departamento diminuto que ocupaban mis abuelos maternos. Se pulía el samovar[8] de plata y se servía la más sabrosa comida judío-polaca que he probado. Aunque la mesa brillaba por las copas de cristal y la plata, nunca se comparaba con los banquetes que preparaba Jaye. Las dos abuelas competían por preparar suculentos platos cada vez más abundantes, que a todos nos dejaban más que saciados; pero Jaye era rica y Menuje pobre y el departamento de la primera cinco o seis veces mayor que el de la segunda. Sin embargo, a mí me gustaba mucho más ir a la casa de Menuje, en la que la atmósfera era cálida, tierna y siempre llena de profundidad, mientras que la de Jaye solo sobresalía por su lujo.

Todos los sábados mi padre me llevaba a la casa del suyo para recibir la bendición sabatina. Mi abuelo colocaba su mano derecha sobre mi cabeza y repetía en voz baja un rezo impresionante, repleto de mística. Yo no osaba moverme durante el acontecimiento y al terminar este suspiraba sobresaltado.

---

[7] Comida ritual judía.
[8] Tetera de origen ruso.

La competencia entre las dos abuelas se infiltró en las dos familias, incluyendo a mi padre y a mi madre. Aquel siempre me invitaba a acompañarlo a hacer deportes, pero yo renegaba y me quedaba con mi madre. Yo sentía que mi madre era mejor y su familia más fina, bondadosa y dulce. En cambio, la familia de mi padre me parecía primitiva y burda. No sé cómo llegó hasta mí la fricción entre ambos bandos, pero era clarísima su existencia y también mi decisión en favor de la parte materna. A mi padre le ofendía que yo no quisiera acompañarlo, aunque jamás verbalizó su descontento. Jaye le había enseñado a callar y a no satisfacer sus impulsos y necesidades, sino a someterse a los de ella. Mi padre soportaba su propio silencio hasta que explotaba en súbitos arrebatos de furia desbordada.

A mí mismo me cuesta trabajo hablar de mis más profundos deseos, y no dudo que esta incapacidad de manifestación provenga de los mismos bloqueos que mi padre interiorizó y que tanto deben haberlo hecho sufrir.

Mi madre tenía como consigna aparentar ser perfecta frente a mí. Quizá deseaba imitar a Menuje. Yo siempre creí que la mujer era perfecta, sin sospechar que, en realidad, mi madre solo aparentaba serlo. Solamente una vez la vi llorar, cuando se despedía del departamento que había hecho florecer a su familia y nacer a sus tres hijos. Su llanto era incontenible y a mí me llenó de confusión. Durante años he tratado de reconstruir otra memoria, pero hasta la fecha lo único que recuerdo es un sentimiento de gran extrañeza.

Mi madre acostumbraba cambiar el color de su cabello cada semana. Una tarde la acompañé a un edificio que me pareció gigantesco, colindante con la avenida Juárez. Mientras yo contemplaba el panorama de la calle desde un ventanal, ella se sometía a su tratamiento de belleza. De pronto dijo algo que no coincidía en absoluto con lo que yo había aprendido de ella. No puedo recordar las palabras, pero sí el choque emocional que aquello me provocó.

A veces se quedaba quieta y pensativa y se le humedecían los ojos. Al preguntarle lo que le acontecía no decía palabra alguna;

sacudía la cabeza, como si con ello lograra apartar los pensamientos que la trastornaban, y me acariciaba el pelo: "Nada, Jacky, nada". Tanto ella como el resto de la familia me llamaban así, Jacky. Yo le insistía y ella volvía a negarse, excepto una ocasión en la que me confesó que se sentía muy culpable por un evento que había sucedido cuando era estudiante en la Preparatoria Nacional. Caminaba, junto con sus amigas, cuando un joven, entusiasmado por su belleza, sacó la cabeza por la ventana de un trolebús, sin darse cuenta de que este estaba a punto de rozar un poste de luz. El muchacho quedó atrapado entre el poste y la ventanilla, muriendo en el acto.

Nos cambiamos a una casa nueva de dos pisos y jardín en la colonia Polanco. En esos años la zona estaba casi despoblada, por lo que nos rodeaban terrenos baldíos.

Max, el esposo de Eva, se burlaba de nosotros, diciéndonos que habíamos decidido ir a vivir a un rancho. No recuerdo a Max sin sus constantes burlas y comentarios irónicos. Era muy rico, después de haber pasado por una infancia y una juventud atroces en Polonia. Su presencia siempre inspiraba el estar junto a un ser superior, intolerante con cualquier muestra de irresponsabilidad. Su generosidad, sin embargo, era ejemplar. A su familia la mantenía en un ambiente de lujo y continuos regalos. Yo envidiaba a mis primos y muchas veces deseé que mi padre fuera tan generoso como mi tío. Poseía una fábrica de zamarras, que anunciaba por radio. Mis primos y yo escuchábamos los anuncios y nos llenábamos de orgullo.

En una ocasión, junto a la radio, una sirvienta de mis primos planchaba la ropa mientras todos oíamos los anuncios. De pronto, a mí se me ocurrió hacer una broma y me dirigí corriendo hacia la planchadora. Ella, en un acto de defensa instintivo, interpuso la plancha hirviente, con la que me quemó un brazo. Al siguiente día asistí a un enfrentamiento entre la pobre sirvienta y mi padre, que jamás podré olvidar. Este le gritaba enfurecido por su accidentada agresión y le pegó, mientras yo asustado observaba la escena desde un rincón de la cocina.

Esa fue una de las pocas veces que vi a mi padre en casa de mis primos y su defensa de mí me sorprendió mucho y me infundió de un doble sentimiento. Por un lado, demostraba que yo le importaba realmente, pero, por el otro, reforzaba la idea de que provenía de una rama familiar más primitiva y burda que la parte materna.

En las noches mi padre me contaba cuentos de un gato y unos ratones, Tom y Jerry, que yo oía acostado sobre su pecho. Oíamos música clásica y el *Romeo y Julieta* de Tchaikovski, que tanto le gustaba a él; a mí todavía me provoca la imagen tierna de esas noches. Por lo demás, mi padre se ocupaba poco de mí. Toda su atención iba hacia su esposa, a quien idolatraba, considerándola la mujer más bella e inteligente sobre la tierra.

Mi madre, junto con un grupo de amigos, decidió grabar un disco en idish. Recuerdo acompañándola al estudio de grabación, en el cual grandes discos giraban, llevando tras de sí metros y metros de celulosa café oscuro, que a mí me fascinaba. Los aparatos electrónicos siempre me provocaban admiración y gusto. En la nueva casa me pasaba horas enteras hurgando dentro de una gigantesca radio de onda corta, alargando y acortando la conexión de su bocina con su amplificador. La maniobra de agregarle cable me parecía casi mágica y presumía ante cuanto amigo venía a visitarme.

También me empecé a interesar en las baterías eléctricas y los diminutos motores magnéticos. Juntaba piezas y hacía experimentos con imanes, brújulas y baterías, que me ocupaban tardes enteras.

Un día trajeron a casa un aparato de televisión. Un tío paterno aparecía en uno de los programas y pronto mis hermanos y yo no queríamos alejarnos de la pantalla. Mi madre consideró que nos estábamos enviciando en una actividad que atentaba contra la imaginación y colocó un candado que impedía encender el aparato. Estableció un horario estricto para verlo y esa conducta me llenó de indignación. Me atreví a sospechar que mi madre no era perfecta y su insistencia en que yo aprendiera a tocar el piano confirmó mi sospecha. Decía que la música era el mejor remedio contra la tristeza y que yo, cuando fuese mayor, se lo agradecería. Yo no entendí aquello de la tristeza. No podía imaginarme que ella estuviera triste, pero su afirmación me hizo entreverlo.

Contrató una maestra de piano, que venía dos veces por semana a someterme a un estricto y aburrido sistema de entrenamiento. Las sesiones duraban una hora y al terminar me dejaba ejercicios de repetición de escalas y escritos teóricos acerca de solfeo y armonía. Jamás pude estudiar sus tareas. Vigilaba la calle a la hora en la que acostumbraba venir y corría junto al piano, y en los 10 minutos de intervalo entre el momento que estacionaba su auto y aparecía junto a mí me aprendía de memoria todos los ejercicios y se los repetía, fresco y con cara de inocencia.

La llegué a odiar tanto, que me imaginaba armando una bomba y colocándola debajo del banquillo del piano para hacerla volar por los aires. Protesté tantas veces y en forma tan angustiada, que mi madre acabó por suspender las clases.

La casa quedaba tan lejos de la de mis primos que dejamos de vernos. Creo que la lejanía con su hermana Eva afectó mucho a mi madre.

Yo, entretanto, había madurado y empezaba a leer. Petra seguía con nosotros y su conducta era cada día más tiránica. En la vieja casa yo había atentado en su contra, escondiendo y después rompiendo un billete de 100 pesos que mi padre había dejado para el gasto. Los pedazos los había enterrado en una maceta del balcón del departamento. Petra los había encontrado, desenmascarándome. Creo que a partir de ese momento dejó de confiar en mí. Me regañaba a menudo y pronto comencé a temerla.

Adquirí la costumbre de chuparme el dedo pulgar. Mientras lo hacía, jugaba con el cuello de mi camisa, hasta que este quedaba deshilachado. Petra no me lo podía perdonar y cada vez que regresaba de la escuela me revisaba y regañaba. Les enseñé a hacer lo mismo a Nathán y a Jerry y los tres nos pasábamos horas viendo la televisión, chupándonos el dedo y destruyendo los cuellos de nuestras camisas. Nathán era un niño gordo y completamente rubio, a quien los fotógrafos de la colonia gustaban retratar. Sus rizos dorados y sus grandes mofletes le daban una apariencia de autosatisfacción golosa. En las peleas con Jerry tomó la costumbre de morderse el dedo índice, hasta que le salió un callo inmenso y duro, del cual Petra se burlaba. Jerry, por su parte, le hacía ponerse nervioso, con el objeto de que se mordiera su callo y así tener ventaja sobre él.

En el autobús que me llevaba diariamente a la escuela los muchachos mayores se burlaban de mí. Me decían que tenía cara de indio y a veces me quitaban mi bocadillo. Desesperado, ideé una estrategia para distraerlos. Me aprendí de memoria la hora exacta en la cual el autobús pasaba por mis compañeros, conseguí un reloj de pulsera sin carátula y de vez en cuando observaba ostensiblemente los resortes y engranes de su maquinaria. Intrigados, los muchachos comenzaron a interrogarme acerca de la hora. Al contestarles con exactitud, revisaron el reloj y se mostraron asombrados, hasta que uno de ellos descubrió la trampa.

Al día siguiente me opuse a ir a la escuela. Mi madre indagó lo suficiente hasta hacerme confesar la verdadera razón de mi conducta. Decidió acompañarme y yo me morí de vergüenza. Se sentó al fondo del autobús, entabló conversación con los muchachos que me molestaban y ¡santo remedio!, jamás lo volvieron a hacer. A partir de eso yo siempre me sentí mal, al adivinar sus pensamientos de burla hacia mi persona.

En la vieja casa siempre buscaba la compañía de Moishe o de un amigo que era mi vecino y poseía una mesa de billar, en la que jugábamos durante las tardes. Un piso arriba del nuestro vivía una niña, Elena, quien fue mi primera aventura sexual. Una tarde llegó a casa y me invitó a verle la braga. Yo me acosté boca arriba y ella caminó sobre mí, provocándome una excitación deliciosa. Después se desnudó y yo me asombré de que no tuviera pene. Al día siguiente le contó todo a su mamá y esta me regañó. Yo le eché la culpa a Elena y me sentí un cobarde.

Íbamos frecuentemente a Acapulco. Nos hospedábamos en el hotel Caleta y hacíamos volcanes con la arena, que consistían en un montículo hueco con un agujero central. Encendíamos periódicos y veíamos salir las llamas y el humo por su cráter.

Aprendí a nadar muy bien y a mi padre le gustaba flotar de espaldas en el agua, llevándome a pasear mientras yo hacía lo mismo sostenido por sus pies. Alquilábamos una "tablita" y remábamos, mientras el sol nos bronceaba y el agua nos refrescaba. A veces me alquilaban un visor y, sostenido por la tablita, veía el fondo del mar.

Recuerdo a un pescador de corales que siempre encontrábamos. Sobre su tablita traía montañas de conchas y corales, que me fascinaban por sus formas y colores.

Cuando Nathán y Jerry pudieron acompañarnos alquilábamos una casa y nos llevábamos a Petra, quien cocinaba y se negaba a meterse en el mar.

Yo siempre esperaba esos viajes. Mi padre nos despertaba en la madrugada, antes de que saliera el sol. El camino, lleno de estrellas, y la frescura de la noche me arrullaban, hasta que cerca de Acapulco trataba de adivinar detrás de qué montaña estaba la costa. Cuando la superficie del agua aparecía con todos sus reflejos dorados yo me sentía el niño más feliz del universo. Siempre veía el velocímetro y calculaba cuántos kilómetros habían transcurrido y cuántos faltaban, haciendo promedios de la velocidad.

En la carretera que bordeaba a Puerto Marqués recuerdo haber sido testigo de una de las terribles discusiones entre mis padres. Yo no soportaba sus gritos y lo único que me aliviaba era la vista de la bahía con una gran boya que flotaba plácidamente en su centro. Los barcos y las lanchas me despertaban un gran entusiasmo y soñaba con construirme una de madera. Tenía todo planeado para su hechura. Consistiría en arillos redondos, pegados unos sobre los otros. Nunca pude volver realidad mi sueño, pero la fantasía del armado era suficiente para proporcionarme un gran placer.

En el hotel subía hasta la azotea y desde allí lanzaba avioncitos de papel, que veía planear lentamente haciendo círculos, hasta que se perdían en la playa.

En la nueva casa también me subía a la azotea y estaba seguro de que volaría si me lanzaba al vacío. Nunca me atreví a intentarlo. Mi fantasía había surgido de la lectura de las historietas de Superman. Esas y las de Rico McPato me encantaban, pero mi madre me regañaba porque consideraba que los dibujos atrofiaban mi imaginación. Esta era muy aguda y se despertaba ante cualquier pretexto.

Entre los ocho y los nueve años adquirí una costumbre muy extraña. De pronto oía una voz que me ordenaba acercarme a los libros y colocar las manos encima de ellos. Me decía que el conocimiento impreso se me incorporaría. Al oír la voz dudaba, pero después obedecía. Repetía la conducta con cuanto libro me interesaba, sobre todo las enciclopedias y los grandes volúmenes de física, psicología y medicina.

En las noches soñaba que me encontraba en el interior de una nave espacial. Me sentaba en una silla y un ser extraño se me acercaba y colocaba unos cables en mi cabeza. Después me mostraba una gran cantidad de conocimientos que eran absorbidos por mi cerebro. El mismo sueño se repetía tantas veces que me llegó a parecer natural. Ese ser era mi maestro y me enseñaba utilizando el procedimiento más directo imaginable. Por las mañanas recordaba algunas imágenes del sueño, que después descartaba, al considerarlas producto de mi fantasía.

Una tarde, en el jardín, me quedé paralizado al ver una luz en el cielo. Mi padre se me acercó, intrigado por mi inmovilidad, y yo seguí sin moverme durante varios minutos.

De más pequeño, algo similar aconteció en el patio de mi tía Eva, con la excepción de que empecé a gritar, diciendo que acababa de ver una nave espacial. Por supuesto que nadie me creyó y yo sentí que había dicho una gran mentira.

El mismo ser que me enseñaba dentro de su nave me dijo que yo escribiría una gran cantidad de libros.

En ocasiones, al caminar por la calle, los ruidos de los coches se alargaban y mis pasos adquirían una cadencia pastosa. Era una sensación parecida a estar nadando en crema. A nadie le conté lo que me sucedía y todas esas experiencias las resguardé dentro de mi mente.

Había algo dentro de mí, sin embargo, que no me dejaba fantasear demasiado. Era una especie de pared oscura que no podía atravesar. Desde muy pequeño fui consciente de su existencia y me propuse conquistarla, costara lo que costara. En las noches, a veces sentía estar cerca de una especie de globo, que flotaba junto conmigo.

Una noche vi en la esquina de mi cuarto una calavera de ojos rojos brillantes. Grité como desesperado, pero nadie me creyó. Debajo de la escalera encontré una pequeña moneda, que me pareció muy hermosa. Se la mostré a mi madre y ella se escandalizó. En una de sus caras estaba grabada una cruz gamada nazi. No entiendo qué es lo que hacía allí ni su relación con la calavera. A veces he pensado que la terrible enfermedad que consumió a mi madre años más tarde tenía alguna relación con la moneda, aunque la razón fue realmente distinta. Ella estaba entrenada para no mostrar imperfecciones. Teníamos prohibido entrar a la sala o al comedor, no fueran a ensuciarse para las visitas. Las imperfecciones había que ocultarlas y, puesto que el único ocultamiento posible es el interior del propio cuerpo, poco a poco carcomen, y lo que no se muestra va deteriorando tejidos o sensibilizándolos hasta perder su diferenciación. Cuando se madura se individualiza. La perfección por mandato implica no diferenciarse. Es necesario calzar en un modelo inhumano que es idéntico siempre, que no admite cambios, que oculta y despersonaliza. Eso es lo que acabó por matar a mi madre y a mí me dejó la fantasía de que la mujer es perfecta, pero estéril; perfecta, pero desconocida; perfecta, pero enferma; perfecta, pero muerta. En cambio, mi padre era real, auténtico e imperfecto. Eso era interpretado por la familia de mi madre como indecente y primitivo.

Los hijos de Eva también bebieron una considerable dosis de perfección aparentada. Menuje era el modelo y Estusha y Eva existían en su misma calidad o desaparecían.

Heredé los mismos síntomas, pero con un modelo que no pudo sobrevivir a mi pubertad y por ello la imagen que tuve de la mujer fue incompleta y falsa.

Es regla del desarrollo no dejar nada a medias y en el aprendizaje de la mujer he desperdiciado mis mejores energías.

Salía a menudo de vacaciones con mi tío Max y mis primos a Cuautla. En las noches, el jardín del hotel se llenaba de luciérnagas, que todos cazábamos e introducíamos en botellas. Nos alumbraban y a mí me fascinaba ver la luz verde eléctrica que creaban.

Había una niña que me atraía. Era solitaria y pensativa y se pasaba horas enteras caminando por el jardín. No me atrevía a acercarme a ella y cuando lo hice recibí una humillación que me afectó durante años. Me dijo que "echara mis pulgas a otro lado", con un tono despreciativo insufrible. Me alejé de ella y me lancé a una piscina de aguas sulfurosas.

Un recuerdo mucho más amable del sexo femenino aconteció cuando, de mucho más pequeño y en otro hotel, pero de Cuernavaca, conocí a otra niña. Era una pícara, me espiaba cuando me desvestía en mi cuarto y me invitaba a jugar con ella debajo de las sábanas. Nos besábamos y acariciábamos como gatitos, hasta quedar extenuados. No nos importaba que nos vieran y cuando mi madre y la mamá de la niña lo hacían, disfrutaban sin impedir nuestros juegos. Incluso los estimulaban con sus risas y comentarios jocosos.

En mis relaciones con mi familia tenía la sensación de que no me conocían. En ocasiones mi impresión era que al hablar conmigo hablaban con otra persona que ellos creían que era yo, pero que yo sabía que no lo era.

II

ESCUELA

Mi escuela sostenía también como premisa fundamental la perfección. Presiento que ser la primera generación nacida en México y educada por inmigrantes judíos fundamentó la serie de lecciones de perfección que allí me inculcaron. Casi desde el primer día encontré a un amigo, José, al que le interesaba más la vida que la perfección. Él provenía de una familia pobre que se sostenía gracias a la labor periodística del padre. Este editaba el mejor periódico idish de la comunidad judía y su trabajo apenas le ayudaba a sostenerse; pero lo mantenía permanentemente interesado en todos los acontecimientos. José heredó este interés, lo que, aunado a una memoria privilegiada y a una inteligencia vivaz, lo hacía delicioso como compañero. Jugaba futbol como un campeón y yo lo admiraba por ello. Mi madre, sin embargo, no compartía mi opinión. Para ella José era primitivo e imperfecto, por lo que me recomendaba no estar en su compañía. Yo la desobedecía, porque José era mi mejor amigo, aunque sus advertencias calaron hondo.

Después de la muerte de mi madre y también durante su enfermedad el veto desapareció y jamás conocí amistad tan profunda como la de aquellos años, en los que la imperfección reprimida de mi madre se somatizó. Yo era un niño gordo e inhábil y José era esbelto y ágil. Estoy seguro de que él me quiso más que yo a él.

La mayor parte de los profesores de la escuela habían huido de los nazis, después de ver destruidos sus hogares, familias, templos y comunidades. Si alguien había olvidado que era judío, Hitler se había encargado de recordárselo.

En Alemania, el judío ocupaba cargos académicos e intelectuales, esforzándose por asimilarse a la cultura germana y universal, pero la terrible persecución los había convencido de que siempre serían discriminados. Por ello, más valía estar impregnados de todos los valores judíos y orgullosos de pertenecer a la estirpe israelita. Pero no solo eso; había que transmitir la lección para que no se olvidara. Era necesario que el niño judío supiera que jamás sería aceptado en la sociedad gentil.

Por otro lado, el surgimiento del Estado de Israel nos hacía poseer territorio propio, por lo que, en caso de un nuevo surgimiento antisemita, había una protección y un país propio en el cual guarecerse.

Ambas concepciones eran cuidadosamente inculcadas en los niños de la escuela. Estudiábamos simultáneamente cuatro idiomas: español, idish, hebreo e inglés, en un horario apretado, de las ocho de la mañana a las cuatro de la tarde y todos los años se representaba el levantamiento del gueto de Varsovia, para recordar lo que había sucedido y estimular el convencimiento de que el judío era capaz de luchar y resistir activamente y no dejarse llevar al matadero en forma pasiva.

Yo tenía buena voz y me escogieron para interpretar una canción en idish, que empezaba así: "Gueto,[1] nunca te voy a olvidar".

El gigantesco auditorio de la escuela estaba a reventar y el piano comenzó a introducir la melodía, mientras yo, al frente del coro, me preparé para comenzar. Después de la primera frase me olvidé de la letra por unos segundos. Sentí que un líquido amargo y siniestro me subía a la garganta y creí que moriría. De pronto recordé el resto de la canción, que interpreté con toda mi fuerza. Al terminar la función me fui corriendo a mi casa, que distaba 15 kilómetros de la escuela, y me encerré dos días

---

[1] Barrio judío aislado del mundo gentil.

enteros en mi habitación, sin querer ver a nadie. Jamás acepté volver a cantar en público y el suceso quedó esculpido con fuego en mi memoria.

Lo acontecido en la Segunda Guerra Mundial siempre me interesó. No podía entender que un pueblo quisiera asesinar a otro y que el mundo lo hubiera permitido. Ante la personalidad de Hitler sentía emociones contradictorias y confusas. Por un lado, me repugnaba y me provocaba un desprecio y odio totales. Por el otro, me fascinaba y atraía y reconocer estas emociones me saturaba de culpa.

De todos mis profesores, uno influyó poderosamente en mí. Se llamaba Saúl. No era como los demás ni en altura intelectual, fisonomía o trato. Vivía en un universo lleno de fantásticos y terribles recuerdos, en un cuerpo delgado y bajito. Provenía de Polonia, aunque había viajado por toda Europa. Era uno de los más grandes especialistas del idioma polaco y su tesis de la Universidad de Varsovia había consistido en estudiar y armar un diccionario del caló polaco utilizado por los ladrones y las prostitutas de los arrabales de Varsovia. Para ello, se había disfrazado y vivido junto con los ladrones en sus escondites y refugios, tanto en sótanos ocultos como debajo de los puentes y suburbios de la capital de Polonia. En Rusia había vivido en los koljoses[2] y aprendido a sembrar y convivir con los mujiks[3] y campesinos de Siberia.

Nos contaba su vida y aventuras tanto en clase como en las veladas que organizaba en su casa. En ellas oíamos música rusa y le preguntábamos acerca de sus aventuras.

Durante la ocupación nazi su esposa se había dedicado a cuidar a los niños del gueto, dándoles educación, comida y abrigo. Cuando los llevaron a un campo de exterminio, ella había repartido entre los infantes cápsulas de cianuro, con las cuales todos se suicidaron. Ella había cuidado de que ningún niño sobreviviera,

---

[2] Comunas colectivas rusas.
[3] Campesino ruso.

siendo la última en aplastar el veneno entre sus dientes. Yo me preguntaba siempre dónde había estado su esposo entre tanto y creía adivinar un sentimiento de tristeza profunda en sus ojos.

Nos leía poesía idish y cantábamos canciones de la preguerra y del gueto. Un día nos relató una historia que a mí no me dejó dormir en paz durante semanas. En un sótano del gueto de Varsovia permanecían escondidas varias familias, entre las cuales se encontraba una mujer con un bebé de brazos. Cuando los nazis rebuscaban entre las ruinas con sus perros, todos debían callar, a riesgo de ser descubiertos y fusilados en el acto. Un día el bebé comenzó a lloriquear durante una razzia. Alguien miró a la mujer urgiéndole silenciarlo. La madre apretó al bebé entre sus pechos mientras los perros olfateaban sobre ellos. Pasaron varios minutos hasta que se alejaron. La mujer soltó a su hijo, pero este se había asfixiado, muriendo entre sus brazos.

En Siberia, Saúl hacía una investigación y en una ocasión se encontró a un anciano en una choza perdida, quien lo invitó a tomar el té. El anciano le dijo que podía reconocer a cualquier judío a kilómetros de distancia, porque de las cabezas de los judíos siempre sobresalían unos cuernos.

Mi confusión aumentaba a medida que oía a este extraordinario mentor. Él no estaba de acuerdo con el Estado de Israel; pertenecía al partido judío Bund, el cual afirmaba que el judío no debía tener territorio, pues era el único ser humano verdaderamente universal. Israel, para el bundismo, representaba un atentado en contra de la abstracción y la conciencia de unidad, que solo podía florecer en ausencia de territorio. Yo estaba de acuerdo con él, pero simultáneamente me rebelaba a sus nociones. Israel podía mantenerse universal sin perder su carácter territorial.

Nos enseñaban la geografía de México y la de Israel, que era ilustrada por profesores importados de ese país. Uno de estos profesores, la maestra Raviv, representaba la maternidad y la ternura. Cuando nos hablaba de Israel, yo me imaginaba viviendo en un kibutz[4] y olvidaba todas las nociones bundistas de Saúl. Pero, de nuevo, cuando lo oía a él, sentía que nada era comparable con el judaísmo desligado de lo concreto y territorial. Ambas nociones contradictorias florecieron en mí sin que me diera cuenta de su imposible existencia simultánea.

Los lunes, a las ocho de la mañana, todos los alumnos nos formábamos en el patio para cantar el himno nacional mexicano y el israelí, saludando a ambas banderas en sucesión. Cuando cumplí ocho años decidí que nunca cantaría un himno nacional y mientras mis compañeros entonaban las estrofas yo permanecía callado y sin saludar. No podía criticar la territorialidad y, al mismo tiempo, alabarla; era una manera propia de sustraerme a la identidad nacional y a mis contradicciones.

Durante esas ceremonias sucedían muchas aventuras. Un compañero, Polo, famoso por sus travesuras, aprovechaba la ocasión para asomarse por debajo de las faldas de las niñas, mientras otros, como yo, lo observábamos fascinados. La "perfección" maternal había creado en mí la noción de que todo ser perteneciente al sexo femenino era perfecto e intocable. La conducta de Polo me parecía amorfa y primitiva, pero me excitaba, enojándome por atentar en contra de mi imagen. Él, sin embargo, no era consciente de lo que me provocaba.

Durante los recreos jugábamos a las canicas debajo de las grandes palmeras que adornaban el patio de juegos. Mientras yo observaba a unos compañeros sentados en un poste, el mismo Polo se acercó por atrás y me tiró. Me golpeé la cabeza contra el piso y por unos segundos solo vi oscuridad. Me recuperé, pero nunca se lo pude perdonar. Su casa era un verdadero zoológico. Vivía cerca del parque México, en un edificio antiguo. Desde la azotea del mismo, agazapado, esperaba la llegada de su madre y cuando ella se acercaba a la puerta de entrada soltaba unos globos llenos de agua, que la empapaban.

---

[4] Granja colectiva israelí.

José estaba profundamente enamorado de Silvia y soñaba con casarse con ella. Siempre hablaba de Silvia y me contaba los planes de su futura vida con ella. Yo, en cambio, no tenía gran interés por las niñas y lo oía asombrado de que pudiera pensar en esas cosas. La única niña con la que podía platicar también se llamaba Silvia, pero era totalmente distinta a la enamorada de José. Se interesaba, como yo, en el judaísmo y en las clases de Saúl. Era muy inteligente y aplicada y yo la admiraba mucho, aunque José acostumbraba a burlarse de ella diciendo que parecía un hombre.

José era muy orgulloso. En una ocasión, Benjamín, un muchacho regordete, hijo de una familia mixta, dijo que el padre de José estaba loco y eso bastó para que este jamás le volviera a dirigir la palabra, prohibiéndole, además, jugar con el resto de nosotros.

Los maestros de español dejaban mucho que desear o, al menos, así los veíamos. Se nos había inculcado un sentimiento de desconfianza hacia lo que no fuera judío y, en el fondo de nosotros, siempre se debatía la pregunta acerca de nuestra verdadera identidad nacional. Vivíamos en México, pero casi nunca interactuábamos con muchachos mexicanos. Era tal el miedo por la asimilación y sus consecuencias que no concebíamos vivir de otra manera más que rodeados del idioma, las costumbres y las amistades judías. Pensar en una novia no judía o en casarnos con una mexicana era totalmente vedado para nuestra conciencia.

La mitad de la escuela, sin embargo, estaba dirigida por mexicanos y uno de ellos, el profesor Alarcón, había logrado romper la barrera e introducirse a nuestras conciencias y actos. Amaba a la escuela y nos regañaba continuamente, mostrando así su compromiso y responsabilidad. De algunos maestros llegamos a burlarnos despiadadamente, pero a él lo respetábamos. Yo sentía que nosotros éramos culpables de despertar un antisemitismo oculto, que adivinaba en todas las miradas.

Aunque la mayor parte de la población judía de México vivía en la capital, también había pequeñas colonias judías en la provincia. Un día llegó a la escuela un chico alto, delgado, extraordinariamente tímido y con la cara de un color rojo subido. Venía de Tampico y era hijo de uno de los más grandes ganaderos de la entidad. Nunca hablaba con nosotros y siempre se sentaba apartado de todos, pero a mí me simpatizó desde el primer instante en que lo vi. Yo también era muy tímido y mi constitución regordeta e introvertida captó en él una inmediata compatibilidad. Se llamaba Bernardo y pronto nos hicimos amigos. Vivía en una gran residencia en las Lomas, la que empecé a frecuentar. Tenía seis hermanos y una hermana. El padre, Sisel, visitaba a su familia muy de vez en cuando, porque, además de su ganado, perforaba pozos petroleros. Bernardo idolatraba a su padre y me hizo sentir lo mismo por él. Una vez me invitaron a Tampico. Conocí sus ranchos y la fortaleza de sus dueños. Sisel tenía dos hermanos; uno de ellos fumaba constantemente y jamás quería salir del rancho. En una ocasión había llevado a pasear a unos sobrinos y los habían atropellado. Su culpa era inmensa, pero su bondad era mayor. Para Sisel, el mayor orgullo era ver a sus hijos estudiar.

Una noche yo leía una revista, ayudado de una linterna eléctrica, y Sisel me sorprendió. Desde ese momento me consideró su protegido y continuamente mencionaba mi ansia por estudiar aun en las peores circunstancias. Yo lo sentí exagerado, pero aceptaba sus mimos y atenciones con gran placer. No podía creer la gran extensión de las tierras de la familia de Bernardo. En uno de los ranchos había incluso un lago, que yo me propuse conquistar, construyendo una balsa de troncos.

En Tampico conocí una estirpe de inmigrantes lituano-judíos, llena de gracia y espontaneidad. Uno de ellos, Marcos, se había sostenido gracias a que recorría las rancherías vendiendo imágenes de santos cristianos. Conocía todos sus milagros y Bernardo y yo nos desternillábamos de risa al oírlo recitarlos. Se contaba una anécdota deliciosa entre Marcos y el más poderoso ganadero del estado. En una ocasión, este último había despertado aterrorizado de un sueño en el que veía morir a sus toros por una sequía terrible. Le habló por teléfono a Marcos para confesarle su angustia.

Al día siguiente Marcos le devolvió la llamada y la calma anunciándole que había soñado con lluvias abundantes para sus pastizales.

El director general de la escuela era un pedagogo europeo que se llamaba Shulgaser. Su presencia era aristocrática, de pelo cano, fornido y alto. Tenía como consigna la disciplina y la rigidez. Todos le obedecíamos, aunque aborrecíamos gran parte de sus medidas. La peor era impedirnos salir de la escuela en los recreos y a toda hora, excepto cuando los autobuses nos llevaban a casa. Un día decidimos enfrentarnos a él y nos pusimos en huelga. Salimos de los salones y nos sentamos en el patio, negándonos a tomar clases. Shulgaser no cedió y cuando nos amenazó con expulsarnos nos venció el miedo.

En el recreo grande, que duraba 20 minutos, nos dedicábamos a jugar al futbol. Yo ocupaba la posición de defensa y tenía la debilidad de lanzar la pelota fuera del campo hacia la calle. Puesto que no se nos permitía salir, debía escalar la tapia. Aquello era un verdadero suplicio. No era ágil y todos se burlaban de mi esfuerzo por escalar la pared. Me llamaban Grober, por mi gordura, lo que me producía un sentimiento de inferioridad.

Mi maestro de geografía también le había enseñado la misma materia a mi padre, lo cual me llenaba de orgullo. La clase, sin embargo, era aburridísima. Nos teníamos que aprender de memoria todos los pueblitos por los que pasaban carreteras principales y secundarias. Los exámenes consistían en recitarlos junto con todas las capitales y países del mundo. Una noche sentí que un mareo descomunal se apoderaba de mí, después de intentar aprenderme una centena de nombres. Muchas de las pruebas eran por temas. Había una gran esfera hueca en la que se introducían números, que servían para determinar los temas que cada alumno debía desarrollar.

José y yo acostumbrábamos estudiar juntos y a medianoche llamábamos a Lázaro, quien tenía fama de vidente y aplicado estudiante. Él nos daba un mensaje oracular acerca del número que nos tocaría y ambos le hacíamos caso. Lo extraordinario es que casi siempre acertaba.

Durante varios años frecuenté la compañía de otro Bernardo. Su padre era religioso y su madre una tirana. Muchas veces lo vi llorar desesperado meciendo su cabellera pelirroja en un acto de negación por su suerte. Platicábamos horas enteras y yo lo calmaba, notando un dejo de celos en José. Pronto, a los dos Bernardos, a José y a Lázaro les dio por jugar a las cartas. Se escondían en un cuarto secreto de la casa, temblando cada vez que oían acercarse a la mamá de Bernardo. Yo no participaba en esos juegos. Había introyectado la actitud materna, considerándolos superficiales e imperfectos. Me sentía, sin embargo, aislado y excluido y eso estimulaba mis tendencias introvertidas y mi timidez.

A partir de los nueve años me empecé a interesar en el sexo opuesto.

Siempre tuve una tendencia mesiánica, pensando en que cualquier descubrimiento que hiciera debía enseñarlo como una gran solución para diferentes problemas. Mi madre había estimulado un gran narcisismo en mí y yo lo expresaba sin inhibiciones, no importando en qué contenido se basara.

En todas mis relaciones trataba de aparentar ser perfecto y daba consejos e indicaciones que pronto me valieron sentirme un desconocido. Empecé a sentir que nadie me conocía de verdad y que todos aparentaban. No me daba cuenta de que era un programa introyectado, ni sabía que estaba a punto de vivir un tormento que duraría tres años, la enfermedad de mi madre.

Antes había conocido dos enfermos graves en mi familia, mi abuelo paterno y un tío.

Mi abuelo enfermó de cáncer en el estómago. Lo internaron en el viejo Hospital Inglés y allí me llevó mi padre a visitarlo. El cuarto era grande y de techo muy elevado. En una estrecha cama se quejaba lastimosamente. Su vientre sobresalía como una gran joroba. Sentadas, lejos de la cama, estaban Jaye y sus hijas, calladas y siniestras, como esperando que algo pasara. El cuarto olía terriblemente mal y los quejidos me obligaron a salir de allí. Esa fue la última vez que vi a mi abuelo. Días más tarde asistí a su entierro.

Recuerdo que no sentí ninguna emoción, ni siquiera cuando el rabino de la comunidad lo alabó como gran erudito y brillante estudioso de las escrituras. No recordaba haber recibido jamás alguna muestra de cariño de su parte. Nuestro único momento íntimo fue un día en su estudio. Un gran escritorio de madera labrada rodeado de muebles repletos de libros y una caja fuerte inmensa le hacían marco, mientras me explicaba algún pasaje del Talmud. De pronto, Jaye empezó a regañar, con voz agudísima, a una de sus hijas. Miré a mi abuelo e hice un comentario jocoso en relación con las mujeres, que fue recibido con una risa de complicidad.

El otro enfermo era tío Benjamín, el esposo de la hija mayor de Jaye. Su enfermedad lo mantenía postrado en cama en un cuarto semioscuro, que alguna vez visité. Su departamento quedaba frente al de Jaye y ambos estaban adornados con grandes relojes de pared. Tío Benjamín poseía una voz con un timbre originalísimo. Me saludó cálidamente y yo sentí que su sonrisa era honesta y profunda. Murió poco tiempo después.

La historia de la familia tuvo una época de muertes y enfermedades graves. Un hijo de tío Benjamín, Moishe, también murió de cáncer. Era muy joven y lleno de vida cuando se lo detectaron en la próstata. Lo encadenaron a la cama de un hospital para evitar que huyera y lo mutilaron horriblemente. Fue demasiado tarde, el cáncer se extendió como reguero de pólvora y terminó alojándose en sus pulmones. Lo visité el día de su muerte. Respiraba trabajosamente dentro de una tienda de plástico saturada de oxígeno. No soporté verlo y salí 30 segundos del cuarto. Cuando regresé estaba muerto.

III

ESTUSHA

Cuando tenía 10 años, mi madre desapareció de improviso. Al principio me sorprendió su ausencia, pero pronto seguí con mis juegos y me olvidé de ella. Sin embargo, algo estaba pasando, que no acababa de comprender y que hacía actuar a mi familia de manera muy extraña. Nadie me explicó que mi mamá estaba muy enferma y que, tras varios ataques de dolor de cabeza sostenidos e insufribles, le habían detectado un tumor cerebral. Su ausencia era debida a una operación que el neurocirujano Davidof había realizado en su cerebro, extrayéndole el tumor, que resultó ser maligno.

Estaba en la casa de mis primos, junto a la gran escalera en espiral que partía del recibidor de la planta baja, cuando vi entrar a Moishe sosteniendo a mi madre. Ella parecía incapaz de caminar y cuando me fijé en su cabeza la noté totalmente vendada y sin rastros de cabello. La visión duró escasos dos segundos. En un impulso instintivo me sujeté a la barandilla de la escalera y observé a aquella mujer, que era y no era mi madre, subir trabajosamente la escalera. Lo peor que le puede suceder a alguien es ser sometido a un evento para el cual no tiene instrumentos emocionales de elaboración. Lo que me sucedió durante esos dos segundos fue tan intenso que algo en mí dejó de funcionar. Si esa era mi madre, yo no tenía nada que ver con ella. No sentí nada y me alejé de allí en un estado de vacío y estupor neutros. Me dijeron que la habían colocado en el cuarto de la televisión y que al ver la pantalla encendida había dicho que era un foco. No lo quise oír ni acepté la confusión que me provocó escuchar aquello. No quería subir a ese cuarto por nada del mundo, y en un acto de total negación salí a la calle a jugar.

Pero los juegos no duraron mucho. A los pocos días la instalaron en su recámara de la nueva casa, junto con unos tanques de oxígeno y la presencia casi permanente de Eva y del doctor Resnikov.

Su cuarto estaba amueblado estilo Luis XVI, con una cama enorme, burós labrados y un gran chifonier[1] de madera oscura y espejo hasta el suelo. Las primeras semanas permaneció acostada, mientras una luz blanquecina y lechosa pasaba a través de la ventana. No se quejaba y casi no hablaba. Era extraño estar junto a ella; parecía no existir en el mismo mundo que yo. Quizá se mantenía en un vacío neutro.

Mi padre casi nunca estaba en casa. Toda su vida había jugado frontenis y ahora su afición le permitía extraer de su cuerpo toda su angustia. Yo solo lo veía ausente y nunca me cuestioné la razón.

A mí me asignaron el cuidado de mi madre. Me sentaba junto a su cama y le contestaba preguntas inverosímiles que me ponían muy nervioso. Su habla era lenta y simple y aunque mejoraba notablemente, siempre me impacientaba.

Me sentía culpable cuando surgían en mí deseos de jugar. No podía dejarla sola y simultáneamente no soportaba su presencia. Mi padre me exigía atenderla y el esfuerzo de no gritar de impaciencia incrementó esa pared oscura que había en el interior de mi mente y que se resistía a ser atravesada. No sentía compasión porque esa mujer no era mi madre y por su culpa yo había perdido mi libertad.

Comencé a desear su muerte. En las noches mi imaginación armaba un anfiteatro griego, en cuyo foro representaba mi propia tragedia. Había asesinado a mi madre y lo gritaba ante el público

---

[1] Tipo de ropero estilo francés.

asistente, llorando de rabia y de culpa. Al mismo tiempo inventaba remedios para curarla. Un día le sugerí al doctor Resnikov colocar ácido en contacto con el tumor para deshacerlo para siempre. Se lo dije para que me felicitara por la idea, para que me considerara inteligente y preocupado por mi madre. Él sonrió y me explicó que el problema de la técnica sería que también acabaría con las células sanas.

A veces mi madre comenzaba a resollar y su respiración angustiosa me espantaba. Se le daba a oler alcohol y el doctor Resnikov venía de emergencia. Le recetaba grandes porciones de carne, que, según decía, le daría energías que equivalían a una transfusión de medio litro de sangre.

Mi tía Eva abandonó a su familia y prácticamente vivía en la casa. A los pocos meses mi madre dibujaba y hablaba mejor. En ocasiones mi padre la llevaba a pasear en su coche. Una tarde, mientras recorríamos la ciudad, se me ocurrió preguntar dónde estaba su cabello y por qué usaba una peluca. Su reacción me sorprendió a un grado tal que me dejó helado. Se sintió ofendida y apenada. Ella seguía siendo bella y yo la había ofendido con mi observación indiscreta.

Me apenaba estar junto a ella. Cuando íbamos a una tienda y yo tenía que explicar sus preguntas a los dependientes me sentía sofocado por la vergüenza de tener una madre tan tonta.

Mi tía me contó que en un gran almacén mi madre había confundido un maniquí con una dependienta. En esa ocasión, por primera vez, sentí piedad y un escalofrío me recorrió de pies a cabeza.

Yo había bloqueado toda emoción en los dos segundos de mi primera imagen de ella y nada lograba filtrarse a través de la barrera que construí, excepto esa piedad súbita y el escalofrío.

A veces la acompañaba a sus tratamientos de radiación. La espera en el hospital Dalinde, las precauciones de su traslado, las peticiones al taxista para que fuera despacio y no hiciera saltar el automóvil eran un suplicio. Ante un bache, que el chofer no tuvo cuidado de evitar, yo empecé a decir que en México no se podía ni siquiera fabricar un tornillo en buen estado. Eva me hizo callar, asustada, y me dijo en voz baja que tuviera cuidado de lo que decía enfrente de un mexicano.

Mi madre no veía bien ni oía con claridad. Cuando íbamos al cine yo me tenía que sentar a su lado para explicarle lo que sucedía en la pantalla. Yo odiaba hacer aquello y soportaba mi impaciencia mordiéndome los labios y rogando no oír una pregunta más.

Todo se me ocultaba y todo se me exigía. Muchos años después me enteré de que a la mitad de su "recuperación" mi madre había quedado embarazada de una niña, pero que las radiaciones la habían matado y tuvieron que extraérsela mediante una operación.

A mi padre empezó a serle insuficiente la catarsis que le ofrecía el frontenis, y su mal humor lo manifestaba ante sus hijos, quienes le temíamos cada día más. Comer a su lado significaba no poder decir una palabra o hacer un ruido, por temor a verlo explotar en contra nuestra. Él, en cambio, masticaba con la boca abierta y se permitía todos los abusos. Él estaba seguro de que Dios había muerto y que su lugar había sido ocupado por el diablo.

Una noche me preguntó si yo había pensado en la posibilidad de que mi madre pudiera morir. Me lo dijo como reclamo por mi falta de atención hacia ella y para hacerme tener conciencia de mis responsabilidades como hijo. A pesar de haberlo deseado y pasarme las noches representando mi personal tragedia griega, sus palabras me horrorizaron. Por supuesto que nunca había pensado seriamente en esa posibilidad.

El incidente acrecentó una sensación de culpa que no me abandonaría nunca.

Cuando podía, armaba avioncillos de madera de balsa y con unos ahorros fui capaz de comprarme un diminuto motor de gasolina. Enfrente de mi casa vivía Alfredo y juntos salíamos a volar nuestros aviones al Campo Marte. También me regalaron una gata, que pronto tuvo gatitos. Su nacimiento me tomó desprevenido. Una madrugada oí ruidos extraños dentro del retrete. Llamé a mis hermanos y juntos fuimos testigos del nacimiento. Pronto la azotea de la casa se llenó de maullidos.

Un socio de mi padre me regaló una cachorra de pastor alemán. Se llamaba Sabrina y se convirtió en mi mejor compañera y amiga. Salíamos a correr juntos y su tremenda fuerza me arrastraba por los parques y avenidas, sobre todo cuando perseguía a un gato. En una ocasión saludó a mi madre demasiado bruscamente y la hizo caer. Una semana después, al regresar de la escuela, Petra me informó que Sabrina había muerto y que habían depositado su cuerpo en el carro de la basura.

Tenía 12 años y medio cuando empecé a prepararme para mi Bar Mitzvá.[2] Trajeron a un profesor a la casa, quien me enseñó a cantar las palabras de la Biblia leyendo las notaciones musicales inscritas en el texto. Las palabras en hebreo no se escriben con vocales y junto a cada consonante hay un pequeño signo que indica el tono y la melodía con que deben ser cantadas. También me preparó un discurso en idish, que debía aprenderme de memoria, a fin de recitarlo a la hora de la comida, después de la ceremonia religiosa.

En la sinagoga de las calles de Montes de Oca leí la Torá, mientras mi madre me observaba sentada en la galería superior, llorando de emoción. Se había recuperado notablemente y pudo asistir al acto vestida con un cuello de piel de astracán.

Al recitar el discurso me olvidé de la mitad, pero nadie lo notó. Mi madre me abrazó y felicitó y yo sentí que quizá nunca moriría y que la advertencia de mi padre no era real. Sin embargo, a partir de ese momento comenzó a deteriorarse.

Cada día que pasaba se ponía peor, hasta que la llevaron a vivir a casa de mis abuelos maternos, en la cual pasó sus últimos días. Dormía en la cama de mi abuela y yo decidí acompañarla. Durante días me acosté a su lado sin levantarme. La abrazaba y trataba de

---

[2] Ceremonia ritual en la cual a los 13 años un niño judío se convierte en adulto para los efectos religiosos.

pedirle perdón. Yo había deseado su muerte y la había odiado por hacerme su prisionero y ahora, sin que nadie me lo pidiera, decidí no separarme un segundo de su lado. Una mañana trajeron una ambulancia y se la llevaron, tapándole la cabeza con una sábana, mientras la transportaban en una camilla.

No la volví a ver. Me llevaron a mi casa, en la cual jugaba con mis hermanos, cuando oí que llegaban visitas. Algunas de ellas eran viejas amigas de mi madre que nunca la habían venido a visitar durante su enfermedad. Alcancé a oír unos sollozos y adiviné que mi madre había muerto. Sentía que no debía demostrar que lo sabía y seguí jugando. Nadie vino a decirme nada. Solamente Love, un tío paterno, se acercó a mí y me acarició la cabeza.

Me sentía enojado con la hipocresía. Seguía oyendo los lamentos de las visitas y sabiendo que nunca habían venido a ver a mi madre. Mi indignación, sin embargo, no se la comuniqué a nadie. Sentí que los adultos eran muy tontos si creían que yo no sabía todo lo que estaba sucediendo.

A la mañana siguiente mi padre nos despertó muy temprano y nos dijo que debíamos ir al panteón. Mis hermanos comenzaron a jugar y yo los reprendí diciéndoles que su mamá había muerto y que era indebido que se divirtieran. Era una farsa y yo lo sabía. En realidad no me importaba que jugaran o no.

Al llegar al panteón, Balbina, una amiga de mi madre, me abrazó y lloré sin poder contenerme; fue un llanto verdadero que surgió de una fuente desconocida. Me preguntó si quería ver el cadáver y yo me aparté de ella horrorizado. ¡Por supuesto que no quería verlo!

Un rabino me rasgó la camisa y me hizo lanzar una pequeña piedra al ataúd depositado en el fondo de la tumba. Después la cubrieron con tierra y nos retiramos.

En la noche mi padre nos invitó al cine a mí y a mis hermanos. Le respondí indignado que eso era indecente, aunque también era una farsa de mi parte. En realidad no sentía ninguna emoción, excepto culpabilidad y necesidad de aparentar una tristeza que no sentía.

Volví a la escuela y esa tristeza aparente la mantuve durante meses. Nadie debía enterarse de que yo era una mierda insensible que no sentía la muerte de su madre. Me reconfortaba reconocer cómo todos se apiadaban de mí y me compadecían. Mi abuelo me pidió que repitiera kadish[3] todos los días durante un año y lo cumplí religiosamente. José no lograba entender mi compulsión por ir a la sinagoga. Solamente yo sabía que estaba motivada por la culpa.

Mi padre desapareció en todos los sentidos. Seguía viviendo en la casa, pero nunca lo veíamos. Petra se ocupaba de mí y mis hermanos, dándonos de comer, vistiéndonos y ayudándonos con la escuela. Le había prometido a mi madre cuidar de nosotros hasta que nos viera casados y contentos, y cumplió su palabra cabalmente.

---

[3] Rezo sagrado judío de duelo.

IV

PUBERTAD

Durante siete días toda la familia se reunió a rezar el ritual del duelo judío. Al terminar me mandaron a la escuela para continuar con mi educación. Tenía 13 años y medio. La primera mañana llegué retrasado y no me dejaron entrar. La subdirectora me vio desde su oficina y rápidamente dio órdenes de permitirme pasar, llevándome a su escritorio. Me di cuenta de que no sabía cómo comportarse frente a mí y aquello me acabó de convencer de la necesidad de no hablar y aparentar una gran depresión. Yo tampoco sabía cómo conducirme.

Al poco tiempo la vi. Caminaba con tal seguridad y era tan bella que acabé enamorándome de ella. Se llamaba Silvia y noté que yo también le atraía. Lo que más deseaba era acercarme a ella, pero no podía. Yo era un asesino y ella una chica perfecta. A veces nos encontrábamos en el patio y platicábamos. Siempre iba acompañada por su mejor amiga, a la que acabé pidiendo que nos dejara solos. La iba a visitar a su casa y me moría de ganas de tomarle la mano, pero no me atrevía; yo no valía y ella era una princesa. Conseguí su fotografía y la amplié. Me pasaba horas enteras calcándola y haciendo dibujos de sus facciones.

Le pedí a Bernardo que le hablara por teléfono indagando sobre sus sentimientos por mí. Tantas veces lo hizo que acabaron enamorándose. Me lo anunciaron el día de nuestra graduación. Miré a Bernardo y lo felicité. Me había vuelto un experto para no sentir dolor. Le dije que era bueno que fuera él y no otro y me alejé de allí.

De tanto ir a la sinagoga acabé aprendiéndome de memoria todos los rituales, hasta el punto de poder dirigir el rezo. Puesto que ya había hecho mi Bar Mitzvá, y de acuerdo con la ley judía, era un adulto como cualquier otro; los ancianos me pedían guiar las oraciones en las tardes.

Al terminar el año dejé de asistir. Había cumplido el pedido de mi abuelo materno.

A veces iba a visitar a mis abuelos y siempre me hablaban de mi madre. La llenaban de elogios y, mientras lo hacían, lloraban. Estaban muy deprimidos y nunca me preguntaban por mí. Acabé odiando esas visitas, aunque no las suspendí totalmente. Sentía que no hablaban conmigo y que yo no existía para ellos. Su única realidad era la muerte de Estusha y la injusticia que se había cometido con ella.

Después de más de 50 años de casados, Menuje se percató del error que se había cometido con ella, al obligarla a casarse con mi abuelo materno. Empezó a criticarlo abiertamente y a discutir con él a menudo. La tensión que se había mantenido bloqueada rompió un dique que ella había construido en su interior y explotó en su cerebro, enegueciéndola de rencor. Su ceguera emocional se somatizó y una noche empezó a ver luces de todos colores en un espectáculo que la maravilló. A la mañana siguiente se despertó y al abrir los ojos se dio cuenta de que había perdido la vista.

Lo único que la había mantenido feliz durante toda su vida era la lectura y al darse cuenta de que ya no podría leer se sumió en una desesperación que acabó matándola meses más tarde. Mi abuelo lloraba al oír todas las críticas que su esposa le echaba en cara y que él trataba de desviar con su llanto y una risa nerviosa.

A mi tía Eva también la dejé de ver por similares razones. Mis días eran la escuela y mis hermanos. Con ellos recorría todos los terrenos baldíos de la colonia, con el objeto de cazar tarántulas. Llevábamos unos frascos de vidrio, dentro de los cuales las colocábamos para llevarlas a la casa. Petra se escandalizaba y durante semanas se opuso a entrar a mi cuarto, porque uno de los frascos había caído de la repisa en donde lo coloqué. También construimos un carrito, hecho de una tabla y cuatro ruedas. Sobre él subía a Nathán y a Jerry y los llevaba a pasear empujándolos.

En una ocasión me ayudaron a subir el carrito a una calle empinada, que terminaba en la intersección con la vía del ferrocarril a Cuernavaca. Me acosté sobre la tabla y me dejaron ir. La velocidad aumentaba y con ella la emoción de la bajada. Esta se convirtió en terror cuando vi acercarse al tren. Me eché a un lado y frené con mi cuerpo. Después de la experiencia tenía pesadillas terribles, en las cuales me veía aplastado por un tren. Gustaba recorrer las calles en mi bicicleta. Era un modelo pesado que yo deseaba sustituir por uno más ligero, pero mi padre se opuso a comprármelo. Buscaba montículos de arena, a los que me aproximaba a toda velocidad para, según yo, volar por los aires. Todo lo que conseguía era caer de cabeza con la bicicleta encima de mí.

Un día mi padre nos presentó a una muchacha morena, de 18 años, llamada Tova, con la que deseaba casarse. Yo tenía 15 y al verla tan joven me alarmé. Traía una canasta con dulces y chocolates, que nos ofreció a mí y a mis hermanos. Me sentí terriblemente humillado y los acepté a regañadientes. Era claro que quería seducirnos con sus regalos, como si nos quisiera comprar con ellos.

De pronto se mudó con nosotros; pero antes puso como condición que nos cambiáramos de casa. Nos mudamos a un departamento gigantesco de la colonia Condesa.

En aquel entonces yo oía música clásica encerrado en un estudio y hacía experimentos con mezclas explosivas. Un maestro nos había explicado la forma de hacer pólvora y yo la había mejorado. Construía pequeños cohetes, que encendía en mi cuarto y lanzaba por la ventana. Una tarde cayó una chispa dentro de un recipiente que contenía un kilogramo de la mezcla. Todo explotó y el recipiente cayó al suelo después de fundir el cristal de mi escritorio y quemar su cubierta de madera. Mi cuarto se llenó de un humo negro y espeso y yo logré salir del desastre arrastrándome hacia la puerta.

Tova me esperaba afuera y su regaño fue mayúsculo. Era una mujer esbelta y bellísima, hija de un matrimonio mixto. De inteligencia sagaz, pensamiento rápido y carácter fuerte.

Se había casado con mi padre como un reto y por interés. Mi padre le había ofrecido viajes y grandes lujos, pero la decepcionó desde su viaje de luna de miel. Se habían casado en los Estados Unidos y Tova se dio cuenta de que su marido era un avaro. Desde que regresó de ese viaje le reclamaba, hablándole en un tono y con tal violencia que yo sentía que mi padre acabaría matándola.

José le parecía un encanto y a mí me hacía contarle mis aventuras con Silvia. Se burlaba diciendo que no eran tales, sino un amor platónico.

Un tío de Bernardo nos había llevado a un burdel y cuando lo supo me obligó a contarle toda la experiencia. Esa fue la única vez que me sentí más maduro que ella. En la escuela nos daban clases de educación sexual, en las cuales se nos recomendaba no tener relaciones sexuales con nuestras compañeras. Se nos sugería ir a burdeles, por lo que tal acción no nos parecía indebida.

A veces acompañaba a Tova a conciertos, en los que me sentía su galán. En un cine, ante una escena sensual, yo me excité y ella se dio cuenta de ello con gran regocijo.

Decidieron llevarnos a un viaje a los Estados Unidos. Tendríamos que atravesar el desierto en el Peugeot de mi padre. El viaje estuvo repleto de tensiones y peleas. A la mitad del desierto de Sonora no soporté más y me eché encima toda el agua que guardábamos para una emergencia por sobrecalentamiento del motor. Media hora más tarde empezó a brotar vapor del radiador y tuve que salir al desierto para buscar agua. La encontré en un charco que también era el nido de grandes tarántulas. Me veían con sus pequeños ojos mientras llenaba el recipiente de agua y desde ese día no soporto su recuerdo. Ya en una ocasión, de pequeño, me había picado una gran araña, íbamos a visitar a mi abuelo materno a Cuernavaca, en Rosh Hashana.[1] Nos hospedábamos en una casa con jardín frente al hotel judío, donde él y su esposa pasaban las fiestas religiosas. Había una palmera en el jardín y al arrancar una de sus hojas para jugar esgrima con mis hermanos sentí el piquete. Empecé a correr y me desmayé. Mi madre me llevó al médico en un taxi, mientras yo, en su regazo, sentía que me moría. El doctor me extrajo unas esferas oscuras del dedo pulgar.

El regreso del viaje a los Estados Unidos fue peor que la ida. Mi padre me permitió conducir y en una curva que tomé mal Tova se desesperó y me empezó a pegar. Le grité que no me tocara y decidí irme de casa.

Lo consulté con la maestra Raviv, quien estaba de luto porque su hijo menor había sido atropellado por un camión en la Ciudad de México. Me dijo que me fuera a un kibutz[2] y que ella convencería a mi padre para obtener su permiso. Así lo hizo, pero mi padre se negó a darme dinero para el viaje. Le fui a decir a José que me acompañara, pero no se atrevió a hacerlo.

---

[1] Año Nuevo judío.
[2] Granja colectiva israelí.

V

ISRAEL

La única forma de poder irme a vivir a un kibutz en Israel era ingresando a una organización juvenil sionista. En el edificio vivía Fanny, quien pertenecía al Hanoar Hatzioni.[1] Me llevó a una casa tipo colonial, en donde me interrogaron por mi motivación y me permitieron ingresar. Debía permanecer varios meses con ellos antes de asignarme a un grupo que iría un año a trabajar a un kibutz. Acepté y empecé a asistir a las reuniones.

Nos enseñaban geografía y política israelí e íbamos de excursión para fortalecernos y ponernos en contacto con la naturaleza. Me encantaba, pero en mi primera excursión me rompí una pierna al saltar de una montaña durante un ejercicio estratégico. Jugábamos a la guerra entre israelíes y árabes. Cada grupo debía robar la bandera del otro y llevarla a su propio campamento. Quise demostrar mi valentía, robé la insignia del enemigo y me la llevé conmigo por la montaña, hasta que caí a un abismo. Me llevaron a un pueblo llamado Huauchinango a enyesarme y así me presenté ante mi padre y Tova, quien al verme se desternilló de risa.

El hueso soldó mal y en México me operaron para realinearlo. Nunca me habían anestesiado y la sensación de perder la conciencia no me agradó.

---

[1] Organización Pionera Mundial Juventud Sionista. Es un movimiento juvenil creado en 1926 y basado en el Estado de Israel.

Con la pierna enyesada buscaba a José y juntos íbamos en bicicleta a todos lados. En una ocasión un policía nos atrapó y nos obligó a hacer 100 lagartijas para dejarnos ir. Bailaba con mi pierna enyesada, cosa que jamás hice estando sano.

Un día abrí la puerta de la casa de Fanny y me encontré con una muchacha delgada y bajita, que se presentó como Lizette. Una ola de antipatía nos rodeó y nos peleamos a mitad de la calle, mientras íbamos hacia la organización sionista. Lizette venía de Tijuana para unirse al grupo que saldría hacia Israel. En realidad era la consentida de todo el grupo al cual pertenecía hacía años. La llamaban la mascota y todos la adoraban.

Yo había aprendido a no confiar en la vida, y la realidad cotidiana me parecía aborrecible. Me refugiaba en mi mente y sus fantasías. Era callado e introvertido, mientras que Lizette era una chica alegre, llena de ideales y totalmente sana.

Yo me dedicaba a estudiar física mientras esperaba la fecha de salida hacia Israel. La Comisión de Energía Nuclear de los Estados Unidos había montado una exhibición acerca de su especialidad en el Auditorio Nacional. La visité media docena de veces para admirar los generadores radiactivos y un pozo de fisión, sumergido en agua pesada. El resplandor azul de la radiación dentro del tanque me hipnotizaba de placer, pero lo que más me emocionó fue la posibilidad de construir un contador Geiger. Me aboqué a ello durante meses.

Siempre me habían interesado los aparatos. Antes de la enfermedad de mi madre acompañé a mi padre a varios viajes de negocios. En Guadalajara estaba obsesionado por construir unos tanques de aire a presión que me permitieran respirar debajo del agua. Todos mis proyectos fracasaban, pero el placer al planearlos y la fantasía eran suficientes para satisfacerme.

Por alguna razón la exhibición de energía nuclear despertó en mí una inquietud acerca de la comunicación psíquica. Mi mente no podía concebirla sin un sustrato energético transmitido. No sabía que años después ese sería uno de mis intereses de investigación mayores.

Admiraba a Einstein y leía todo lo que se había escrito acerca de su vida. Conseguí un tomo enorme de física nuclear, que hojeaba amando las descripciones de los experimentos y las nociones acerca de la energía y la radiactividad. Tova se burlaba de mí, pero, en el fondo, me admiraba. Seguía al pie de la letra y con verdadero interés mis preparativos para irme a Israel. Ella también había pertenecido a una organización sionista, Hashomer, que sostenía que la única alternativa viable para el hombre era el comunismo absoluto. Los kibutzim del Hashomer eran famosos por su insistencia en una igualdad total entre sus miembros y una abstinencia de cualquier propiedad privada.

Hanoar no era tan extremista, aunque mantenía que el socialismo kibutziano era la mejor forma de vida.

En la organización yo gustaba de entrar al cuarto en el cual los dirigentes acostumbraban reunirse. Me sentía distinto a los jóvenes de mi edad y me aburrían sus intereses. En cambio, los mayores eran más afines con mi seriedad prematura y mi gusto por la profundidad de la existencia.

La vida me había enseñado estar llena de sufrimientos y había aprendido a extraer fuerzas de mi soledad y de un mundo interior totalmente alejado de lo cotidiano. Casi nunca sonreía; sin embargo, no me sentía triste, más bien me percibía a mí mismo como profundo y serio y consideraba las ocupaciones de los jóvenes y sus intereses como superficiales y absurdos, comparados con los míos.

Por fin llegó el día de la partida. Debíamos hacer escala en Nueva York y allí pasamos unos días. El hotel era viejo y aristocrático. Lo usaba la Agencia Judía para alojar a inmigrantes. Pronto nos dimos cuenta de que caminar sobre sus alfombras nos cargaba de electricidad y Lizette y yo jugábamos a darnos toques. Con nosotros venía Fanny y otros seis jóvenes. Yehuda era el más interesante; siempre parecía estar viviendo una aventura total. Era hijo de un escritor judío y su dramatismo y seriedad hacia la vida me impresionaron desde el primer momento. Era rubio y parecía un místico por su profundidad. Rafael, en cambio, vivía la vida como si esta fuera un campo de diversiones. De origen turco, igual que Lizette, se hacía notar por poseer un cuerpo fornido, completamente cubierto de un vello negro y espeso, que lo hacía parecer una especie de gorila humano.

Simja sentíase superior a todos. Nos mandaba y de él parecía emanar un aire de autoridad y control desagradable. Pasaba su tiempo discutiendo con todo el mundo y haciendo valer su voluntad. León Saúl era bueno como el pan, regordete, intelectual y limpio de corazón. Escuchaba a Simja con atención y lo contradecía con voz suave y casi femenina. Pero el más interesante de todos era un muchacho delgado con cara de chiste, cuyo nombre no puedo recordar. Siempre había una sonrisa irónica en su boca y sus ojos brillaban como si toda la vida fuese una broma; sin embargo, su interior era asombrosamente profundo y extraño. Simja no lo soportaba y lo consideraba totalmente loco. Desde la perspectiva de vida de Simja lo era y con razón. Parecía no importarle nada y su presencia se sentía como un volcán a punto de estallar a gritos y carcajadas. En el fondo, era el de mejor corazón.

A mí me habían nombrado coordinador cultural del grupo y había llevado conmigo una cantidad impresionante de libros para formar una biblioteca común. En Nueva York hicimos un fondo económico, del cual extrajimos dinero para comprar bienes grupales. Lizette se pasó toda una mañana buscando una plancha diminuta de vapor.

Al peso enorme de los libros sumé el de una radio Hovercraft de 10 bandas para oír, desde el kibutz, las emisoras mundiales de onda corta. La guardé en el fondo de una maleta de mano y la cubrí con libros, para que la aduana israelí no me la confiscara. Me doblaba el peso de mis tesoros y así subí al avión, todavía no sabiendo que todo es un símbolo y que el peso que llevaba representaba el mío propio.

Viajaban con nosotros judíos ortodoxos, que montaron una especie de sinagoga a bordo, mientras yo me dedicaba a ver las nubes, emocionado porque iría a Israel. En Nueva York hacía mucho frío, que sumado a vientos fortísimos no nos había permitido caminar por la calle. Israel nos esperaba con una temperatura de 35 grados a la sombra. Por fin el avión aterrizó y yo imité a mis compañeros de viaje, quienes besaron la tierra santa.

En Tel Aviv mi tía Ida me esperaba en el aeropuerto. Insistió en llevarme a su casa, pero yo me opuse diciéndole que tenía obligación de llegar al kibutz. Al atardecer, un automóvil nos llevó a través del campo y cuando oscureció paramos en un pequeño pueblo para comer falafel.[2] Todo era santo y digno, el aire, la tierra y las brillantes luces de los pequeños poblados que atravesábamos. Nos dirigíamos al sur, hacia el desierto, a Ein Hashlosha, un pequeño kibutz de 300 habitantes, localizado a 500 metros de la Franja de Gaza. En ese año de 1963 esta todavía pertenecía a Egipto. Nos recibió un soldado cargando una ametralladora, frente a una puerta rústica de madera. Nos alumbró con su linterna y nos condujo a una barraca de madera.

A la mañana siguiente nos llevaron a un gallinero que no se había limpiado en años y nos ordenaron recoger el estiércol que se había acumulado en el piso. Con una pala cargué carretillas enteras hasta que no soportando más el olor comencé a vomitar. El piso de estiércol tenía más de un metro de espesor. Tomé aliento y comencé de nuevo, pero esta vez no lo pude resistir más. A medida que profundizaba me encontraba con capas más húmedas de estiércol. Me envolvían nubes pegajosas de olor nauseabundo. Vomité de nuevo y tiré la pala.

Al día siguiente nos llevaron a un terreno gigantesco para cosechar patatas. La máquina cosechadora se había descompuesto. Nos dieron un saco a cada uno y agachados revolvíamos la tierra y cada vez que encontrábamos un tubérculo lo introducíamos en el saco. Durante dos semanas hicimos lo mismo. Por las tardes recorría los campos de duraznos y las construcciones del kibutz. Pronto me di cuenta de que la mayoría de sus habitantes hablaba español con acento argentino.

---

[2] Platillo árabe-israelí, parecido a una torta o taco.

Dormía en el mismo cuarto con Yefauda y Rafael y comencé a visitar a Lizette. Se había establecido una amistad entre ambos y un inicio de enamoramiento. Yo no había conocido mujer ni ella hombre y cada vez nuestras miradas se encontraban más seguido. Nos empezamos a dar la mano y pronto, en las noches, la visitaba y acariciaba.

Mis compañeros de habitación comenzaron a sentirse celosos y a verme como un intruso que les estaba robando a su mascota. En una salida al campo me preguntaron acerca de mis intenciones hacia Lizette. Les dije que no estaba seguro de si la quería. Aquello acabó por deteriorar mis relaciones con el grupo. En una especie de consejo de guerra se decidió que yo ya no era miembro aceptable y me lanzaron del cuarto, asignándome una pequeña habitación al final de la barraca. Allí instalé mi radio de onda corta, que oía en las noches.

Me sentía humillado, pero feliz por haber logrado estar solo. No soportaba las órdenes de Simja, el fanatismo de Yehuda ni el machismo agresivo de Rafael. Lizette me visitaba y platicábamos. Me asignaron la labor de regar los plantíos de patatas. Se utilizaban largos tubos de aluminio que había que cargar e interconectar cada seis metros. Yehuda trabajaba cerca de mí y cuando podía me cerraba la llave del agua y me boicoteaba.

A cada uno nos asignaron una familia adoptiva, que debía encargarse de nuestro bienestar moral y espiritual. A la mía casi no la recuerdo; pero un miembro veterano del kibutz empezó a llamar poderosamente mi atención. Usaba una larga barba y casi no se le veía. Era muy culto y gustaba de encerrarse en su casa para leer. El resto del kibutz lo criticaba por sus tendencias antisociales; no obstante, a mí me atraía precisamente por la misma razón. Era el coordinador de los árboles de durazno y así pude conocerlo. Casi no hablaba y cuando manejaba su tractor limpiando de hierbas el terreno entre las hileras de árboles parecía viajar en un universo extraño y alejado de la tierra.

Cuando llovía nos guarecíamos debajo de un techo de lámina y él sacaba su pipa y comenzaba a fumar, sintiendo la humedad y observando la lluvia. Me enseñó a injertar los retoños y a apreciar el orden y el crecimiento de la fruta.

Otro de los veteranos era un experto en adivinar el origen de los visitantes, a través del análisis de sus rasgos físicos. A veces lo oía explicando por qué tal o cual nariz era de origen caucásico y tales ojos eslavos.

El kibutz era continuamente visitado por extranjeros. En una ocasión llegó un grupo de muchachas rumanas, sensuales y descuidadas en su vestir. En las noches eran intercambiadas de habitación.

Se nos advertía del peligro de acercarnos a la Franja de Gaza. Los muchachos egipcios la atravesaban para robar mangueras y su máximo reto era entrar al comedor comunal para llevarse una cuchara o un tenedor, que luego mostraban a sus compañeros como trofeo demostrativo de su gran valor. Una compañía de soldados vivía en el kibutz. Ayudaban a cosechar llevando a cuestas sus ametralladoras. Estaban a cargo de los perros cuidadores, que en las noches eran amarrados a largos cables que les permitían correr de un lado a otro sin perderse. Se decía que en varias ocasiones los egipcios habían atacado a algún kibutznik descuidado cortándole las orejas.

Recuerdo con gran placer dos noches consecutivas en las cuales todo el kibutz se dedicó a recorrer los campos para recoger el heno cosechado y empaquetado en grandes cubos. Salimos con linternas y ametralladoras y en la madrugada todos nos reunimos en el comedor para brindar con vino y celebrar el acontecimiento con un gran festín, preparado por las mujeres.

Los niños del kibutz vivían juntos y separados de sus padres en una casa infantil, que, al mismo tiempo que servía de dormitorio, era escuela y minikibutz modelo. En él los infantes cultivaban pequeñas parcelas y cuidaban diminutos conejos y ovejas.

El trabajo en los duraznos se iniciaba a las cuatro de la mañana. Nos subíamos a carretas tiradas por tractores y entre las estrellas y cantando canciones pioneras llegábamos al campo. A las seis o siete desayunábamos. Siempre me preparaba una ensalada israelí deliciosa, consistente en una mezcla de trozos de pepino, jitomate y cebolla, que saboreaba con huevos y yogurt. Después del desayuno volvía al campo y en la tarde aprendía hebreo en la escuela comunal.

En las noches me vestía con camisa blanca y pantalón largo y cenaba con el resto de los kibutznikim.[3] El viernes por la noche y el sábado se hacían fiestas, en las cuales bailábamos y cantábamos juntos. A veces venían artistas de fuera o se presentaban películas. Había una pequeña sinagoga en la cual los padres de los colonos rezaban. Yo la visitaba, recordando a mis abuelos.

El año era de tensión con los vecinos árabes. Israel había decidido construir un enorme acueducto para llevar agua al desierto de Neguev y el Sinaí, desde los manantiales del Jordán en la Galilea. Los árabes amenazaban volar el acueducto y hacer la guerra, pues sentían que Israel les robaba el agua. En una excursión nos encontramos el acueducto recién construido y todavía seco. Caminamos por su interior y de pronto oímos un estruendo. Asustados, corrimos hasta percatarnos de que el ruido era provocado por una gigantesca masa de agua del Jordán, que en ese preciso instante atravesaba el acueducto. Miramos asombrados el acontecimiento hasta ver lleno el acueducto.

Una tarde me dijeron que, junto con un compañero druso, debía ir a chequear una fuga de agua cerca de la Franja de Gaza. Los drusos eran árabes amigos de Israel, pertenecientes a una secta religiosa muy extraña. Me había vuelto amigo de varios de ellos, quienes me contaban anécdotas acerca de su pueblo. Llegamos a la fuga y empezamos a excavar en medio del lodo que se había formado. Un tractor, accidentalmente, había reventado una tubería

---

[3] Miembros del kibutz.

y nosotros debíamos repararla. La mezcla del calor del desierto, el lodo y la humedad se volvía intolerable. Después de varias horas mi amigo decidió retirarse y yo me quedé solo. De pronto oí un zumbido grave proveniente de la frontera egipcia. Parecía el motor de un bombardero árabe que se aproximaba. Exploré la llanura, pero no lo vi. En cambio, algo que parecía una nube oscura se acercaba. Pronto me percaté de que eran abejas enfurecidas que me habían detectado. En un kibutz cercano habían decidido quemar sus colmenas y ahora se iban a vengar en mí. Correr hacia el kibutz era imposible, así es que tomé aire y me lancé al interior del lodo, cubriéndome con él. Aguanté la respiración hasta casi reventar y saqué la cabeza. Se habían ido. Salí del barro y a los 200 metros de caminar el sol lo endureció a tal grado que me quedé parado como estatua, esperando que alguien viniera a socorrerme. Me llevaron a las duchas y en ellas me lavaron.

El día en el cual concluimos la cosecha de duraznos celebramos el acontecimiento con una parrillada argentina y vino. Me emborraché y abracé a un gigantesco árbol de eucalipto. Al día siguiente el árbol amaneció en el suelo; lo había derribado un rayo. Los kibutznikim se burlaron de mí, diciendo que la culpa había sido mi aliento alcohólico.

Entre los argentinos del kibutz sobresalía uno, por su fuerza y estatura. Sus manos eran tan grandes que parecían palas. Se había vuelto famoso entre los soldados porque en una ocasión había sostenido un automóvil en marcha agarrando su parachoques e impidiéndole moverse.

Durante algunas semanas trabajé con él. Trataba de demostrarle mi entrega quedándome horas extra en el campo y esperando que él se diese cuenta. Cuando lo hacía y me dirigía algún elogio no cabía en mí de satisfacción y orgullo. Le sugerí armar una cuchilla colosal para partir piedras y cuando me permitió construirla me pasé días enteros en el taller mecánico afilándola. En ese taller se realizaban trabajos finos en torno. Solicité mi entrada al mismo, pero me la negaron. Volví a solicitarla y me pusieron una prueba que no pude pasar. Debía desarmar un carromato oxidado. Mis fuerzas fueron insuficientes para quitar una gran tuerca y me devolvieron a los duraznos.

Una noche me encontré a un muchacho delgado y alto, de origen inglés, quien me invitó a su habitación. Se llamaba Peter y me dijo que me mostraría algo maravilloso. Sacó una tabla llena de números y letras y colocó sobre la superficie un diminuto marcador. Me pidió colocar mi mano sobre este, mientras él hacía lo mismo. De pronto el marcador se movió, impulsado por una fuerza misteriosa. Adiviné una trampa y le pedí que retirara sus manos. El marcador disminuyó su velocidad, pero continuó moviéndose. Aquello era extrañísimo y fascinante.

A partir de esa noche visitaba a Peter a diario y hacía experimentos con él hasta el amanecer. Recibíamos mensajes de la tabla mientras el marcador recorría raudo las letras. Una noche el mensaje decía que habría una señal para volvernos a comunicar, que consistiría en el aullido de perros. La noche siguiente me encontraba en el baño, cuando de súbito me percaté de que mi reloj de pulsera se había parado. Era un Mido automático, extrarresistente, que jamás había fallado. Cinco segundos después los perros del kibutz, al unísono, comenzaron a aullar. Salí despavorido y me refugié en mi cuarto. Estaba pintando un mural en una de sus paredes y para aplacar mi terror lancé unas pinceladas y pintura para hacer tiempo e ir a ver a Peter. Me lo encontré acomodando unas luces dentro de su habitación. Parecía querer crear un efecto de misterio, porque colocó unas ramas de hierba frente al foco, con el objeto de que sus sombras se proyectaran en todas direcciones. Jadeante, le conté lo que me había acontecido y él lo interpretó como señal de que debíamos iniciar un nuevo procedimiento. Me invitó a sentarme, mientras él hacía lo mismo frente a mí, y me pidió que observara con toda atención. Deseé estar con alguien más, pero recordé que tanto Rafael como Simja se habían burlado de mí cuando les relaté lo que acontecía con el marcador.

Mi atención estaba fija en la cara de Peter cuando este comenzó a respirar profundamente. Su boca se ladeó y en un rictus extraño pronunció unas palabras que no entendí. Siguió hablando con un acento extraño y gesticulando con exageración. Parecía no ser el mismo que antes. Sus palabras eran en un idioma desconocido para mí, aunque mezcladas con términos anglosajones. Al recuperarse me explicó que era un médium y que un espíritu se había posesionado de su cuerpo durante el trance.

Salí de la casa de Peter abrumado por cientos de interrogantes y me fue imposible dormir aquella noche. Durante varias semanas seguí asistiendo a las sesiones mediumnísticas, incapaz de descansar durante las pocas horas de sueño que me permitía mi trabajo y cada vez más asustado por los extraños acontecimientos que me sucedían.

Cada vez que pasaba frente a la casa de Peter un escalofrío recorría mi cuerpo y una voz me decía que me alejara de allí. Eso hice la última vez que lo vi. Me había invitado a una sesión en la cual haría volar objetos en medio del aire y yo me negué a asistir. Aquello era demasiado violatorio de mi universo conocido y mi cuerpo se opuso a penetrar en el misterio.

A la mañana siguiente no vi a Peter en el desayuno y jamás lo he vuelto a ver, desapareció misteriosamente del kibutz.

Habían pasado ya varios meses desde que llegamos al kibutz y Lizette y yo estábamos en pleno romance. La visitaba en las noches y la acariciaba durante horas. Los fines de semana los teníamos libres; unas veces iba a conocer regiones cercanas y, otras, a visitar a mi tía Ida y a su familia. Vivían en Tel Aviv. Recuerdo la frescura de la madrugada al tomar el autobús y sentarme entre pioneros de los kibutzim de la zona, algunos barbados y todos robustos y enteros. El campo olía a duraznos y naranjos y la frescura del viento me acariciaba, llenándome de placer.

La casa de mi tía era deliciosa y mi prima Anat más aún. La conocía por una visita que había hecho a México, en la que habíamos jugueteado entre nuestra ropa sin mostrarlo a nadie. La había tocado y ella a mí como por accidente, excitándonos por lo prohibido y ahora algo en mí deseaba ver repetida la aventura. Mi tía y su esposo eran médicos y tenían tres hijos. El mayor se había propuesto leer completa toda una enciclopedia y a eso se dedicaba durante todo el día. Platicábamos y yo veía de reojo a Anat, asombrado por su sensualidad.

Por las noches me encerraba en el despacho de mi tío y me dedicaba a leer. Tenía el propósito secreto de que él me viera y me considerara inteligente, dedicado y extraño. El impulso a ser admirado me perseguía siempre, lo mismo que la sensación de ser objeto de observación.

El lunes regresé al kibutz, encontrándome con una nueva visitante extranjera. Esta vez se trataba de una muchacha danesa, que quedó prendada de mí sin que yo me diera cuenta. Venía a mi cuarto con el pretexto de oír Dinamarca en la radio de onda corta. Lizette estaba celosa y dejó de dirigirme la palabra cuando accedí a visitar la casa de la ciudad de la danesa. Vivía en ella una amiga suya, a la que encontramos en pantalón corto. Su belleza me trastornó pero no me atreví a manifestar mi excitación. Me sentí mal por ello y tuve una regresión. Me empecé a portar como si me hubieran colocado una camisa de fuerza. Todo lo que decía era falso y estructurado. Lo que en verdad quería era acariciar a la muchacha y alejarme lo más posible de mi amiga danesa, pero no hice ni lo uno ni lo otro. Estaba prohibido jugar y puesto que había retrocedido en el tiempo, mi cerebro mimetizaba mi encierro forzado junto a mi madre. ¡Presentad una porción de un complejo de estímulos y el cerebro asumirá la actividad correspondiente al complejo, sin poder diferenciarlo del estímulo!

Por la noche mi amiga me pidió que me acostara con ella y yo me negué. Quería a la otra y tenía prohibido expresar mis verdaderos deseos. Desayunamos juntos y fuimos al cine. Representábamos la clásica imagen de los hippies y todos se quedaban mirando nuestro cabello largo, huaraches y ropa descuidada. No le conté nada a Lizette, pero ya no volví a ver a la danesa.

Trabajábamos los sábados para juntar días libres e irnos de excursión. Pedíamos aventón. En una ocasión, un Jeep descubierto perdió el control y por poco nos estrellamos. Fuimos a Eilat y dormimos en la playa, después de que nos echaran de una lancha en la cual nos habíamos instalado. Visitamos las minas del rey Salomón y nos perdimos en el desierto. Lizette y yo dejamos de separarnos. Viajábamos juntos, reíamos juntos y juntos descubríamos la vida. Frente a León Saúl y sin inhibiciones nos acariciábamos y juntos nos cambiamos de kibutz. En Ein Hashlosha los argentinos ya no nos toleraban ni nosotros a ellos. El día de la Independencia de México dimos el grito de Dolores, haciendo sonar la campana de incendios del kibutz a medianoche. Todos salieron con sus cubos de agua y al vernos reír nos odiaron. Frente a la barraca de madera construí una fuente en forma de corazón, dedicada a Lizette.

En el nuevo kibutz trabajamos de jardineros, hasta que una astilla se incrustó en uno de mis dedos, entre la uña y la carne. Lizette me llevó a la enfermería y una doctora me la extrajo. A la mitad de la maniobra me desmayé y recuperé la conciencia en brazos de Lizette... Siempre Lizette. Sufrí una infección en los oídos, que me duró varios meses, hasta que Lizette me obligó a ir a un hospital en el que me curaron.

Recibía cartas alarmantes de México. En una de ellas mi hermano Nathán me contó que mi padre lo había acorralado en un cuarto y golpeado hasta cansarse, apoyado por Tova. Jerry era continuamente humillado y a Petra la habían echado de la casa. Decidí regresar a México. En Haifa tomé un barco, junto con Fanny, Lizette y León Saúl. Durante dos semanas Lizette y yo vivimos de manzanas y pan tostado, acostados en la cama por el mareo. Visitamos Grecia y nos fotografiamos frente al Partenón. En Nueva York tomamos un avión que nos trajo a México. En el aeropuerto Tova se burló de la fealdad de Lizette y después me llevó a casa.

VI

LA UNIVERSIDAD

La conciencia con respecto a los otros cree vivir un continuo. Cada familia de experiencias deja su propio trazo y en él no se admiten discontinuidades. Somos muchas mentes en una y cuando volvemos a ver a un amigo o a un familiar, después de un largo intervalo, juntamos los pedazos de las memorias referentes y los unimos. Por eso decimos cosas como ¡no ha pasado el tiempo! o ¡parece que fue ayer! Lo mismo sucede con nuestra percepción. El pegamento de la realidad fusiona imágenes, una detrás de la otra, dándonos la sensación de continuidad.

Así le sucedió a José cuando regresé a México. Me llevó a sus diversiones y sufrió al darse cuenta de que yo las consideraba absurdas y superficiales. Me habían sucedido demasiadas experiencias como para ser el mismo que él conocía. Sus amigos visitaban casas misteriosas de la Ciudad de México y asustaban a la gente gritándole en las calles.

Mientras tanto, Lizette se había ido a Guadalajara con sus padres y mi familia se preparaba para regresar a la casa nueva, que Tova había remodelado. El panorama era sombrío. A Jerry, Tova lo trataba como a un animal y en las noches oía a mi padre exigiéndole a Tova sexo, a lo que ella se negaba. Había nacido un hijo de ambos, Ari, el cual era una hermosura. Petra había desaparecido y el único que parecía contento era Nathán, quien se había convertido en el favorito de Tova.

Ingresé en la Facultad de Ciencias de la Universidad Nacional y allí me encontré a Bernardo, a Silvia y a un maestro extraordinario, don Juan de Oyarzábal. Era refugiado español y se decía que al huir de España, al mando de una corbeta, había bombardeado un puerto franquista. Hablaba esperanto y sus análisis acerca de la física relativista eran memorables. Su persona, alta, vigorosa y totalmente íntegra, me producía admiración y respeto. Me encantaba la teoría, pero las matemáticas no eran mi fuerte. Mi mente viajaba entre los conceptos, asiéndolos como si fueran míos, mas no comprendía las abstracciones matemáticas. Le pedía ayuda a Bernardo, hasta que Silvia, su novia, me criticó por eso. A veces nos reuníamos los tres y al preguntarme acerca de la vida yo les decía que era un aprendizaje a través del sufrimiento. Silvia me miraba asombrada y no estaba de acuerdo conmigo. Otro amigo en común, Asian, de origen armenio, me estimuló a conocer la historia de las atrocidades turcas en contra de su pueblo. Me identifiqué con los sufrimientos armenios como si fueran propios. El ambiente de la facultad era excitante y el grupo de amigos, cosmopolita. Se nos unió Gay, un español, y juntos bromeábamos y estudiábamos, pero Bernardo era mi mejor amigo. Iba a su casa a practicar ajedrez, oírlo hablar de su amor hacia Silvia y jugar canicas en el tapete de su sala, tras resolver algún problema de relatividad.

Mi incapacidad matemática cundió en crisis y resolví cambiar de carrera. Ya en el kibutz pensaba que la filosofía era lo mejor para mí, pero su índole impráctica me hizo decidir por la psicología.

Mi primera clase, neuroanatomía, nos la impartió Agustín Caso, a las siete de la mañana, en la Facultad de Filosofía. Utilizaba un texto escrito, que ningún tratado posterior pudo superar. Su cátedra era limpia y clara y gracias a él pude saborear un conocimiento que podía haber rechazado por mis antecedentes con mi madre. Varios meses después Caso renunció y en su lugar se presentó un profesor de origen alemán, Héctor Brust, que se convertiría en la influencia más importante de mi vida. Alto, pesado y con un corte de pelo tipo militar, Brust presentaba el estudio del cerebro como lo más importante a lo que un ser humano podía dedicarse. Era extraordinariamente rígido, pero fascinante por la fuerza y brillantez de su exposición. Se dedicaba a la investigación neurofisiológica y a partir de su segunda clase provocó en mí una extraordinaria transformación. No podía imaginar que lo que me estaba aconteciendo era que estimulaba el ansia por entender a mi madre enferma a través de la única puerta no sometida a represión.

Mi inconsciente veía en él la oportunidad de comprender el suceso más traumático de mi existencia, sin activar la confusión provocada por la culpa. Dediqué todo mi esfuerzo a su materia y junto con dos compañeros, Roberto y Rebeca, me presenté a su laboratorio, solicitándole ser admitido como su ayudante. Había encontrado varios amigos en la universidad, entre ellos Juan José y Jenny y los mismos Roberto y Rebeca.

Nos recibió en un salón de techo elevado y caldeado por el sol, en el cuarto piso de la torre de investigaciones de la Facultad de Medicina. Una persiana gigantesca permitía la entrada de rayos solares que alumbraban su bata gris y su cabellera rapada a la "brosh". Nos dijo que lo que pedíamos solamente podía ser concedido después de pasar pruebas muy arduas; que la investigación científica del cerebro requería una entrega total y que no podía aceptarnos fácilmente. Sus palabras, graves y serias, se mezclaban con el zumbido electrónico de un polígrafo y los maullidos de unos gatos que servían como sujetos de investigación. Media vuelta para ver su equipo y unas pequeñas luces parpadeantes de un aparato complicado acabaron convenciéndome de que allí estaba mi destino.

También, sin saberlo, mi ser reconocía en Brust a la figura paterna que mi inconsciente anhelaba, la actividad más soberbia a la que podía dedicarme y la posibilidad de ser alguien digno y tan íntegro como él. Acepté cualquier prueba y quedé de acuerdo en preparar un trabajo bibliográfico de excelencia, probando mi capacidad para integrar información fisiológica. Una semana después le entregué un tratado acerca de la investigación del aprendizaje, que recibió dignamente. Me lo devolvió lleno de enmiendas. Se lo llevé a otro de mis maestros, Chucho, quien, como yo, tenía antecedentes de física. Su mente era genial y en sus clases se exaltaba, haciendo comparaciones fascinantes entre todo lo imaginable. Chucho me estimuló a insistir ante Brust y este acabó por aceptarme. Me presentaba todos los días en su laboratorio, colocándome al lado de un polígrafo, que inscribía en un papel un código activado por la conducta de un gato sometido a entrenamiento. El animal estaba aprendiendo a discriminar estímulos dentro de una cámara de aprendizaje y la máquina medía su conducta. Durante horas enteras yo contaba rayas y apuntaba latencias. No osaba moverme mientras Brust, encerrado dentro de telas oscuras, manipulaba aparatos, observando al gato dentro de la cámara a través de una pequeña ventanilla. Su palabra era la verdad y no admitía errores ni distracciones. Pronto me convertí en su ayudante más constante y fiel. Cargaba a los gatos y los llevaba a sus jaulas; limpiaba sus orines y preparaba el papel para registrar. Estaba pendiente de cualquiera de sus órdenes, que cumplía religiosamente.

Le empecé a asistir en las operaciones de cerebro que practicaba en los animales. Trataba de adivinar qué bisturí o qué pinzas necesitaría para su siguiente movimiento.

Comencé a tener mis propias ideas, casi todas ellas impracticables y fantásticas. Había leído al conde Korsybsky, un genio polaco, creador de la semántica general. Él afirmaba que las semillas eran capaces de aprender un condicionamiento temporal. En un experimento había plantado una semilla de calabaza y cuando su raíz alcanzó varios centímetros, giraba todo el recipiente 90 grados hasta que, por gravedad, la raíz lograba la verticalidad. En ese momento volvía a girar 90 grados y así innumerables veces. Korsybsky afirmaba que al dejar de girar el recipiente, la raíz, por sí misma, giraba en los intervalos a los que se había "acostumbrado". Quise repetir el experimento y le pedí al doctor Guevara, maestro de Brust y vecino de laboratorio, ayuda. El doctor Guevara había perdido una pierna en un accidente; era delgado, casi calvo y de apariencia agradable. Siempre había un consejo maduro en su boca. Accedió y me dejó colocar varios frascos con semillas plantadas en gel en las repisas de su laboratorio. A los pocos días un activísimo cultivo de hongos de olor penetrante impedía ver el gel, raíz y semilla.

Después de ese fracaso se me ocurrió trabajar con mimosas púdicas en un experimento de aprendizaje. De nuevo, el doctor Guevara me ayudó a construir una cámara de control ambiental y a montar un sistema de fotografía seriada para registrar el movimiento de las plantas. Fue delicioso preparar todo y la metodología era interesante. Consistía en enseñar a la mimosa a cerrarse por sí sola después de encender una luz. Para ello, cada vez que se encendía se le estimulaba mecánicamente. La planta respondía cerrándose ante el estímulo mecánico, pero nunca pudimos continuar lo suficiente para ver lo otro. La película, sin embargo, mostraba que las plantas se movían por sí solas, a pesar de la constancia de las condiciones ambientales. Creo que mi interés por demostrar la existencia de aprendizaje en seres primitivos era motivado por unos experimentos de Brust, en los cuales estudiaba la posibilidad de aprendizaje en la médula espinal de gatos. Eran experimentos terribles, por el sufrimiento que provocaban en los animales. Sin embargo, no dudo que, mezclada a esta motivación, existía en mí la necesidad secreta de demostrar que la mutilación cerebral de mi madre no había sido capaz de afectarla. Posiblemente por la misma razón, en la Escuela de Psicología me alineé con el movimiento conductista y su negación de la conciencia y de experiencias subjetivas. Nos peleábamos con los psicoanalistas, a los que considerábamos no científicos. Tanto Brust como Guevara aplaudían nuestras críticas y las reforzaban.

Roberto decidió dejar el laboratorio y, junto con unos amigos, entre los cuales estaba Yehuda, se fue a vivir a Huautla. Se pasó seis meses viajando con hongos y comunicándose telepáticamente con los árboles y las lombrices. Rebeca también se fue y yo me convertí en el único ayudante de Brust, lo que me llenaba de orgullo y satisfacción. Después de su ausencia, Roberto regresó y se reintegró al laboratorio.

Desde que entré a la universidad extrañaba mucho a Lizette. Le escribía cartas diariamente y ella hacía lo mismo. Esperaba al cartero con gran emoción y, cuando no lo soportaba más, la visitaba en Guadalajara. Mi padre me prestaba su Peugeot, en el cual viajaba. Lizette vivía en una colonia primorosa, en las afueras de la ciudad. Sus padres me aceptaron de inmediato y yo a ellos. Romeo siempre tenía un chiste en la boca y Elena era una mujer abnegada y buena. Yo era muy tímido y casi no pronunciaba palabras durante las comidas. Por las tardes acariciaba a Lizette y le manifestaba mi amor en todas las formas posibles.

Al regresar a México la volvía a extrañar. Durante tres años nuestra relación fue epistolar y totalmente fiel. Un día me llamó por teléfono comunicándome que venía a estudiar psicología a México. Viviría con su tía María.

Cuando llegó no nos separamos un solo día. Venía a mi casa y todas las tardes, encerrados en mi cuarto, jugábamos el uno con el otro como gatitos. Se convirtió en la hermana mayor de la familia y juntos nos regocijábamos viendo a mis hermanos jugar y pelearse. Petra había regresado a la casa y nos cuidaba a todos.

La relación de mi padre y Tova había terminado, después de una pelea terrible, en la cual se habían golpeado hasta casi matarse. Tova había llamado a su padre, el cual me golpeó al criticar a su hija. Recuerdo que, unos días antes, yo había entrado a su cuarto en la noche. Ambos estaban acostados. Les dije que debían separarse y súbitamente comencé a llorar. La sorpresa ante mi propia reacción fue mayúscula. No podía entender de dónde venía ese llanto.

Tova se llevó a Ari y mi padre lo desconoció como hijo. Me había preguntado mi opinión antes de tomar la decisión y yo se lo había prohibido, pero no me escuchó.

Cuando Lizette cumplió varios meses en México mi padre nos comunicó que había conocido a una muchacha francesa, Kemy, y que había decidido casarse con ella. Averigüé en dónde vivía y la fui a visitar. No era francesa, sino libanesa. Le dije que no se casara con mi padre, le advertí que sufriría terriblemente a su lado. Tampoco me escuchó.

Mientras tanto, yo había conseguido un trabajo como maestro de laboratorio en la Preparatoria Nacional. Juan José y yo trabajamos juntos dando prácticas de psicología experimental. Juan José me asombraba por su capacidad e inteligencia. Se nos ocurrió un experimento en actitudes. Él se disfrazó de alumno y se ganó la confianza de sus "condiscípulos". Era un artista consumado, que en sus tiempos de estudiante había actuado en obras de Molière.

El plan consistía en medir la actitud entre la guerra y la violencia en los muchachos antes y después de una sesión de sugestión. Prácticamente todos ellos se mostraron en desacuerdo con la guerra. Pero, entonces, Juan José se levantó de su asiento y exaltado defendió la necesidad de la guerra y sus grandes beneficios. Se había convertido en el líder de la clase y todos lo escuchaban con respeto. Yo fingí que me había convencido y también defendí la guerra. Después volvimos a preguntar y 60% del grupo había cambiado de opinión. En ese momento Juan José se descubrió como maestro y les explicó a los muchachos el experimento. Por poco lo linchan, pero todos acabamos riéndonos.

La preparatoria estaba repleta de "porros". Estábamos en los primeros meses de 1968. A veces se oían disparos y nadie supo cómo, pero un día trajeron un pulpo gigantesco dentro de un recipiente formidable de plástico transparente lleno de formol, que fue destruido. El formol llenó los pasillos y penetró al laboratorio, haciéndonos huir a todos.

Brust me consiguió un nombramiento en la Facultad de Medicina y con ambos sueldos me empecé a mantener por mí mismo. La madre de Lizette comenzó a inquietarse por mi prolongada relación con su hija y nos pidió que nos casáramos.

Mi padre se opuso. Después supe que había hecho un trato con uno de sus amigos ricos para desposar a su hija conmigo. Por fin accedió y prometió darnos ayuda económica, lo que cumplió a regañadientes y después de muchas humillaciones.

Acostumbraba recordarme un suceso que lo había convencido de mi incapacidad financiera. Me había regalado el Peugeot y yo lo cambié por un Volkswagen, sin consultárselo. Cada vez que le pedía dinero me sacaba a relucir lo del cambio de coches, concluyendo que era mejor no darme nada, no fuera a tirarlo a la basura.

Nunca entendí las costumbres sociales y la necesidad de reglas y restricciones. Tanto Lizette como yo no necesitábamos de una ceremonia ni de ligas formales en nuestra relación. Aceptamos casarnos por no herir a los padres de ella.

Unos meses antes de la ceremonia mi abuelo materno insistió en la necesidad de celebrar un compromiso judío. Invitamos al doctor Brust, junto con el resto de nuestras dos familias. Romeo, el padre de Lizette, provenía de una de las más intensas familias judeo-turcas. Uno de sus antepasados se había vuelto famoso porque se agujereaba los bolsillos para depositar en ellos monedas que caían al suelo para los pobres, mientras caminaba en las calles de Estambul. El mismo desprendimiento hacia el dinero era característico de Jacobo, el abuelo paterno de Lizette. Otro de los parientes lejanos recibió el Premio Nobel de Literatura. Los hermanos de Romeo tenían nombres clásicos: Napoleón, Julieta, etcétera.

La familia de Elena, la madre de Lizette, provenía de Rusia. De allí habían emigrado a Argentina, guiados por un padre neurótico y una madre extraordinariamente sensible. Romeo se había enamorado de Elena, quien tocaba virtuosamente el violín, pero el padre se había opuesto a la unión porque el novio era sefardita[1] y no ashkenazí.[2] Finalmente el amor acabó triunfando y Romeo fue un padre excelente y un amigo íntimo para todos sus hijos.

Durante el compromiso, mi abuelo rompió un plato envuelto en una tela, conforme al ritual judío ortodoxo, mientras Romeo hacía

---

[1] Judío originario de Europa Oriental.
[2] Judío proveniente de Europa Occidental.

chistes y Brust miraba asombrado. Unas semanas antes, estando mi padre en mi compañía, de pronto gritó y cayó desmayado al suelo. Su cerebro, a partir de ese momento, perdió el control y durante la ceremonia empezó a agredir a todos los invitados. Yo no podía creer lo que veía. Con mi madre había tenido suficiente y ahora también mi padre parecía de otro mundo. Después supimos que el desmayo había sido provocado por una descarga del lóbulo temporal.

Tiempo después Brust se fue a Austria, para gozar de un año sabático. Me encargó el laboratorio y comencé a trabajar en mi tesis. Trataría acerca de la actividad eléctrica del cerebro de gatos durante el aprendizaje. Al estimular uno de los animales con una luz, registré un potencial en el núcleo caudado. Corrí a comunicárselo al doctor Guevara, excitado por la pasión del descubrimiento, y le escribí al doctor Brust, orgulloso, pero él me contestó que aquello era solamente un artefacto. Realicé docenas de controles, demostrando que era real, pero él insistió en que no podía ser. No entendí sus dudas y seguí trabajando y, sin saberlo, comencé a independizarme. Ianel, una muchacha costarricense y amiga de Lizette, comenzó a ayudarme. Me invitaron a dar una clase en la Universidad Anáhuac. El doctor Raúl Hernández Peón había iniciado un laboratorio de investigaciones psicofisiológicas en ella; no obstante, su súbita muerte lo dejó inconcluso. Sentí que era una lástima y me involucré en su terminación. Pronto inicié planos de instalaciones y, sin darme cuenta, me introduje en el proyecto como si fuera mío.

El doctor Brust regresó de Austria y yo terminé mi tesis y me recibí de psicólogo, tras demostrar que la actividad eléctrica del núcleo caudado guarda una estrecha relación con el aprendizaje. En mi examen presenté un video, en el cual había probado los resultados y con el que impresioné al jurado. Romeo presumía ante todo el mundo de que yo era su yerno y hacía chistes acerca de los potenciales provocados.

Me formé en el laboratorio y, a excepción de pocos maestros de la Escuela de Psicología, nadie influyó tanto en mi desarrollo. Recuerdo, entre ellos, a uno que sobresalía por su magnífico humor. Era psiquiatra y nos daba clases en el antiguo manicomio de la Castañeda. Ese lugar era peor que el infierno de Dante. Había pabellones en los cuales los enfermos se masturbaban constantemente y vivían completamente desnudos. Otro psicoanalista era jungiano y entre Juan José y yo le armábamos las más terribles críticas e inverosímiles preguntas, a las que contestaba utilizando un simbolismo para el cual no habíamos madurado. Éramos experimentalistas y no aceptábamos ni siquiera la existencia de la mente y, menos aún, del inconsciente colectivo y los arquetipos de la especie. Juan José se había enamorado de la hija del presidente de la República Española en el exilio. Era una chica exquisita que murió degollada en un accidente automovilístico. Al pobre de Juan José le costó años recuperarse.

Durante cuatro años me mantuve en el laboratorio con el doctor Brust. Investigábamos el núcleo caudado y su participación en el aprendizaje. Publicábamos nuestros hallazgos y los presentábamos en congresos y seminarios. Aprendí las artes quirúrgicas, los registros electroencefalográficos y poligráficos, la fotografía y la metodología experimental. Nos dedicábamos a nuestro trabajo con un entusiasmo y constancia tales que no teníamos tiempo para nada más. Mi orgullo por ser científico y por estar estudiando el cerebro era intenso. Aprendí la necesidad de hacer controles y de desconfiar de elucubraciones teóricas. Todo debía ser comprobado y controlado.

Una noche operaba a un gato, cuando se fue la luz del laboratorio. Era el 2 de octubre de 1968. Tenía pensado ir a Tlatelolco para apoyar una reunión estudiantil. Los sucesos de 1968 me habían hecho participar en manifestaciones, marchar en las calles, al lado de los estudiantes, y sentirme partícipe de una aventura deliciosa dirigida a la transformación de la sociedad. Tenía un gran anhelo por vivir dentro de estructuras (el laboratorio, la investigación científica), pero simultáneamente mi sangre hervía con el deseo de transformarlas y el movimiento estudiantil me ofrecía la oportunidad de vivir el camino hacia la liberación de las mismas.

El gato operado tuvo un paro respiratorio y tuve que darle respiración artificial durante horas. Eso me salvó de la masacre de Tlatelolco. Días después, al ir a la universidad para atender a los animales operados, me encontré tanques de guerra y soldados impidiéndome el paso. No me importó; mis gatos operados podían morir si no los atendía. Fui a pedir acceso a sargentos, coroneles y generales hasta que con una escolta me interné al campus universitario. Dos soldados me vigilaban mientras inyectaba penicilina a los animales. Les pedí que me ayudaran y dejaron sus carabinas para cargar a los gatos y darles leche.

En el patio de la torre de investigaciones el general Negrete me pidió una identificación cuando acabé de atender a los animales. Al ver mi nombre me dijo que yo debía ser extranjero. Le respondí que no lo era, aunque me sentí confuso por mi judaísmo. Me indicó que me fuera sin escolta. Aquello significaba acabar encarcelado y torturado en el Campo Militar No. 1. Le manifesté que no me iría sin escolta. Esperé varias horas, hasta que se desesperó y ordenó a dos soldados que me acompañaran. En el camino me preguntaron acerca del Che Guevara y los estudiantes y luego me dejaron ir. El Che Guevara había trabajado en el laboratorio de fisiología, en las mismas instalaciones y con los mismos aparatos que Roberto y yo usábamos. Nos sentíamos orgullosos por eso y presumíamos ante quienes nos preguntaban.

VII

LIZETTE

Lizette y yo nos casamos en la sinagoga sefardita de la Ciudad de México. Llegué enfundado en un esmoquin absurdo, cuando todos los invitados ya habían llegado. No podía saber que aquello era un símbolo y una señal de lo que ocurriría años más tarde.

La ceremonia fue impresionante, sobre todo por un cantor que con una voz estridente nos hería los oídos. Éramos muy pobres y apenas nos alcanzó para festejar el acontecimiento con un humilde brindis en casa de los padres de la novia. Yo viví todo como un teatro, en el cual participaba sin poder involucrarme.

Nos fuimos en un Volkswagen a Cuernavaca, en donde pasamos la noche nupcial. Había una gran araña en el techo y extrañamente me sentí frío y sin ganas de hacer el amor. Todo aquello era una estructura mucho menos excitante que los encuentros nocturnos en el kibutz y los días de noviazgo escondidos en mi cuarto, con la complicidad de Petra. Después vivimos en un pequeño departamento y poco a poco lo convertimos en una delicia. José y su novia venían a vernos, considerándonos como la pareja ideal y el modelo a seguir. En realidad todo era muy natural. Lizette era mi amiga, hermana y esposa, y ambos nos sosteníamos a la perfección. Solamente cuando se pierde una relación así se percibe lo maravillosa que era. Dentro y cotidianamente todo fluía como si no pudiera existir otra vida.

El laboratorio de la Anáhuac se había terminado de construir y un día le notifiqué al doctor Brust que había decidido dirigirlo con plena dedicación. Su reacción fue terrible. Su mirada furibunda me traspasó, dejándome helado.

A pesar de eso me fui. Tenía culpa, pero Brust se había convertido en un crítico obsesivo con respecto a mi trabajo y yo acabé por no tolerarlo. Confuso, le dije que no lo considerara abandono, sino expansión de su propio laboratorio, aunque eso no lo satisfizo. De alguna manera, en la vida buscamos personajes que nos permitan elaborar nuestros problemas. No nos damos cuenta de que todos los acontecimientos y nuestras percepciones forman una trama compacta que nos refleja. Yo había buscado el mentor más rígido de la universidad, me había introducido a la estructura de investigación más estricta y durante varios años mi espíritu había sido moldeado dentro de ella. No aceptaba ningún pensamiento o dato que no surgiera de estrictos experimentos controlados. En el laboratorio me vestía con una bata gris, como la del doctor Brust y el doctor Guevara. Cuando daba clases lo hacía con una indumentaria ortodoxa e impecable: corbata, traje serio y con una actitud estricta e implacable.

Me burlaba de las emociones, considerándolas como muestras de debilidad. Era extremadamente puntual y todo lo preparaba con antelación. Solamente había una pequeña rendija de libertad dentro de la estructura que adopté y era mi interés por los experimentos sui géneris. Me interesaba sentirme en la frontera de la investigación y vivía experimentándome, observado por todos. No podía darme cuenta de que todo ello formaba parte de un refugio del que no osaba salir. No podía descuidarme un solo segundo del propio control y no por azar la estructura cerebral que investigaba, por la influencia de Brust, era el núcleo caudado, un órgano cerebral encargado de ejercer influencias inhibitorias y consoladoras sobre la conducta. En el laboratorio de Brust todo era controlado y el interés en el núcleo caudado era una manifestación sutil de lo mismo. Su participación en la memoria, en el aprendizaje y en el control inhibitorio eran nuestros temas de investigación. Todas las semanas presentábamos seminarios que preparábamos con cautela y rigidez, buscando estar preparados para contestar todas las preguntas.

En la Universidad Anáhuac y en mi matrimonio todo debía vivirse de la misma forma, sin admitir desviación alguna. En una ocasión Lizette me dijo que ella no veía nada de malo en el homosexualismo y yo me escandalicé. ¡Era inaceptable salirse de las normas sexuales normales!

El amor que me manifestaba Lizette apoyaba toda esa vida. Ella pronto empezó a manifestar un carácter firme y una entrega total. Me admiraba y sostenía emocionalmente, aunque sus inquietudes eran, realmente, muy distintas a las mías. Quería penetrar en mis experiencias con mi madre, pero yo siempre se lo prohibía. Cuando me preguntaba acerca de mis vivencias yo la hacía callar. Aquello pertenecía a un pasado reprimido y bloqueado y lo único que interesaba era el laboratorio y sus logros.

En la casa, Lizette mandaba y todo era de acuerdo con su voluntad. En el laboratorio yo dirigía y todo se hacía de acuerdo con la mía. Los territorios estaban claramente definidos y separados. Yo le entregaba mi sueldo íntegro cada quincena y ella lo administraba y decidía qué comprar, cómo vivir y cómo organizar la casa. Mientras tanto, yo leía y disfrutaba la comodidad que significaba no tener que tomar decisiones caseras. Mi mente y mi alma estaban íntegramente dedicadas al nuevo laboratorio en la Universidad Anáhuac.

Pudimos ahorrar una cantidad y nos fuimos a viajar por Europa. Conocimos Suiza y, como dos niños, nos lanzamos a la nieve, jugando en trineos. Visitamos París y nos asombró la tumba de Napoleón. En Bélgica, Brujas nos fascinó con sus calles medievales, su río y sus construcciones de piedra. La plaza central de Bruselas nos deslumbró con sus adornos de oro puro. Toledo nos introdujo a sus callejuelas, a sus museos e iglesias. Estábamos unidos en una conspiración de vida clara, definida, sin sobresaltos ni sorpresas. Ni siquiera hablábamos de amor; a tal grado llegaba la seguridad de nuestra unión.

Al regresar a México el laboratorio me volvió a absorber. Empecé a dejar de ir a comer a casa y los estudiantes comenzaron a unírseme, creando un grupo de trabajo intenso. Lizette me empezó a reclamar por mis ausencias.

La universidad estaba dirigida por los Legionarios de Cristo, cuyos miembros, serios, claros y controlados, veían en mí una promesa de desarrollo y lucimiento. El padre Pardo, rector de la universidad, me apoyaba y yo lo convencía de que el laboratorio era como un monasterio que debía ser perfecto en todos los sentidos. La personalidad del rector era magnífica y su fortaleza, ejemplar. Me inspiró para escribir un cuento, "Maese Augustus", que Francisco Trillas me publicó.

Todo lo que había aprendido al lado de Brust permeaba mis acciones. Su misma seriedad, rigidez y entrega me acompañaban en todo lo que hacía. Sometía a mis alumnos a las mismas pruebas estrictas que él había empleado conmigo. Los experimentos se hacían utilizando los mismos controles, pero los temas de investigación comenzaron a variar. Mi interés por el caudado persistía; sin embargo, la actividad cerebral humana y sus correlativos electrofisiológicos comenzaron a llamar mi atención.

Al grupo del laboratorio se unieron Alejandro, María, Teresa y Flor. Trabajábamos juntos en los experimentos y su verdadero espíritu de grupo nos mantenía unidos.

Teresa había nacido en México, pero era hija de un refugiado que había huido de su país después de dirigir las cadenas de televisión más poderosas de Venezuela. La familia era muy rica y Teresa muy mimada y caprichosa. Cuando vino a pedirme entrar al laboratorio me negué a admitirla. Ante su insistencia, la sometí a diferentes pruebas, de las que salió victoriosa. Yo sentía que sus deseos estaban motivados por una verdadera necesidad de aprender a ser disciplinada y a convivir en un ambiente estricto e impecable, en el cual ni los chiqueos ni los mimos estuvieran presentes. Era un reto para ella, al que se sometió con toda audacia y valor. Después de varios meses pasábamos horas enteras juntos hablando y planeando experimentos. Su inteligencia y valor me ganaron su confianza y la convirtieron en mi más cercana colaboradora. Diseñamos una serie de estudios para investigar la actividad eléctrica del cerebro humano durante la toma de decisiones.

Lizette quedó embarazada y dio a luz a una niña preciosa, a la que llamamos Estusha, como recuerdo de mi madre. Algo en mí brotó de una fuente desconocida cuando la tuve en mis brazos. Era mi hija y sus grandes ojos me buscaban y yo los de ella, en una interacción deliciosa. Ayudaba a Lizette a bañarla y me encantaba verla talqueada y húmeda, rodeada de sus juguetes y resguardada por una toalla suave y perfumada.

Sin pensar que no teníamos suficiente dinero compré una casa, como regalo por la niña recién nacida, en una colonia aledaña a la ciudad. Era nuestra primera propiedad y cuidamos su construcción como si fuera un bebé.

Cuando estuvo concluida, nos mudamos y a Estusha le compré un perro llamado Dugo, que parecía un cachorro de león.

Detrás de la casa, sobre una colina, corría un río, a donde Dugo y yo íbamos a pasear. A veces nos acompañaban Lizette y Estusha en días de campo, en los cuales yo me llevaba mi bicicleta y corría por los campos. En la casa tenía un sillón favorito, en el que me encantaba sentarme a leer.

Lizette y Kemy se habían vuelto amigas y el embarazo simultáneo de ambas las había hecho identificarse profundamente. Los domingos visitábamos a mi padre y mientras mis hermanos y yo conversábamos, Kemy y Lizette salían a caminar.

La familia de Kemy se había establecido unos años antes en México, después de abandonar Líbano, tras la muerte del padre, quien era profesor en la Universidad Americana de Beirut. La familia, constituida por la madre, tres hermanos y Kemy, se comportaba como una tribu, en la que la madre ejercía una autoridad total. Kemy era dulce y amaba a mi padre, y aparentemente era más débil que él, pero poco a poco fue manifestando una voluntad de hierro y un afán por involucrar a mi padre en sus costumbres libanesas… Nosotros veíamos todo eso con gran asombro, hasta que algo terrible empezó a ocurrir.

De la noche a la mañana el foco temporal del cerebro de mi padre se activó y todo su sufrimiento y represión se desbordaron en una conducta de agresión irrefrenable. Consiguió un cuchillo y amenazó con asesinar a sus hijos. Huimos de la casa con él detrás blandiendo el cuchillo. Se pidió la ayuda de un psiquiatra, que decidió internarlo. Una noche me pidieron que fuera a calmarlo y mientras hablaba con él, aterrorizado por su agresión, los hermanos de Kemy se le abalanzaron y juntos lo amarramos, mientras un enfermero le inyectaba un sedante. Tantos años de deporte le habían dado una fortaleza increíble, que impedía mantenerlo quieto. Por fin fue dormido y una ambulancia se lo llevó al hospital. Diez días después se había recuperado, prometiendo jamás volver a intentar asesinarnos. El doctor que lo atendía nos llamó al hospital para decirnos que debíamos expresarle nuestro amor y pedirle perdón por todo aquello de lo que él se sentía ofendido. Aceptamos a regañadientes. Yo sentí que todo aquello era una injusticia y que quien debía pedirnos perdón era él a nosotros y no al revés. La escena del hospital era escalofriante. Gente completamente extraña llenaba los pasillos que atravesamos mis hermanos y yo para llegar a su cuarto. Nos lo encontramos cabizbajo, sentado en una silla. Al vernos comenzó a llorar y lo abrazamos.

A partir de ese día comencé a sentir un miedo terrible por la locura. Mi madre había muerto por una enfermedad cerebral.

Recordé a mi abuela materna, que también había desarrollado una anomalía que la hacía pensar únicamente en el dinero. No entendí entonces que mi interés por la investigación del cerebro guardaba una relación con todos estos eventos.

Traté, durante meses, de entender a mi padre. Quería platicar con él y oír sus experiencias y recuerdos del hospital, pero una amnesia había descendido sobre su mente y mi deseo fue frustrado por su negación y olvido del acontecimiento. Cada domingo, al ir a visitarlo, poníamos atención en el tono de su voz y en cualquier signo de agresión, siempre temiendo que se repitiera la crisis.

Unos años más tarde volvió a suceder, pero con menor intensidad, ahora dirigida en contra de Kemy. Ella, a pesar de su fortaleza, comenzó a sufrir su matrimonio. Era impensable un divorcio, porque las tradiciones libanesas lo prohibían rotundamente.

Mientras tanto, Jerry se había ido a estudiar a Boston, ayudado por una beca de la comunidad judía. Mi padre no lo había querido sostener económicamente, sino en una mínima parte de sus necesidades. Nathán terminaba su carrera de medicina, viviendo en la casa paterna, de la que intentaba independizarse sin éxito. Había conocido a una muchacha, llamada Rosy, con la que vivió un tiempo; sin embargo, el intento quedó frustrado por una serie de depresiones de ambos y él tuvo que regresar a casa.

Kemy lo recibió con cariño y Nathán se convirtió en una especie de padre sustituto para los dos hijos que para ese entonces habían nacido de su vientre.

Petra había cuidado de nosotros cuando niños y ahora extendía todo su cariño hacia los hijos de Kemy, a quienes adoraba.

Yo, mientras tanto, veía crecer a Estusha con gran orgullo. Sus ojos enormes parecían verlo todo con gran atención e inteligencia. Cuando íbamos a pasear la hacía sentarse junto a mí, y Lizette se acomodaba en los sillones posteriores del coche. Comencé a querer a Estusha más que a Lizette y ella a manifestar su desconcierto y celos. Otra cosa comenzó a suceder. En las noches abrazaba a Lizette, pero soñaba estar con otras mujeres. En la universidad las alumnas eran preciosas y Lizette se despertaba sudorosa y me preguntaba acerca de mis sueños. Yo no quería decirle lo que me pasaba, pero ella lo adivinaba.

Empecé a sentir una necesidad imperiosa de libertad y todo el control que me había impuesto comenzó a resquebrajarse. Me compré una motocicleta, como desafío a la sensación de opresión que cada vez aumentaba más. En el laboratorio, en las tardes, me asomaba por una ventana para ver los campos que se extendían hacia el infinito. Extraños pensamientos me asaltaban y dentro de ellos me imaginaba corriendo hacia esos campos y viviendo en ellos como ermitaño, dentro de una cueva junto a un río. Pronto, al hacer una operación en un gato o al entrenar a una rata en un laberinto, mi espalda comenzaba a dolerme.

Los experimentos que más me gustaban eran los de registro humano. Con Teresa habíamos ideado una metodología muy compleja para el estudio de la toma de decisiones y sus correlativos electrofisiológicos en humanos. Nos encerrábamos durante horas en el cuarto de registro de la cámara silente del laboratorio. Allí, con las paredes y el suelo tapizados de alfombra y en medio de un equipo sofisticado aplicábamos estímulos y medíamos respuestas, sintiéndonos a gusto y acompañados.

En esa época, Gustavo, un psicólogo genial que trabajaba en la universidad, sufrió un ataque al corazón. A veces venía a visitar el laboratorio y siempre nos animaba a continuar haciendo experimentos. Él y Teresa se llevaban muy bien y platicaban acerca de la vida y la muerte con una crudeza espeluznante, que yo nunca podía imitar o comprender. Teresa y yo le llevamos un polígrafo al hospital en el que estaba internado. Nuestra idea era registrar su actividad cardiaca y mostrársela, para que él se curara a través de retroalimentación.

De acuerdo con todas las consideraciones, yo debía sentirme feliz y completo. Hacía lo que deseaba, dirigía un laboratorio flamante, tenía una esposa que me amaba y una hija preciosa; sin embargo, dentro de mí hervía la inquietud y el deseo de algo desconocido.

Lizette me pidió trabajar en el laboratorio y yo accedí sin mucho convencimiento. Necesitaba espacio y el laboratorio era un territorio propio. A partir de que Lizette llegó a él, mi sensación de inquietud se incrementó. Cada vez necesitaba estar más solo y Lizette se me aparecía en todas partes.

Una amiga de Teresa y alumna mía, María, comenzó a interesarse en el sueño y empezamos a trabajar en experimentos, relacionando el núcleo caudado con la actividad onírica. Era una chica de una finura y elegancia extremas. Se dedicó de lleno al laboratorio y se sumó al trabajo de todos. No sabía entonces que todo es un símbolo; María, una muchacha soñadora, se dedicaba al estudio del sueño; Teresa, de una presencia y poder formidables, a la toma de decisiones, y yo al control. Casi no salíamos de vacaciones, excepto por algunas visitas a Cuernavaca, pero en una ocasión decidimos ir a Puerto Escondido, en Oaxaca. La carretera estaba en construcción y el automóvil fue montado en una barca para poder atravesar un río cerca de nuestro destino.

Acampamos en la playa y una mañana, al ir a desayunar, mientras Lizette dormía, me encontré con una muchacha canadiense que leía un libro mientras esperaba que le trajeran la cuenta. Me llamó mucho la atención. Yo también traía un libro, la biografía de Freud, y me preguntó por su contenido. Ella leía a Carlos Castaneda y esa fue la primera vez que oí hablar de don Juan Matus, un chamán yaqui, de Sonora. Me entusiasmó y seguimos platicando. Fuimos al mar los tres, Alice, Lizette y yo. Sentía que quería estar solo con Alice, pero no podía. Por la noche la invité a dormir con nosotros en la tienda de campaña, pero se negó y Lizette me traspasó con la mirada. Al siguiente día nos ofreció marihuana.

Nunca la habíamos probado y a mí me provocó un mareo descomunal, junto con una amplificación perceptual. Las estrellas del cielo y las luces del puerto se confundían en mi mente. El ruido de las olas lo sentía dentro y la arena parecía estar hecha de rocas.

Unas semanas más tarde Roberto nos invitó a Huautla. El viaje fue precioso y dormimos en una choza de una familia campesina amiga de Roberto. Por la noche comimos hongos. Su efecto me dejó pasmado. Podía ver todo con una claridad prístina. El río, a cientos de metros de distancia, lo oía como si estuviera debajo de mis pies. Lizette nos acompañó, pero no quiso probar los hongos. Me desnudé en la madrugada para experimentar la posibilidad de controlar el frío y lo logré con éxito.

De vuelta en México, los viernes nos reuníamos a hacer un seminario, en el cual todos presentaban sus logros, hipótesis e ideas. Yo me empecé a interesar en la percepción visual y en la holografía. Leía los experimentos del doctor E. Roy John con gran interés. Él y su grupo de Nueva York se dedicaban a registrar la actividad cerebral de animales durante el aprendizaje y sus resultados eran sorprendentes. Demostraban la existencia de una decodificación eléctrica de la información. Empecé a sentir que mis experimentos eran muy pobres, comparados con los de él, y comencé a escribirle para establecer un contacto más cercano.

A pesar de todos mis alumnos, me sentía solo en el laboratorio. Por las tardes casi siempre trabajaba sin compañía durante horas enteras. Siempre les enseñaba a todos, pero no había alguien de mi mismo nivel con quien colaborar. Invité a Ianel a un seminario en el que traté de la holografía. Los hologramas se me presentaban como una posibilidad clara para penetrar a la decodificación de información. Me había conseguido un proyector de rayos láser y en colaboración con la Escuela de Ingeniería de la universidad hacía experimentos sobre óptica holográfica.

Lizette estaba muy molesta por mi motocicleta. Decía que se iría de casa si yo seguía viajando en ella. Yo lo sentía como un intento de coartarme la única decisión de liberación que había tenido en años. En realidad, nuestra relación se había deteriorado considerablemente. Yo seguía soñando con otras mujeres y la inquietud y la sensación de opresión habían aumentado.

Para poder trabajar en el laboratorio, Lizette dejaba todos los días a Estusha con Romeo y Elena. Ellos adoraban a la niña y cada vez se iban convirtiendo en una especie de padres sustitutos de ella. Estusha permanecía mucho más tiempo con ellos que con nosotros. Elena nos decía que estábamos locos por tanto interés en la investigación.

Después del seminario invité a Ianel a conocer el proyector láser y el resto de nuestro equipo. Había montado el instrumental de óptica dentro de la cámara oscura del laboratorio fotográfico.

Encendí el proyector y una línea delgada de luz salió de sus fauces. Era un hilo rosado que avanzaba en una dirección perfecta y se reflejaba en prismas y espejos, rodeando el cuerpo de Ianel de haces de luz y pequeñas estrellas. Sentada sobre un banquillo, su esbeltez servía de marco al espectáculo del láser. Su cabello rubio enmarcaba una cara soñadora. Para enfocar el proyector me acerqué y pude oler su perfume. Mi respiración se aceleró y, sin poder evitarlo, la abracé y comencé a besarla y acariciarla.

Ella vivía con Chuc y era la mejor amiga de Lizette, pero nada nos importó. Llegamos a un orgasmo explosivo y nos quedamos abrazados, suspirando y oliéndonos mutuamente. Yo no podía creer lo que había sucedido. Debía dar una clase y me despedí.

Bajé las escaleras, flotando entre el recuerdo del placer y el perfume de su cuerpo.

Al dar la clase me preguntaba si mi estado se notaba, si todos sabían lo que me había sucedido.

Por la noche no pude mirar a los ojos a Lizette. A Estusha la llevé a su camita y le conté los cuentos que todas las noches le relataba. Muchos de ellos tenían los mismos personajes que los que había utilizado mi padre conmigo cuando niño; el gato Tom y Jerry y demás ratoncitos. Estusha se durmió plácidamente y yo me quedé a su lado, sintiendo que todo había cambiado en mi vida.

Tres días después, el sábado, me confesé con Lizette y le dije que yo quería seguir viviendo con ella, pero que seguiría viendo a Ianel; Lizette me miró asustada. No le había dado detalles y ella no los preguntó.

Decidimos vender la casa y nos mudamos a un pequeño departamento, cerca de la casa de Romeo y Elena. Yo salía con Ianel todas las noches y llegaba de madrugada a casa. A veces llevaba a Estusha de paseo con Ianel, pero los suspendí por una sensación de culpa que cada vez se hacía mayor.

Adoraba el cuerpo de Ianel y solo tocarla me producía un placer enorme. Ambos estábamos interesados en la astronomía y, a veces, íbamos al observatorio para construir un telescopio. En una ocasión estacionamos el coche de Ianel y al regresar a recogerlo había desaparecido; Ianel había decidido irse a doctorar a Inglaterra y el coche era todo lo que poseía para pagarse el viaje. Desesperados, fuimos a la delegación y yo, de súbito, supe exactamente en dónde estaba el automóvil. Llegamos al lugar y lo encontramos. Nos miramos sorprendidos por mi videncia.

Después de varios meses Lizette me pidió que me fuera de casa. Yo le dije que quería seguir viviendo con ella, pero no aceptó.

Lázaro había regresado de los Estados Unidos, en donde había hecho un doctorado. Me fui a vivir a su casa, sintiéndome liberado.

Se iba a realizar una conferencia acerca de la holografía en Nueva York. Convencí al rector de que me pagara el viaje. Conocí a Dennis Gabor, el inventor de la holografía, y me entrevisté con Roy John, a quien le solicité ingresar a su laboratorio. Había decidido irme de México para hacer un doctorado. Roy John aceptó.

Poco antes Bernardo me había invitado a tomar un curso de comunicación en la organización de Dianética. Convencí a Ianel y juntos asistimos a las sesiones. Me impresionó mucho la metodología utilizada, pero la devoción a Ron Hubbard, el creador de la organización, me provocó repulsión.

Los acontecimientos eran vertiginosos. Dejé de usar trajes y corbatas y me presenté al laboratorio en jeans. Todos se me quedaban mirando sin comprender mi transformación.

Una tarde, dentro de la cámara silente, le dije a Teresa que todo había sido una farsa, que yo ya no soportaba las estructuras rígidas y había decidido buscarme a mí mismo. Ella se puso a llorar desconsoladamente.

Lázaro y yo nos volvimos excelentes amigos. Yo dormía en el sofá de la sala y él en su cama. Escuchábamos música juntos y platicábamos durante horas.

Francisco Trillas me invitó a un desayuno, en el que me propuso escribir libros para su editorial. Yo lo miré dubitativamente y le dije que no me sentía capaz de hacerlo. Me contestó que estaba equivocado; tenía las mejores referencias acerca de mi trabajo y capacidad. Le dije que lo pensaría. La conversación despertó en mí una serie de recuerdos muy extraños de cuando era niño. Alguien me había dicho que yo escribiría muchos libros.

En la casa de Lázaro empecé a escribir. El doctor Brust había corregido mi tesis minuciosamente y me había enseñado a ser cuidadoso con mis escritos. Me sentía tan libre y capaz, que tomé una pluma para describir mi estado y lo que lo había provocado. Así nació mi primer libro: *La experiencia interna*. En él, los primeros dos cuentos hablan acerca de la necesidad de ser uno mismo y de la liberación con respecto a estructuras. Los reproduzco en la sección "Narraciones" al final de este libro.

Roberto me invitó, nuevamente, a ir a Huautla, junto con Alejandro. Se lo propuse a Lázaro, pero él decidió no acompañarnos. Alejandro tenía un Jeep y en él nos fuimos los tres. Yo me llevé una grabadora y música hindú, que oímos mientras atravesábamos la sierra. Todo era hermoso y los paisajes me llenaron de una sensación de frescura y majestuosidad.

Al llegar a Huautla una niña se acercó corriendo al Jeep. Era la nieta de María Sabina y nos invitó a conocer a su abuelita. En la noche, la Sabina nos guio en un viaje de hongos. Hacía mucho frío y los alucinógenos amplificaban el malestar que sentía. Luchaba en contra de la incomodidad y cuando lo lograba, imaginándome leyendo en mi sillón favorito, María me regresaba al presente. Lo hizo siete veces, hasta que desesperado salí de la cabaña en la cual nos encontrábamos. No entendí la experiencia sino mucho tiempo después.

Las alumnas de la universidad me invitaron a una excursión al rancho de una de ellas en San Luis Potosí. Hice extensiva la invitación a Lázaro y juntos nos integramos al grupo.

Una de las muchachas me llamaba mucho la atención. Le decía Uchis y en mi percepción aparecía como un ave fresca y totalmente libre. Bailaba en el campo, feliz de sentir el sol en su cuerpo. Sin pudor alguno se desnudaba y corría como gacela entre los árboles del bosque. Discutí con ella acerca de la diferencia entre el conocimiento científico y la intuición. Uchis sostenía que el conocimiento debía surgir por sí solo a partir de la experiencia. Yo, en cambio, sostenía que era necesario primero poseer un marco teórico. Me inspiró el cuento "Janios y Or", que reproduzco en la sección "Narraciones".

VIII

NUEVA YORK

Escribía todas las tardes en casa de Lázaro. Las ideas brotaban a partir de una fuente interna exquisita. Sentía que tenía la clave para vivir una vida completa y esta consistía en la liberación de estructuras. Defendía la tesis de rompimiento de ataduras porque vivía la existencia de una luz interior, que brillaba por sí misma y que antes se había mantenido opacada por velos de condicionamientos, hábitos y estructuras. Utilizaba esa palabra continuamente y a todos les comentaba mis descubrimientos. Seguía asistiendo al laboratorio y a Estusha la veía casi todos los días, pero evitaba encontrarme con Lizette. Ianel venía a casa de Lázaro y yo seguía saliendo con ella. Nuestra relación era temporal; ella estaba a punto de irse a Inglaterra y yo a Nueva York tras haber conseguido una beca del Conacyt (Consejo Nacional de Ciencia y Tecnología).

Cuando cerraba los ojos, mi mente se llenaba de imágenes. Veía escenas de diferentes países, casas y muchos ojos. Años después me enteré de que la señal del rompimiento con la historia personal es la aparición de imágenes de ojos, que en ese momento solo veía desconociendo su significado. La muralla que siempre había sentido dentro de mi mente se había roto y podía ver a través de ella.

Me encantaban las imágenes internas que percibía. Cada una era original, perfecta y a colores. Aparecían países y desfiles en Londres y París, con multitudes. Volaba en el aire viendo ciudades debajo de mí. Entraba a palacios y casas y me remontaba a otras épocas; caminaba por pueblos medievales y asistía a ceremonias de todo tipo. Pronto aprendí a controlar las imágenes, acercándome o alejándome de escenas y casas. Podía penetrar pupilas a voluntad o viajar al espacio extraterrestre. A Ianel le contaba mis aventuras interiores.

Una tarde la llevé de regreso a su casa y me pidió que la dejara a dos calles de distancia. No deseaba que Chuc la viera conmigo. Me enfurecí. Yo era transparente y de nada me avergonzaba, y ella no. Nos dejamos de ver, hasta que no soporté más. Había ido al cine y una película en la que aparecía una niña me la recordó. Me paré enfrente de su departamento y la llamé. Salió y empecé a llorar, diciéndole que la amaba más que a mí mismo.

Varios días después Ianel intentó suicidarse. Ingirió una dosis letal de barbitúricos y estuvo tres días en coma, con Chuc a su lado rogando por su recuperación. Chuc le había dicho que su conducta estaba destruyendo un matrimonio ejemplar y Ianel no había soportado la sensación de culpa.

Me la encontré varios días después en la universidad y me contó su experiencia. Me quedé frío y no la volví a ver sino hasta que se despidió de mí. Le regalé un boleto de avión Londres-Nueva York, que nunca llegó a usar.

Conocí a An, una muchacha hermosa y extraña, hija de uno de los más grandes cardiólogos mexicanos, alumno de Ignacio Chávez. Me enamoré de ella. Me llevaba a su casa de Cuernavaca. Una noche un llanto incontenible brotó de mí. Me asusté y sentí que algo muy malo habitaba mi mente. Todos los días descubría experiencias que siempre me había negado. Empecé a asistir a reuniones que los jóvenes llamaban reventones. Todos mis descubrimientos los escribía, incluyéndolos dentro de cuentos, relatos y meditaciones. Me sentía vivo y libre por primera vez. Todo me asombraba, todo era nuevo y delicioso. A cada persona que encontraba la sentía llena de magia y encanto.

Un día comprendí que el mundo de los objetos no existía en el exterior como tal, sino que era creado a partir de la actividad cerebral. Se lo comuniqué emocionado a Lázaro, pero él no me entendió. Todos los días llegaba yo a su casa con un nuevo descubrimiento. Lázaro me veía y se burlaba de mí. Una tarde le relaté una imagen que estaba viendo con los ojos cerrados; era en el espacio, muy lejos de la Tierra. Veía un asteroide gigantesco con un punto brillante en su superficie. Puesto que ya había adquirido maestría en mi mundo visual interno, decidí acercarme al punto y este se convirtió en un gigantesco edificio con una cúpula colosal en su centro. Penetré en él y me encontré con un observatorio lleno de estrellas. Al terminar el relato, Lázaro me dijo que yo tenía los ojos abiertos. Me aterroricé y me toqué los párpados; estaban cerrados... Confiaba en todo el mundo ciegamente. Era un bebé recién nacido que iniciaba su aprendizaje en la vida y mi certeza era que todos sabían más que yo, puesto que yo siempre había vivido dentro de estructuras limitantes.

Ianel me había ayudado a resquebrajar una de ellas. En casa de Lázaro, antes de su viaje a Inglaterra, le pude contar algunos recuerdos de mi madre y ante mis expresiones de culpa, ella me había dicho que yo había sido un niño y que no debía sentirme culpable.

Mi viaje a Nueva York estaba casi listo. Me habían aceptado para realizar un doctorado en el New York Medical College y Roy John estaba dispuesto a darme un lugar en su laboratorio. Le había entregado a Trillas tres manuscritos y le prometí enviarle más desde Nueva York. Me despedí del padre Pardo y de Teresa. Ella se había recibido de psicóloga unos días después de la muerte de su padre. Yo la había acompañado al hospital y apoyado en su dolor.

Llegué a Nueva York un 4 de julio. En el autobús que me llevó a Manhattan me senté en el asiento trasero y me sentí solo. No quería que nadie me viera la cara mojada por las lágrimas.

Desde el hotel le hablé a Roy y él pasó por mí en un Cadillac gigantesco. Me dijo que no era suyo, sino de su suegro, que él no pertenecía a la clase capitalista. Era socialista, apoyaba a Cuba, a la cual iba a visitar cada seis meses; era considerado el padre de las computadoras cubanas. A Castro le hablaba de tú y le enseñaba neurofisiología. Había sido soldado durante la Segunda Guerra Mundial y al regresar a América se había afiliado al Partido Comunista. Su complexión era robusta y su cabeza casi calva estaba adornada por una barba que resguardaba una boca de labios enérgicos.

Su apariencia irradiaba poder y seguridad y su observación acerca del Cadillac me cautivó. Venía acompañado por Miriam, su esposa. La había conocido en la Universidad de Chicago mientras trabajaba en el grupo de Fermi, armando el primer reactor nuclear del planeta. Había sido físico antes que psicólogo y sus trabajos en neurofisiología eran conocidos internacionalmente.

Me llevó a casa de Alfredo y su familia, a la que penetré fascinado, por estar acompañado de gente tan extraordinaria. Era una familia chilena con una historia asombrosa. Alfredo había colaborado con Castro durante la Revolución cubana. Él y Sonia, su esposa, habían vivido en Cuba durante años. Cuando Allende subió al poder en Chile regresaron a su patria y lo apoyaron. El último año de su gobierno fue testigo de una transformación total en Alfredo. De comunista convencido se convirtió en una especie de místico cristiano que nadie comprendía. Sus compañeros de la Universidad de Santiago lo veían con miradas de sospecha. Creían que su cambio al cristianismo significaba un acercamiento a los Estados Unidos.

Cuando Pinochet mató a Allende, Alfredo se convirtió en blanco seguro de los militares. Su pasado en Cuba y una temporada en Checoeslovaquia lo señalaban como comunista declarado. En su casa poseía una de las bibliotecas marxistas más grandes de Chile. Una tarde los militares registraron su casa y no pudieron hallar los libros que previamente él y Sonia habían escondido. Pero hallaron una bandera cubana, que confundieron con la insignia de Puerto Rico. Para Alfredo aquello fue un milagro hecho por Cristo, lo que fortaleció su fe.

Días después el gobierno chileno recibió un telegrama enviado por la Academia de Ciencias de Nueva York, invitando a Alfredo a los Estados Unidos. Era obra de Roy John, que con esa maniobra salvó a la familia de un arresto seguro.

Me contaron su historia mientras comíamos en su comedor. Alfredo me preguntó si yo tenía prejuicios. Le dije que no lo sabía y él me informó que en su casa no existían. Después me llevaron a mi cuarto. El río Hudson se veía desde la ventana y yo me sentí profundamente feliz. Podía oler el mar y el aroma de la vegetación me refrescaba.

Al día siguiente fui al laboratorio y conocí a Robert, quien me impresionó por su inteligencia. Junto a su laboratorio trabajaba Erik, también físico, como Roy, pero ahora interesado en entender el funcionamiento del cerebro. Tanto Roy como Erik eran judíos, como yo, y los sentí cercanos a mí.

Robert me empezó a enseñar las computadoras del laboratorio y Roy me mostró el archivo de registros; una verdadera colección de cientos de cintas grabadas con la actividad cerebral de miles de animales durante procesos complejos de aprendizaje.

Puesto que las clases de doctorado no empezarían sino hasta después de varios meses monté un equipo de registro y empecé a diseñar un experimento con ayuda de Roy.

Por las noches Sonia se sentaba a dibujar, Alfredo a leer la Biblia, y sus dos hijos los acompañaban, mientras todos oíamos música. A veces venía Robert a jugar ajedrez; Erik a platicar o Roy a pensar en voz alta.

Los 50 años de vida de Roy se celebraron con una fiesta, a la que asistieron todos sus amigos. Allí observé una de las más fascinantes escenas. Roy estaba ante un tablero de ajedrez y acomodaba las piezas según los movimientos de los invitados. Era su fiesta y él la presidía como un rey en su trono. Lo admiraba mucho y allí decidí que no haría mi doctorado, sino que me quedaría en su laboratorio.

Unos días antes había visitado Valhalla y me había entrevistado con mis futuros maestros. Todos me habían decepcionado. No se lo dije a Roy sino hasta que obtuve suficientes datos experimentales de nuestro ensayo. Este consistía en el registro electrofisiológico del cerebro humano durante procesos de asignación de significado a estímulos geométricos. Pretendíamos diferenciar las zonas encargadas de la decodificación conceptual de las analizadoras de las geometrías de los estímulos.

Los resultados eran satisfactorios y Roy me apoyó en mi decisión. El laboratorio era altamente estimulante y la gente que trabajaba allí, genial. Todos fumaban marihuana y escribían libros y artículos de los experimentos.

Erik estaba muy interesado en la elaboración de una teoría que le permitiera entender cómo creaba el cerebro las representaciones internas de las imágenes visuales. Platicábamos durante horas acerca de los últimos descubrimientos en la neurofisiología de la percepción. Un día me confesó que lo que realmente deseaba era crear una computadora superconsciente porque había llegado a la conclusión de que la evolución del cerebro humano alcanzaba ya su límite y este le parecía primitivo.

Erik me preguntaba si yo tenía experiencias de aislamiento cósmico. Estas las definía como sensaciones de ser un diminuto e insignificante individuo solo y aislado dentro del universo. Al negarme, se asombraba. "Yo —me decía con ironía— experimento eso muy seguido". Añadía que tales experiencias eran necesarias y quien no las tuviera o estaba bloqueado o le faltaba mucho desarrollo. Yo me sentía mal al oír a Erik. Por un lado, tenía la sensación de ser más primitivo que él, pero por el otro, sentía que las experiencias a las que se refería denotaban un pesimismo que yo no deseaba compartir.

Una tarde, caminando cerca del parque central de Nueva York, suspiró y dijo que aquel era un día más, como si la existencia de los días fuera una irremediable y penosa repetición que habría que sufrir. Yo me burlé de él, dándole una palmada en la espalda como indicación de que no pensara en tales cosas y como señal de cariño. La seriedad con la que Erik veía la vida, sus suspiros pesimistas y su gran inteligencia siempre me provocaban una gran ternura. En casa de la familia de Alfredo este nos leía la Biblia y hacía interpretaciones místicas de los pasajes del Nuevo Testamento. Todos lo oíamos con gran placer, pero empecé a notar que él no nos oía a nosotros con la misma actitud. Siempre había la sensación de que nos consideraba poco evolucionados, comparados con él. Hablaba mucho acerca de su completa liberación de estructuras. Una noche no lo soporté más y me desnudé completamente enfrente de todos, como un reto. Los invité a hacer lo mismo y se escandalizaron. Me fui a mi cuarto con la sensación de haber ganado una batalla.

Erik meditaba y me enseñó a hacerlo. Lo quería, pero su deseo de construir una máquina mejor que el cerebro humano me había producido recelo. Un día me invitó a conocer la computadora más grande del estado de Nueva York. Frente a sus consolas yo sentí un odio mortal. Unas horas después todos los sistemas de seguridad de la máquina no habían podido evitar una descompostura total de sus entrañas electrónicas. Cuando Erik me lo dijo, yo sonreí y él se apartó de mí con asombro.

Roy estaba creando un sistema de registro muy sofisticado y a veces lo acompañaba a hacer operaciones cerebrales en los gatos del laboratorio. Él miraba el cerebro vivo de sus animales con un amor y una admiración que fueron más ilustrativos para mí que todos los experimentos. Me llamó para que viera la superficie cortical de un gato a través de un microscopio de disecciones. "Mira —me dijo—, allí dentro suceden los milagros más maravillosos del universo".

En ese ambiente comencé a pensar con profundidad. No comprendía cómo a partir de la actividad cerebral se creaba la cualidad de la experiencia. Cuando me subía al *subway* veía las cabezas de las gentes y me imaginaba la actividad eléctrica de sus cerebros y la aparición de las imágenes con sus colores y texturas surgiendo de ellos, me dejaban atónito. Debían ocurrir transformaciones misteriosas entre la actividad cerebral y la experiencia y yo quería descubrirlas con toda la fuerza de mi mente.

Una tarde, en casa de Roy, le confesé mi predicamento. Él me miró sonriente y me dijo algo que me dio la pista para iniciar la búsqueda. Él también se planteaba la misma pregunta que yo. Me dijo que era necesario pensar en transformaciones unificadoras de la actividad cerebral. La más importante era la que él llamaba "la hiperneurona". Según esta idea, el conjunto de toda la actividad cerebral es una distribución energética hipercompleja que actúa como un campo energético gestáltico.

Esa observación fue suficiente para iniciar en mí un proceso maravilloso. Fui al planetario y al ver el cielo estrellado me imaginé el cerebro y las neuronas como estrellas interactuando entre sí. Ambos, el cerebro y el cielo estrellado, eran lo mismo: un conjunto de puntos energizados interactuando y creando campos energéticos hipercomplejos. Pensé, entonces, que el universo tenía conciencia, tal y como la que manifiesta el cerebro humano.

Me compré una bicicleta de carreras y en ella viajaba a todas partes. Me habían dicho que tuviera cuidado con el Bronx, porque había muchos asaltos, mas no me importó. Me metía por todas las callejuelas, comía pizzas en los puestos de latinos y adquirí la costumbre de pasearme por Broadway a toda velocidad, sin importarme el peligro. Por aquel entonces empecé a extrañar mucho a Estusha. Cada vez que veía una niña pensaba en ella. Se lo comenté a Miriam, quien me dijo que no dudara en traerla a Nueva York, junto con su mamá. Me ofreció ayuda para ello.

En el laboratorio comenzó a trabajar una chica muy extraña. No podía caminar bien y siempre alumbraba su cara una sonrisa irónica. Me contaron que había intentado suicidarse lanzándose de un tercer piso a la calle. Se rompió todos los huesos y en medio de sufrimientos terribles se había recuperado durante un año en un hospital. Quedé prendado de ella. Le enseñé a montar en bicicleta y platicaba con ella acerca de la vida y la muerte. Poseía una extraña capacidad para ver sus propios procesos internos. Por ejemplo, cuando le daba un lápiz, era capaz de seguir la creación de la imagen y la aparición del nombre del objeto dentro de su mente, pudiendo discriminar la secuencia temporal de la creación de ambas experiencias. Un día nos quedamos solos en la casa de la familia y fumamos marihuana. A los cinco minutos apareció un coche de la policía. Entraron en la casa y yo me vi siendo arrestado y enviado a México, por consumo ilegal de drogas. En lugar de eso, aceptaron unas galletas y un vaso de leche, platicaron con nosotros y después se fueron como la cosa más natural del mundo. La muchacha había apretado un botón de la alarma y los había llamado. Al preguntarle la razón de su conducta apareció su sonrisa irónica acompañada de un movimiento de levantar los hombros: "Roy John sabría por qué", me dijo misteriosamente. Todos los días, al trasladarme al laboratorio en mi bicicleta, veía a un señor muy extraño. Tenía una cabeza gigantesca, era completamente calvo y parecía un indigente, aunque la expresión de su cara era la de un pensador o filósofo. Me lo encontraba en cada viaje en una esquina diferente. A veces, cuando viajaba en el *subway* lo veía en alguna estación o al irme caminando hacia mi casa. Una tarde no lo soporté más. Eran demasiados los encuentros y muy extrañas las coincidencias. Entré a una florería, compré una flor plantada en una maceta y me acerqué a ese hombre para entregarle la flor. Me vio con los brazos extendidos, en un claro ademán de ofrecérsela, y me dijo una frase que me dejó helado: "It is not necessary". Fue la última vez que lo vi.

    Robert me pidió ser sujeto para uno de sus experimentos. Yo acepté y me llevó a su laboratorio, en donde me colocó unos electrodos en la cabeza. Se quedó atónito al observar que la mitad de mi cerebro estaba en actividad alfa y la otra mitad en beta. Me preguntó cómo me sentía y si sabía lo extraña que era mi actividad cerebral. Le dije que me sentía normal. Afirmó que era mi responsabilidad conocer el significado de mi propia actividad. Sus palabras me impresionaron mucho.

El laboratorio estaba localizado frente al parque central de Nueva York, en un edificio que servía como hospital. En las mañanas iba a saludar a la responsable de admisión. Era una viejita muy amable, que me decía que yo no pertenecía a este mundo, que vivía fuera del tiempo y del espacio. Me pareció que se refería a mis imágenes internas, aunque yo nunca le había hablado de ellas. Su comentario y el de Robert me hicieron sentir muy extraño.

Sonia, la esposa de Alfredo, tenía una perra con quien se llevaba a las mil maravillas. Jugaban juntas, comían juntas y dormían juntas. A su casa llegó una señora chilena, refugiada de Pinochet. Tanto ella como Alfredo y Sonia me insistían en la necesidad que yo tenía de probar el LSD. Yo me negaba a hacerlo, hasta que acabé aceptando. Un sábado por la tarde la señora y yo tomamos una dosis. La experiencia fue terrible. A los 30 minutos de haberlo ingerido yo peleaba con Dios en un duelo mortal que duró ocho horas. En él apareció toda mi historia, pero a tal grado concentrada y simbolizada, que no la pude entender como tal. Al terminar el viaje me senté a describirlo en un cuento que titulé "El diálogo" y que reproduzco al final de este libro.

Esta experiencia me trastornó profundamente. Si antes de ella extrañaba a Estusha, después mi dolor por no verla y mi culpa por haberla dejado en México se volvieron insoportables.

Hablé con Miriam para conseguir apoyo y me fui a México. Llegué a la casa de Lizette y me hice una herida en un dedo y con la sangre le escribí un recado en el cual le decía que no podía vivir sin ella y la niña. Lo dejé sobre la mesa y me fui a dar una ducha.

Lizette entró en la casa y empezó a gritar. Llegó al baño y al verme vivo suspiró de alivio. Aceptó de inmediato irse a Nueva York con Estusha. Mientras ella preparaba el viaje regresé a Nueva York y conseguí un departamento, compré un colchón viejo y una mesa y me dispuse a esperar la llegada de Lizette y Estusha.

Vivimos felices durante dos semanas, pero pronto Lizette y yo comenzamos a pelear. Yo sentía que no me entendía y me sentí vivir, de nuevo, dentro de una prisión. En un pequeño clóset del departamento instalé una silla y una mesa y me encerré a escribir los "Nuevos principios de psicología fisiológica", un libro que preparaba para enviárselo a Trillas. Durante varias horas trabajaba en mi clóset y después abría la puerta para respirar aire fresco unos minutos y volvía a encerrarme. Era tal mi sensación de soledad y falta de comunicación que decidí dejar de hablar. Durante una semana permanecí callado, mientras Lizette y Estusha me preguntaban qué me acontecía.

Erik llegó un día al laboratorio cargando una bolsa repleta de peyote, que un taxista de Manhattan le había obsequiado. Me preguntó si deseaba probarlo con él y yo accedí. Erik era un especialista en sorpresas; me invitaba a fiestas que intentaban volverse permanentes sin éxito. Él y un amigo colgaban gráficas en las paredes, en las que anotaban la frecuencia de las conversaciones de los invitados. Decían que de esa forma analizaban la dinámica de la fiesta, a fin de detectar la existencia de patrones y poder influir en ellos para que la fiesta no terminara. Habían logrado extender una por siete días.

En una de sus fiestas me había invitado a oír una grabación de los cambios de los polos magnéticos terrestres grabados durante un año y reducidos a unos pocos minutos. Quería saber mi reacción y experiencias al oírlos. Me introdujo a los cambios de estaciones y a la vivencia de la tierra.

Con el paquete de peyote llegamos a mi casa. Íbamos a hacer un licuado de peyote con jugo de naranja. Nos lo tomamos y nos sentamos en el suelo para esperar los efectos. Estos no tardaron en aparecer. De pronto, a la mitad de la conversación, mis movimientos comenzaron a lentificarse. Cada gesto que hacía me "hablaba" de su procedencia hasta con tres generaciones anteriores. Hablaba; conocía el origen de mi voz en mi abuelo, el movimiento de mis manos; mi abuela y así, en general, con toda mi conducta. Nada era mío, todo provenía de mis antepasados. El peyote me había hecho consciente del origen genético de mi conducta. Me espanté al comprobar que prácticamente nada de lo que hacía era genuinamente mío. Decidí quedarme inmóvil.

Lizette llegó a la mitad de la sesión y se sentó a observarnos y a oír nuestros comentarios. El deterioro de nuestra relación era notable. Casi no hablábamos sin que nuestra conversación terminara en una pelea. Estusha estudiaba el kínder en una escuela y procurábamos no alzar la voz estando ella presente. Una tarde no lo soporté más. Algo me dijo que Lizette se había sobrepasado y decidí separarme de ella definitivamente. Esperé a que regresara a casa y se lo dije. Lizette había encontrado una escuela de arte en la que estudiaba pintura. Me miró a los ojos y sin decir palabra se fue. Después me enteré de que esa tarde la había pasado con Robert.

Me quedé solo con Estusha. Por las mañanas la llevaba al kínder y de allí me iba al laboratorio. En él trabajaba unas horas y después regresaba a recoger a Estusha. Hacía un experimento en monos recién nacidos. A veces invitaba a Estusha y ella les daba el biberón, mientras yo calibraba el equipo de registro. Casi nunca veía a Roy y durante el año que trabajé en su laboratorio nunca me ayudó en un experimento. La ausencia de contacto directo y la presión de Estusha comenzaron a desesperarme.

Junto con el experimento con chimpancés hacía otro, en el que intentaba medir la discriminación temporal en diferentes frecuencias de la actividad cerebral humana. Mis ideas me habían llevado a postular la existencia de una duración del presente y un campo neuronal resultante de la interacción entre todas las neuronas de un cerebro. Esta última postulación había tenido su origen en el concepto de hiperneurona de Roy.

Me seguía intrigando la pregunta acerca de la transformación de la actividad cerebral en experiencia. Empecé a sospechar la existencia de una interacción entre el campo neuronal y el espacio como paso necesario para la aparición de imágenes visuales.

El laboratorio era visitado por muchas personalidades importantes. Entre ellas, agentes del gobierno americano. A Roy le habían propuesto un gran donativo si se dedicaba a crear un dispositivo para que un pensamiento de un piloto de un avión militar actuara como gatillo para disparar armas. Roy se había negado. En otra ocasión, un paranoico lo había acusado de estar controlando su mente eléctricamente desde el laboratorio. La verdad es que planeábamos hacer un experimento para controlar el cerebro de los animales, "inyectándoles" corrientes eléctricas de morfologías específicas, pero la acusación de ese señor era completamente infundada. Conocí a Karl Pribram, quien nos visitó y habló con Erik acerca de la percepción visual.

Todo ello era muy excitante; aunque cada vez me era más claro que la aparición de la conciencia a partir de la actividad cerebral era una pregunta que la fisiología contemporánea no estaba preparada a contestar a través de experimentos como los que realizábamos.

Acostumbraba a caminar por las calles de Manhattan mientras pensaba. Algunas veces iba al Greenwich Village a escuchar música oriental y ver tocar el tambor a un marroquí. A veces iba a escuchar a un grupo que tocaba jazz. Como un ejercicio de redacción, me impuse describir la música del grupo. "El organista" fue el resultado del experimento.

Me compré un clarinete que Roy me enseñó a tocar. Me sentaba en la banca de un parque y lo tocaba durante horas, viendo pasar a la gente afuera y a mis pensamientos adentro de mí.

Una tarde caminaba cerca del parque central cuando, al pasar por una calle, un edificio llamó mi atención. Entré en él y me sorprendieron sus adornos y los letreros junto al ascensor. Hablaban de un gurú. Subí las escaleras y penetré en un gran salón en el que decenas de personas estaban sentadas frente a un señor muy moreno y de anteojos, que les hablaba en un idioma desconocido que era traducido por uno de sus alumnos. Era Swami Muktananda.

La gente se le acercaba y le hacía preguntas. Tres señores le preguntaron acerca del funcionamiento del cerebro. Presté mucha atención. Le decían que querían registrar su actividad cerebral con una máquina. Muktananda se rio y les preguntó si su máquina hablaba. Ellos dijeron que no. Entonces él les contestó que no se dejaría registrar por una máquina con la que no pudiera hablar; ¡que eso no servía para nada! Yo me quedé atónito; parecía hablarme a mí y hacerme una indicación acerca de mis propios pensamientos. Después Muktananda volvió a reír y dijo que era muy curioso cómo al ver a otra persona la considerábamos un yo distinto al nuestro y la otra persona hacía lo mismo con nosotros.

Al terminar todos cantaron y después apagaron las luces. Salí de allí deslumbrado. La experiencia me inspiró un relato que se publicó en *El vehículo de las transformaciones*, bajo el título de "El hombre" (véase la sección "Narraciones" al final del libro).

Pasé a buscar a Estusha y a las siete de la noche le hablé al director del Conacyt en México. Le dije que estaba decepcionado de la fisiología, la cual encontraba incapaz de contestar la pregunta acerca del surgimiento de la conciencia. Le dije que si mantenía mi beca yo me comprometía, en México, a escribir cuatro libros dedicados al Conacyt con el tema de la fisiología de la conciencia.

Para mi asombro, aceptó mi proposición. Me dijo que mi llamada había coincidido con una reunión en la cual se discutía precisamente la capacidad de la ciencia de desentrañar el misterio de la conciencia. Al día siguiente le comuniqué a Roy mi decisión de regresar a México. Me manifestó que lo sentía, porque nunca había tenido un colaborador más inteligente que yo. Me pidió que trabajáramos juntos tres días, para que me diera cuenta de cómo armaba él los experimentos. Se daba perfecta cuenta de que parte de mi decisión surgía por nuestra falta de contacto. Le dije que se lo agradecía mucho, pero que ello no era necesario.

Le comuniqué a Lizette mi decisión y le dije que me llevaba a Estusha a vivir a un pequeño pueblo de México. Extrañamente, ella no opuso resistencia. Me despedí de Erik, quien me regaló un gran papelote de aluminio. Hablé con mi padre pidiéndole que me dejara vivir en su casa unos días con Estusha, mientras buscaba dónde vivir. Él se negó, diciéndome que tenía una esposa que atender y que mi estancia en su casa le provocaría problemas. Le hablé a Hilda, mi prima, para solicitarle ayuda y ella me ofreció su casa.

En México fui a Tepoztlán y encontré una casa, a la que llegué a vivir con Estusha. Había decidido irme allá porque recordaba que Gustavo había encontrado la paz en ese pueblo del estado de Morelos.

Recogí a Estusha en casa de Hilda y al pasar por un puesto de periódicos de la Ciudad de México leí que los astrónomos estaban asombrados por la aparición de una estrella supernova que habían detectado ese año. Un pensamiento apareció súbitamente en mi mente. No tenía duda alguna acerca de la existencia de los campos neuronales y de su interacción con el espacio. ¿No sería posible explicar los cambios por los que atravesaba, los súbitos pensamientos que aparecían en mi mente y los momentos de inspiración que experimentaba como relacionados con esa supernova?

IX

TEPOZTLÁN

Las noches eran frescas y rebosantes de cantos de insectos. A Estusha la dormía en su cuarto, después de contarle cuentos. En la sala escuchaba la noche y a veces prendía el fuego de la chimenea mientras pensaba.

Me había comprometido a escribir cuatro libros y reflexionaba acerca de su contenido. Estusha me preocupaba. Debía hallar un kínder para ella y no sabía si el contraste de Nueva York con Tepoztlán la afectaría negativamente. Por mi parte, no tenía dudas acerca de mi capacidad para escribir. Cada instante estaba repleto de pensamientos que seguían fluyendo sin límite a partir de una fuente inagotable. Todo consistía en ordenarlos y trasladarlos al papel. Trillas seguía interesado en publicar mis libros, por lo que solo era cuestión de tener paciencia y orden.

La casa que había rentado me gustaba. Era perfecta para Estusha y para mí, con su jardín, sus cuartos confortables y la ayuda de una señora tepozteca que se había ofrecido para hacerme la comida y lavar la ropa. De pronto oí un ruido que me llamó la atención. Provenía de mi cuarto. Días antes había encontrado una gran tarántula en la cortina del cuarto de Estusha y ahora ese ruido me alarmó. Con mucho cuidado me levanté del sillón frente a la chimenea y encendí la luz de mi cuarto. Encima de la cortina se veía un animal enorme, por lo menos cinco veces más grande que la tarántula. Corrí por una escoba y me acerqué. Cuando estaba a punto de aplastarlo me di cuenta, horrorizado, que no era un animal, sino una mano humana. Descorrí la cortina y me encontré a un hombre tratando de entrar por la ventana. Le dije que se fuera y él, con toda calma y naturalidad, me pidió que lo dejara entrar para pasar la noche en el interior de la casa. Me negué, dándome cuenta de que alguien lo sostenía desde la calle. No podía alzar la voz por el riesgo de despertar a Estusha. Le mentí; le dije que le abriría la reja si se bajaba de la ventana. Accedió y desapareció.

Con taquicardia y sudoroso me fui a sentar al sillón. Escuché el sonido de la noche y me percaté de que al canto de los insectos no se añadía ningún otro. A la mañana siguiente llevé a Estusha al kínder del pueblo. Nos presentamos ante la directora y yo me ofrecí a colaborar en la enseñanza. Admitieron a Estusha y a mí me permitieron dar una clase todas las mañanas.

Caminábamos de la mano a las ocho de la mañana, atravesando las calles de Tepoztlán, en medio del canto de cientos de cigarras, que hacían oscilar el camino, como si este fuera un túnel de vibraciones ensordecedoras. Así llegábamos al kínder. Yo les contaba cuentos a los niños y después me iba a caminar por las montañas que rodean Tepoztlán. Llevaba conmigo una flauta y desde la montaña veía los techos rojizos de las casas y alcanzaba a oír los gritos lejanos del mercado.

Escribí un cuento que refleja ese periodo de mi vida y que reproduzco al final del libro. Lo titulé "Interna".

A las 12 del día pasaba por Estusha, que me relataba lo que había aprendido. Admiraba a mi hija por su valor y capacidad de adaptación. No se quejaba de nada, excepto de los vecinos que no querían jugar con ella y que tenían la piel muy oscura.

Empecé a escribir una novela acerca de un personaje hipotético: Alejandro Cisto. Trataba acerca de la vida contemporánea vista desde el futuro. Nos criticaban y se sorprendían por nuestras costumbres. Alejandro Cisto había sido nuestro líder después de la "tercera gran catástrofe". Él había ayudado a la humanidad a renacer a partir de las ruinas radiactivas.

Después de comer, Estusha se iba a jugar y yo a escribir. Así pasaban las semanas en la calma tepozteca, dentro de su vegetación profusa y de sus calores largos, sostenidos por los cantos de los insectos.

Una tarde me vinieron a buscar dos mujeres; eran hermanas y provenían de Argentina. La mayor, Rise, escuchó con atención un resumen de mis vivencias de los últimos meses. Su interés parecía tan genuino que me hizo emocionar y comencé a explicarle la hipótesis del campo neuronal. Me tomó de los hombros y me zarandeó: "Mejor hazme el amor a mí y no a las palabras", me dijo, dejándome helado. Prácticamente me arrastró hacia la calle. Según ella, yo debía conocer a una pintora llamada Rita, con la que seguramente congeniaría.

Llegamos a una casa rodeada de cafetos espesos. Parecía un bosque encantado, lleno de olores y algunas plantas de hojas gigantescas. Nos recibió una mujer bellísima, alta, de pelo rubio muy largo. Pintaba cuadros perfectos junto a una chimenea gigantesca. Era norteamericana y vivía con sus dos hijos. Su esposo había muerto en un accidente. Inmediatamente me cautivó. Junto a la chimenea nos sentamos a platicar durante horas.

Me saturé de la energía que irradiaba Rita. Nunca había conocido a alguien como ella. La visitaba todos los días y nuestras pláticas no tenían fin. Ella veía seres extraños que la venían a visitar a su casa. Se posaban junto a su chimenea y gigantescos la observaban, mientras ella hacía lo mismo, fascinada por la aparición. Rita hablaba de lugares remotos, pueblos encantados en planicies elevadas a las que no había acceso. Yo le explicaba mis ideas acerca del cerebro.

Poco a poco mi mundo se transformó. Sin darme cuenta, me introduje a un universo lleno de magia y sucesos extraños que no podía explicar. Mi hija, sin embargo, me mantenía en la tierra. La amaba tiernamente, pero empecé a darme cuenta de que le hacía falta su mamá y de que yo no podía educarla adecuadamente.

Una mañana me vinieron a visitar unos estudiantes de la universidad. Con ellos apareció una muchacha de unos ojos verde claro que había conocido antes. Se llamaba Pea y parecía no pertenecer a este mundo. La invité al Tepozteco y junto a una cascada me di cuenta de que me había enamorado completamente de ella. Se lo dije en un arranque de sinceridad desconocido para mí. El sonido inigualable del agua cayendo sobre las piedras del río enmarcaba su belleza felina, mientras yo le declaraba mi amor. Me miró y sonrió, al tiempo que sus ojos reflejaban todo el sol.

Supe que tenía que ser mía, que mi vida había cambiado y que no tenía más remedio que convencerla de vivir conmigo.

Le hablé a Lizette a Nueva York y la convencí de que regresara a México para hacerse cargo de su hija.

Invité a Pea a Puerto Escondido, como si una fuerza suprema me impidiera hacer otra cosa. Dormimos en una pequeña tienda de campaña, junto al mar. Pea se dejaba acariciar, como si su naturaleza no fuera humana sino gatuna. Hicimos el amor enloquecidos de placer. Visitamos las playas de Puerto Escondido y encontramos una totalmente virgen. Nos bañamos y al salir comimos unas pequeñas frutas rojas que nacían de un árbol en la orilla. Nos envenenamos y yo sentí que aquello era un presagio, pero no dije nada. Nos curamos con ajo y reposo, tirados al sol sobre la playa.

Pea había sido mi alumna en la Facultad de Psicología, unos meses antes de que me fuera a Nueva York. Ella había asistido a la fiesta de despedida que me organizaron mis amigos. En esa reunión y mientras todos platicábamos recostados sobre la alfombra, yo la había mirado y de pronto sentí que era capaz de volar. Empecé a despegarme del suelo, hasta que mi cuerpo se elevó en un ángulo de 45 grados. Todos se quedaron atónitos, mientras yo permanecí en el aire durante unos segundos. Descendí suavemente y me volví a posar sobre la alfombra. En aquella ocasión Pea se quedó a dormir conmigo y yo me pasé toda la noche observando sus ojos, alumbrados por la luz de la luna que penetraba suavemente a través de la ventana.

En Puerto Escondido volví a penetrar en su mirada.

Pea accedió a vivir conmigo en Tepoztlán. En las noches hacíamos el amor y nos quedábamos dormidos abrazados. Durante el día me dedicaba a escribir. Nos gustaba observar el fuego de la chimenea, sentados completamente desnudos, a pocos centímetros de las brasas rojizas, adivinando figuras en ellas y en las llamas que ascendían vertiginosas de su seno.

Aquellas llamas desafiaban la gravedad, tal y como yo lo había hecho. La visión de sus movimientos encendidos, de su vertiginoso palpitar alejándose de la Tierra, me provocó el pensamiento de que su carácter antigravitatorio debía estar asociado a la extraordinaria cantidad de información que contenían. En mi búsqueda acerca del origen de la experiencia había llegado a la conclusión de que el cerebro activaba un campo energético hipercomplejo, que debía ser parecido a aquellas llamas. Algo en ese campo neuronal podía ser capaz de ejercer una influencia antigravitacional y eso explicaría mi vuelo. Intuí que ese algo tendría que estar asociado a un incremento de información y me dispuse a intentar repetir la experiencia de volar.

Compré un colchón inflable y le conecté un delgado tubo de plástico transparente. Lo llené de agua coloreada y me acosté en él. Durante semanas observaba el nivel del agua y trataba de modificarlo provocando cambios en mi conciencia. Pea me miraba incrédula; fracasé.

Me di cuenta de que Pea no soportaba las incongruencias. Yo había publicado varios libros atacando las estructuras sociales restrictivas y homogeneizantes y defendía mis puntos de vista ante Pea, que empezó a criticarme al notar que mucha de mi conducta no correspondía con mis ideas. Me propuse volverme perfecto, pero perdía la paciencia y me desesperaba.

Una noche le hablé del Ser y mi anhelo por llegar a un estado de perfección. Ella no me entendió. Criticó la denominación Ser y la consideró derivada de una fantasía. La miré asombrado y confundido. Estaba seguro de que ella pensaba igual que yo y de pronto me di cuenta de que la había idealizado demasiado. Como un cuchillo al rojo vivo desperté de un sueño y recordé a Estusha. La había dejado por esta mujer que no comprendía lo que para mí era lo más sagrado. Estuve a punto de pedirle que se fuera, pero me contuve. Era demasiado tarde. No me di cuenta de que en ese momento había decidido pagar la culpa terrible que tenía.

Algo en mí se aterrorizó y sin entender lo que me pasaba callé. Era mi madre y Estusha, ambas con el mismo nombre y con el mismo destino. Era yo un monstruo y debía sufrir.

Viajamos a Huautla en compañía de unos amigos. Comimos hongos, acostados en el piso de una choza de paredes de palo, por los que se filtraba la luz de la luna llena.

A los pocos minutos empecé a sentirme raro y decidí caminar por la sierra. Me levanté y, mareado, salí al exterior. Casi perdido, regresé a la choza y me acosté junto al cuerpo de Pea. Al abrazarla, mi mano adquirió la consistencia del plástico derretido. Se extendió sin mi consentimiento y penetró a través del pecho de Pea, atravesándolo. Ella hizo lo mismo y jugamos divertidos a hacernos agujeros, alargando nuestro cuerpo y acortándolo a voluntad. Después de lo que me pareció una eternidad, de pronto me encontré fuera de mi cuerpo. Viajaba por el espacio y decidí ir a visitar a unos amigos. Los encontré en su casa de la Ciudad de México, retozando en su cama. Me coloqué en la esquina de su cuarto y los observé.

Después regresé a la sierra y me introduje en mi cuerpo. Las distorsiones corporales habían desaparecido. En su lugar, miles de pensamientos e imágenes aparecieron en mi mente en un desbordante e infinito flujo. Después de varias horas quise terminar con el proceso para regresar a la normalidad, pero me fue imposible. Asustado, levanté un brazo y noté líneas de luz en él. Era la luna. Al mover mi mano, las líneas se transformaban en animales. Le enseñé a Pea el truco y juntos creamos todo un zoológico, hasta que llegó la madrugada.

Al regresar a Tepoztlán abandoné mi colchón "levitador" y me refugié en mis libros. Escribía todo lo que me venía a la cabeza y le daba forma psicofisiológica. Me encerraba por horas en un cuarto, mientras Pea me veía, acostada en una cama. Cuando me cansaba, abrazaba a Pea y escondía mi cabeza en su pecho.

Conseguí unos hongos alucinógenos y una tarde decidimos "viajar" juntos. Nos acostamos y al cerrar los ojos me vi dentro de un templo. Un personaje barbado y de cabello largo estaba discutiendo con unos rabinos. Vestían túnicas y de pronto comprendí que me hallaba en Jerusalén y que aquel personaje era Jesús. Seguí su monólogo y me maravillé de sus palabras.

De pronto la escena cambió y vi una cruz con el mismo personaje clavado en ella. Estuve a punto de comprender algo y en ese momento Pea me interrumpió. Lloraba con desesperación. Su cara estaba congestionada y me pedía ayuda. Traté de volver a la imagen y a lo que iba a entender, pero fue imposible. La consolé y me olvidé de mí mismo.

Los días siguientes me dediqué a recorrer las calles de Tepoztlán. En una esquina vi a un pintor con su tela enfrente y rodeado de gallinas. Me acerqué a él, mientras observaba su casa. Era una construcción de adobe, pintoresca y pobre. Nos presentamos; se llamaba Ted y estaba obsesionado con la posibilidad de incluir la tercera dimensión en sus lienzos bidimensionales. Hablaba con las gallinas, afirmando haber podido aprender su lenguaje. Me cautivó su originalidad y lo invité a tomar chocolate en casa. Me enseñó a colocar latas a la intemperie para oír las melodías que la lluvia despertaba en ellas. Se enamoró de Pea y a mí me asaltaron unos celos feroces. Pea me juró no tener ningún interés en él y yo me calmé.

Nos venían a visitar amigos y cada vez que tocaban la puerta yo interrumpía mi labor de escribir y los recibía. Pea me criticaba por ello. Su padre también era escritor y jamás recibía a nadie. Le expliqué que yo era distinto, pero no me entendió. Me volví amigo de Ted y él me invitó a conocer a John. Hablaba de él como un gran personaje que vivía en el valle de Tepoztlán, recluido en una silla de ruedas.

Una mañana lo fuimos a visitar, pero lo encontramos dormido. Mi curiosidad por conocerlo se acrecentó. Había escrito el Tarot de la Era de Acuario y financiado el movimiento hippie de los años sesenta. Junto con Hubbard, había fundado la Dianética y vivido con una tribu africana, donde lo habían iniciado como chamán.

Una temporada en los Estados Unidos había trabajado como bailarín y después de una función, al salir del teatro, encontró a una mujer medio muerta de hambre y acostada en medio de la nieve. Se compadeció de ella y la llevó a su casa. Al entrar a la cocina [la mujer] tiró todo lo que había sobre la mesa y se acostó en ella. Entró en trance y de su boca una voz masculina interpeló a John, quien asombrado observaba la escena. La voz dijo pertenecer a un monje tibetano, quien había tratado de establecer contacto con John y hasta ese momento no lo había logrado. Le ordenó casarse con la mujer, con el objeto de seguir recibiendo mensajes. Él aceptó.

Lo encontré una mañana luminosa, sentado en su silla de ruedas, junto a una alberca de su jardín. Se preparaba un whisky y me recibió con amabilidad. Su cuerpo estaba distorsionado, con unas piernas diminutas y una cabeza magnífica, desde la cual unos ojos profundos meditaban.

Me contó su vida. Después de su iniciación chamánica decidió regresar a Europa, pero los miembros de la tribu se lo impidieron. Escapó y en la estación del ferrocarril recibió un regalo. Era una mascada tribal, que le provocó un dolor quemante. Estaba hechizada. Viajó a Suiza, se hospedó en la casa de Krishnamurti. Un médico suizo le detectó cáncer en el hombro y a las pocas semanas se volvió paralítico.

El tarot lo había escrito recibiendo mensajes dictados por una ouija. Me cautivó. Le pregunté acerca de la existencia de la conciencia, explicándole que yo pensaba que su aparición era el resultado de la interacción de dos fuerzas. Me miró molesto; solamente existe el Uno, me dijo traspasándome con sus palabras.

Me volví su discípulo y admirador. Llevé a Pea a conocerlo; sin embargo, ella no resistió su energía. Me advirtió que en él residía el mal. Después supe que era homosexual y alcohólico.

A Ted le presté unos prismáticos para que pudiera dibujar detalles del Tepozteco. No lo volví a ver en varios días. Una madrugada llamaron a la puerta de la casa, segundos después de que esta se cimbró por las oscilaciones de un terremoto, cuyo epicentro había ocurrido en Chile. Era Ted; venía sudoroso y se apresuró a entrar. Me mandó cerrar la puerta con prontitud y al hacerlo vi la silueta de un hombre y una luz proveniente de una lámpara de mano.

Me contó que había sido secuestrado por unos agentes federales, que al ver el prismático lo consideraron sospechoso de narcotráfico. Le vendaron los ojos y lo torturaron durante tres días y tres noches, quemándolo con cigarros encendidos. Le exigían confesar. Ted era ateo, pero a las 72 horas le pidió ayuda a Dios. Vio unos ángeles descender hacia sus captores, que lo dejaron en libertad.

Ya no quería vivir en Tepoztlán. Lo llevamos a la casa de los padres de Pea, quienes lo ayudaron a retornar a su país. Después supe que vivía en el subsuelo de Nueva York, alimentándose de ratas. Me regaló su primer cuadro tridimensional, en el cual una luna llena se asoma iluminando un árbol de ciruelos.

Pea y yo nos mirábamos a los ojos mientras hacíamos el amor. El placer era indescriptible y la belleza de Pea infinita. Sin embargo, nuestras pláticas comenzaron a ser redundantes. Yo no me atrevía a volver a hablar del Ser y, en cambio, oía a Pea discurrir acerca de aspectos de la realidad totalmente intrascendentes. Le decía que aquello era superficial y ella defendía su mundo. Me empezó a ahogar y sustituí mi frustración con la compra de un Jeep.

Nos vinieron a visitar los amigos que yo había ido a observar fuera de mi cuerpo. Hicimos una excursión por el Tepozteco. Encontramos estatuas de caras gigantescas esculpidas en las rocas. Supimos que no eran naturales, porque en una de ellas descubrimos ladrillos armados dentro de una mezcla pétrea.

Les toqué la flauta. Me había vuelto un experto con ella. Giraba sobre mí mismo mientras veía las líneas de las montañas. Si estas ascendían, elevaba el tono. Si descendían, lo disminuía. Así creaba una melodía que representaba al valle y a sus montañas.

En un descanso me confesaron haber tenido una experiencia sobrenatural. Un día, hacía dos semanas, mientras estaban acostados en su cama, una luz había aparecido en su cuarto. La luz parecía estarlos observando, mientras flotaba en una de las esquinas. Les pregunté por la fecha del acontecimiento y me di cuenta de que coincidía con la del viaje a Huautla.

En el Jeep Pea y yo viajábamos observando el paisaje y hablando de la belleza de las nubes y la coloración del cielo. En la sierra de Oaxaca encontramos un pueblito encantador: San José del Pacífico. En medio de una neblina mágica y al pie de los pinos de montaña volvimos a "viajar" con hongos. De nuevo, me introduje en escenas fantásticas, acompañado de las nubes, mientras Pea volvía a llorar pidiendo auxilio. Yo no comprendía la razón de su sufrimiento. Intuía un vacío terrible en su alma y de nuevo la abracé y la extraje de su abismo con todas mis fuerzas. Le dije que todo estaba bien, que el mundo era bello, que nada había tan terrible y logré hacerla sonreír. Me miró agradecida y rio.

Volví a menudo a San José del Pacífico con y sin Pea. En una ocasión decidí hablar con las nubes, me senté en la ladera de una montaña desde la cual se veía un paisaje magnífico lleno de pinos, picos de montaña y nubes reptando entre laderas y valles.

Todo estaba unido y yo formaba parte del paisaje. Entablé un diálogo con las nubes, las hormigas, los mosquitos y las montañas y escribí mi experiencia en el prólogo del libro *El despertar de la conciencia*, el cual reproduzco en la sección "Narraciones". El escrito fue hecho durante la experiencia real e intenta introducir al lector al mismo estado de conciencia del cual surgió.

Nos vendieron dos cabañas y decidimos volver a menudo a ellas. En el viaje de retorno pasamos en medio de una cañada rodeada de montañas. Traíamos con nosotros unos prismáticos. Algo en la atmósfera pesaba. Parecía que alguien nos estaba observando. Paré el Jeep y me bajé a investigar. Con la ayuda de los prismáticos encontré una cueva en una ladera. Su entrada estaba labrada y junto a ella vi a tres personas. Penetraron a la cueva y desaparecieron. Puse en marcha el Jeep y tras un pequeño trecho volví a ver a las tres personas, pero a un lado de la carretera. Apreté el freno y con una respiración apresurada tomé los prismáticos. Eran ellos, vestían la misma ropa. De pronto uno se esfumó. Nos acercamos lentamente a los dos restantes. Bajamos del Jeep y nos quedamos pasmados. Eran un viejo y un joven. El viejo era moreno, indio, pero con unos ojos verdes idénticos a los de Pea. Nos aproximamos y el viejo me dio la bienvenida. "Te estábamos esperando", me dijo.

Lo subimos al Jeep y nos dirigimos a un lienzo charro. Todo parecía irreal. Unos caballos con sus jinetes estaban corriendo toros. Uno de los charros me asombró por su dignidad.

El viejo nos invitó a conocer su casa. El piso de su cuarto estaba inclinado 30 grados. En las paredes colgaban cuadros de triángulos con ojos. Su cama se mantenía horizontal, ayudada por patas de desigual longitud. El viejo se sentó sobre su cama y a nosotros nos ofreció dos sillas. Nos sentamos inclinados los mismos 30 grados que el piso.

El viejo empezó a hablar. Nos dijo que hacía unos años, mientras labraba la tierra, su caballo se había asustado por una serpiente. Echó a galopar y puesto que él estaba amarrado a la silla, lo arrastró por el campo hasta que murió. Empezó a ascender al cielo, pidiéndole a Dios misericordia y rogándole que lo dejara vivir por más tiempo. Dios accedió y allí estaba, vivo y platicando con nosotros.

Pea y yo nos miramos y en un lenguaje ocular secreto decidimos irnos de allí. Estábamos muy confundidos y asustados. Nos despedimos del viejo, quien hizo una mueca de disgusto e interrogación.

Subimos al Jeep y paramos en un restaurante. Pea consideró todo el episodio como una fantasía y yo la odié, arrepentido de no haberme quedado con el viejo.

De regreso a Tepoztlán volví a ver a Rita. Había interrumpido mis pláticas con ella y nuestro reencuentro estuvo lleno de todos los conceptos que yo amaba y que con Pea no existían. Me partí en dos. Los días que conversaba con Rita era todo ideales y abstracciones. Con Pea todo era superfluo y vacío, excepto el amor y el placer.

David visitó Tepoztlán. Pea y yo lo conocimos en el castillo de la Serena, en Cuernavaca. Nos habían invitado a una fiesta organizada por la dueña del castillo, Ana Luisa, quien vivía allí en compañía de su hija Muñe.

En un gran salón, adornado por una gigantesca chimenea de piedra, un gong enorme traído de la China y cuadros medievales, David ofreció una demostración de comunicación telepática, ante un auditorio sofisticado. Rita me había acompañado y a la salida de la reunión nos encontramos con que el Jeep había perdido el freno de mano y se dirigía raudo hacia un barranco. Corrí y logré atajarlo con la ayuda de los mozos, que aparecieron y desaparecieron misteriosamente.

Le habíamos dejado nuestra dirección tepozteca a David y allí se presentó para invitarnos a un curso que daría en el pueblo. Le ofrecimos nuestra casa e invitamos a nuestros amigos. Me habían presentado a Sara, una mujer madura, bella y de apariencia gitana. Convencí a Sara de participar en el curso y este le cambió la vida. Se había dedicado a su hija, a pintar e hilar en un telar, pero a partir de David se dedicó al esoterismo y la astrología.

David nos enseñó a recorrer vidas pasadas, comunicarnos psíquicamente y a manejar energías curativas. Tenía una ayudante que claramente le servía como amante. En una de las lecciones dijo que a ningún ser humano le gustaba su propio cuerpo (el suyo era fofo y regordete). Pea protestó; a ella le encantaba el suyo.

Unos días después del curso un hombre barbado y de pelo largo se presentó en nuestra casa, acompañado de su novia, una chica delgada y sensual. Venían de los Estados Unidos buscando un experto en ovnis. En la universidad les habían dado mi dirección.

Lo miré asombrado; yo no me consideraba un experto en esos objetos. Ni siquiera había visto alguno en toda mi vida. Me miró inquisitivo y en ese momento recordé mis fantasías de niño, pero no dije nada.

Pasamos juntos una semana. Nos contó que buscando evidencias había ido a parar a Canadá, en donde conoció a una señora que recibía mensajes de extraterrestres. Las naves descendían en su patio trasero, dejando huellas en la nieve. El club de brujería negra de California había seguido sus pasos, tratando de evitar la entrevista.

La señora y mi nuevo amigo colocaban una grabadora en la mesa y la encendían sin micrófono. Al oír la cinta escuchaban voces. En una ocasión una voz les dijo que a cierta hora debían ir al bosque para recibir un mensaje directo. Fueron y a la hora prevista aparecieron cuatro luces en el cielo. Cambiaban de color y de dirección en forma abrupta, formando un cuadrado perfecto, pero no dejaron mensaje alguno. Miré a mi amigo con extrañeza y lo reprendí; el mensaje era el mismo movimiento. Solamente un cuerpo de cuatro dimensiones, interactuando con un espacio de tres, podía hacer tales movimientos. Mi amigo se rascó la barba y me miró con una expresión de admiración. Parecía decirme que, a pesar de mis dudas, yo sí era un experto en ovnis.

Después me mostró un esquema que había armado luego de varios mensajes. Era la estructura de un aparato sofisticado, diseñado para curar. Consistía en dos emisores de campos electromagnéticos que se hacían interactuar en el interior de una pirámide. Me excité; le dije que durante años yo había estado estudiando la posibilidad de interacción de campos en la estructura del cerebro, como base para intentar explicar la aparición de la experiencia consciente.

Mi amigo me volvió a mirar con la misma expresión que antes y me confesó que él mantenía ya una comunicación con un extraterrestre, el cual tenía su base de operaciones en Júpiter. Recordé que Rita me había mencionado una de las lunas de Júpiter como base de una colonia humana que los extraterrestres estaban ayudando a construir para salvar a los elegidos de la Tierra. Ahora yo fui quien se rascó la barba, y le pedí evidencia. "Hoy en la noche las tendrás", contestó misteriosamente.

Cuando salió la luna nos dirigimos al Tepozteco. Escalamos parte de la montaña y nos sentamos en una roca. Mi amigo se concentró y pidió la evidencia. A los pocos minutos una luz apareció en el cielo y se empezó a mover en varias direcciones.

Pasara lo que pasara iba a visitar a Estusha todos los fines de semana y el resto del tiempo escribía. Un sábado, en camino hacia México, mi mente calló. Me envolvió una oscuridad temible, en la cual no había pensamientos ni ideas e ideales. Me aterroricé; jamás había imaginado que el fluir de cogniciones pudiera cesar. Me golpeé la cabeza con las manos, como queriendo echar a andar un mecanismo de relojería trabado y después de unos minutos volví a fluir.

En casa de Estusha me esperaba Lizette. Al verlas a las dos supe que abandonarlas había sido el mayor error de mi vida. Se lo quise decir, pedirles que me aceptaran de nuevo, pero callé. Pea me esperaba y mi destino era sufrir. Pea me preguntaba acerca de Rita y yo notaba sus celos. Aquellos aumentaban día tras día, hasta que después de cada visita me esperaba una discusión imposible, que no podía terminar.

Desesperado, busqué una salida. Mi intención de volar me la brindó. Sabía que hacerlo con todo y cuerpo me llevaría a un nuevo fracaso. Lo fui a consultar con John. Nos sentamos en el porche de su casa viendo el jardín. En una roca, junto a su alberca, había colocado una rama en forma de serpiente. Me escuchó y me contó que su esposa volaba, pero sin cuerpo.

Su técnica consistía en visualizar su cuerpo enrollándose sobre sí mismo, hasta constituir un ovillo diminuto en la zona de la cabeza. Después, buscar una apertura en su cráneo y saltar por ella hacia el espacio. Según John, la técnica era infalible. Una noche, durante la Segunda Guerra Mundial, su esposa, desde los Estados

Unidos, había "viajado" a París. La ciudad estaba en llamas y ella amaneció con el cuerpo quemado. Lo intenté durante dos meses, pero fracasé de nuevo.

En el mundo de Pea las emociones y los sufrimientos humanos ocupaban un lugar destacado. Criticaba mis libros, al no encontrar en ellos más que ideas abstractas e idealizaciones. Sus críticas eran acertadas; pero al ir mezcladas con rencor y celos me provocaban rechazo. Pea insistía por horas y yo resistía, hasta que le rogaba que me dejara dormir. Ella seguía y yo sentía que un grito desgarrante se creaba en medio de mi pecho, sin poder salir a la superficie.

Acepté dejar de ver a Rita, con tal de terminar con las discusiones. Nos mudamos de Tepoztlán a una colonia situada cerca de Cuernavaca. Vivimos en una casa magnífica, con un gran jardín y una alberca de agua helada. El dueño nos la alquiló con todo y jardinero; pero al no poder pagarle su sueldo lo despedimos. Él se vengó. Contrató a un hechicero que nos hizo sentir en el filo de una navaja. Aventaba pájaros muertos al jardín y rodeaba el Jeep de vidrios despedazados. Una mañana apareció un pájaro muerto junto al volante.

Le fui a pedir ayuda a don Lucio. Lo había conocido unos meses atrás, pero ya no lo visitaba porque Pea me lo había prohibido. A ella le parecía falso y engreído. Para mí, en cambio, era un gran maestro, chamán y director del linaje de los graniceros del estado de Morelos. Su visión de la realidad estaba repleta de espíritus inorgánicos viviendo en el espacio y viajando etéreamente de un lugar a otro del planeta.

Lo conocí una noche de tormenta. Un antropólogo me había dado su dirección, después de que le pregunté por algún experto en el tiempo. Escribía acerca de ese tema, retomando las ideas de Albert Einstein e incluyéndolas dentro de un marco psicofisiológico. Don Lucio me pareció encantador. Su cuerpo moreno y su risa indígena totalmente pura me cautivaron. Me habló del tiempo, pero del atmosférico, y me dijo ser capaz de controlarlo.

Me contó su iniciación como chamán. Había sido herido por un rayo, después de lo cual permaneció durante tres años en estado de coma. Su cuerpo no se movía, pero su espíritu viajaba con los trabajadores del tiempo, que le enseñaron a curar con hierbas, a manejar el rayo y las tormentas. Me fascinó su mundo y le pedí ser iniciado en él. Durante una ceremonia mágica prendió 12 velas y solicitó a los trabajadores del tiempo que me guiaran y protegieran. Le conté las maniobras del jardinero y prometió ayudarme a rechazar su influencia.

Pea y yo jugábamos ping-pong todas las noches. Éramos capaces de modificar la trayectoria de la pelota durante el vuelo y competíamos por su control. Aquellos partidos se convirtieron en algo espeluznante. La pelota abandonaba todas las leyes físicas y nosotros nos regocijábamos de nuestro aprendizaje.

Mi capacidad de escribir llegó a su clímax. Me sentaba en una mesa con cuatro cuadernos abiertos y escribía simultáneamente en ellos. En uno inventaba cuentos; otro sería un libro sobre psicofisiología; el tercero de filosofía, y en el último describía funciones de la conciencia. Pasaba de un libro al otro en una danza deliciosa. Un ejemplo es el cuento "El juego" (véase la sección "Narraciones").

A pesar de don Lucio, el jardinero terminó por romper todas nuestras defensas y regresamos a Tepoztlán.

Me dediqué a investigar las cuevas del Tepozteco. En una de ellas encontré una pared repleta de figuras humanas perfectas, con el brazo derecho extendido señalando un camino. Lo seguí, fascinado por el descubrimiento. El camino serpenteaba entre las figuras y terminaba en una "Q" gigantesca, claramente desdibujada por una colonia de hongos blanquecinos.

No supe el significado de la "Q", pero me empecé a encontrar con un muchacho americano, de pelo rubio, ojos azules y gran barba. Cada vez que pasaba por la plaza de Tepoztlán lo veía parado en una esquina. Mi curiosidad fue creciendo y una mañana totalmente azul me presenté ante él y lo invité a casa. Se llamaba Daniel y vivía en Amatlán, un pueblo localizado a cinco kilómetros de Tepoztlán, el lugar del nacimiento mítico de Quetzalcóatl.

Nos hicimos amigos. Me enseñó a mover alfileres usando el poder de la mente. Aprendimos a comunicarnos con la pirámide del Tepozteco, utilizando una ouija. Recibíamos mensajes firmados por dos personajes: "Q" y "T". Supusimos que se trataba de Quetzalcóatl y Tezcatlipoca. Yo me había empezado a interesar en la astrología cuando me di cuenta de que tanto Pea como Lizette habían nacido en julio y pertenecían al mismo signo: cáncer. Daniel resultó ser mi gemelo astrológico, igual que Quetzalcóatl el de Tezcatlipoca.

En esos días apareció Miguel. Era un cineasta, quien había sido contratado por el partido político dominante para preparar la campaña presidencial de José López Portillo. Me contó que Portillo se creía Quetzalcóatl y me regaló dos de sus libros: *Don Q* y *Quetzalcóatl*, los cuales leí, adivinando un portento. Pensé que debía ayudar a hacer posible el retorno de Quetzalcóatl.

Conocí a Ann. Era amiga de John y se sentía destinada a preparar la Nueva Era. Vertía mercurio en un matraz y se pasaba horas enteras observando su interior, a fin de detectar mensajes. Sabía astrología y continuamente fumaba marihuana. Era sagitario, igual que yo, y nos entendimos desde el primer instante.

Ella quería grabar nuestras conversaciones y me regaló un título magnífico para un libro: "Metafísica pornográfica", que, sin embargo, nunca llegué a utilizar. Me contaba que ella y John lograban hacer que el agua de la alberca del jardín hirviera, con el solo uso de su pensamiento.

Como siempre, a Pea no le gustó Ann y la criticaba soezmente. A pesar de eso la seguí viendo.

Anuncié que crearía un centro de investigación psíquica, al que invité a Sara, Rita, Ann y mis otros amigos. Entre ellos estaba Uge, un inmigrante alemán, que siempre irradiaba una atmósfera de misterio paradójico. Por un lado, era amable y hospitalario y a todos trataba con gentileza; pero, por el otro, parecía ocultar una serie de intenciones macabras, que uno adivinaba en su interior, aunque nunca salían a la superficie. Se vanagloriaba de que los miembros de su familia habían sido íntimos amigos del abogado de Hitler y defendía la Alemania nazi, ofreciendo argumentos emotivos, pero absurdos. Yo lo veía alarmado y toda mi educación y mi ser judío se rebelaban en contra suya; no obstante, me seducía su gentileza y continuas alabanzas. Decía que yo era una mezcla del doctor Fausto y Goethe.

Pea me ayudó a repartir la propaganda del curso y asistió emocionada a las sesiones, en las cuales desarrollamos la capacidad de leer la historia oculta de los objetos; recorríamos las vidas pasadas de cada uno, tal y como se manifestaban en los ojos; tirábamos el tarot y consultábamos el I Ching. Competíamos por incrementar nuestra sensibilidad telepática y leer los mensajes del registro akáshico.

John agonizaba, mientras el grupo le enviaba energías curativas. Una de las hermanas de John vino a visitarlo. Era una anciana espléndida, que me adoptó como hijo. Frente a la casa de John millones de luciérnagas acostumbraban trazar filigranas luminosas las noches en las que los iba a visitar... Yo me asombraba por los patrones que entretejían, pero ella me corregía; lo fantástico es, precisamente, que no crean patrones.

Me enteré por ella que su hermano pertenecía a la orden sufí y que el líder turco del linaje lo había comisionado en Tepoztlán para equilibrar la energía del hemisferio occidental. Después de una agonía consciente, John murió, debido a una hemorragia del hombro, que lo desangró. Habían intentado parar la sangre, pero él lo prohibió. Sus últimas palabras fueron de agradecimiento, porque por fin iba a conocer lo que existía en el otro mundo.

Días antes lo había convencido de ser visitado por don Lucio. Nunca vi antes ni volví a ver después a don Lucio nervioso. Le hizo una limpia a John y anunció que su espíritu había sido espantado en África. John se asombró, pero no permitió que lo curara.

Durante el funeral apareció uno de los mandatarios sufíes, el cual nos enseñó a meditar el seeker y a bailar la danza de los derviches. Un día después de la muerte de John el grupo decidió ponerse en contacto con su espíritu. Fracasamos y lo único que logramos fue crear la desconfianza del protegido de John, un mozo tepozteco, que después se decidió por la brujería.

Yo seguía escribiendo y desarrollaba hipótesis acerca de la organización cerebral y su funcionamiento. Una de ellas afirmaba que la convergencia era básica para el desarrollo de la lógica lingüística. Entre Pea y yo desarrollamos un método de lectura del tarot, basado en los circuitos cerebrales de convergencia, utilizando las cartas del Tarot de la Era de Acuario de John.

Pea se hizo amiga de una de las participantes de las sesiones. Cambió por completo a partir de allí. Su amiga la convenció de independizarse de mí.

A nuestras discusiones regulares se añadió el asunto de la independencia. Yo me enfurecía al notar que lo que yo debía de haber hecho meses antes, pero sin atreverme, ahora lo estaba realizando Pea. Después de una pelea descomunal decidimos separarnos. Pea regresó a casa de sus padres en México y yo me quedé en Tepoztlán.

Frente a la casa había un monasterio yogui, que en ocasiones visitaba. Un día, una de las yoguinas apareció en mi casa con la cara congestionada de tanto llorar. Se llamaba Mim y yo la había admirado envuelta en sedas, como una odalisca, mientras hacía yoga. Me contó que el gurú del monasterio, un hombre moreno de labios gruesos, la había invitado a su casa y violado en ella. Ahora ya no podía seguir viviendo en el monasterio. Cada vez que veía la foto del gurú recordaba su pene erecto penetrándola. La consolé y nos hicimos amigos. Se mudó a una casa cercana a la mía y allí la iba a visitar todas las noches. Me envolvía en una especie de burbuja, de la cual no podía escapar. Su cuarto era totalmente musulmán, con brocados, cortinas y adornos árabes.

Se formó un grupo de meditación en recuerdo de John y allí conocí a otra muchacha, quien decía que seguramente yo había venido de otro planeta, aunque ya no me acordaba. Sara estudiaba astrología día y noche y me confirmó que no aparecía la tierra en ninguno de mis signos zodiacales.

Con tierra o sin ella, lo cierto es que extrañaba a Pea y mi beca estaba a punto de terminar. No había escrito cuatro, sino seis libros, que entregué orgulloso al Conacyt. La Facultad de Psicología de la Universidad Nacional me contrató a tiempo completo y me dispuse a regresar a la Ciudad de México.

X

PACHITA

Renté una pequeña casa sobre una colina a la salida de la carretera vieja a Cuernavaca. Desde allí veía las luces de la Ciudad de México y recordaba el campo de luciérnagas de John. No podía dormir bien, no descansaba y detectaba una negatividad terrible en todo y todos. Nadie se entendía; lo que era claro y cotidiano en Tepoztlán, aquí se juzgaba esotérico y loco. En la universidad comencé a hacer experimentos. Me colocaba a mí mismo unos electrodos de registro y trataba de controlar mi actividad cerebral. Pronto tuve alumnos y comenzamos a estudiar los correlativos electrofisiológicos de la experiencia del tiempo.

Extrañaba mucho a Pea. Fui a visitarla y la convencí de vivir conmigo de nuevo. Alquilamos una casa en Coyoacán y la decoramos a nuestro gusto. Después de dos semanas deliciosas comenzaron las peleas.

En la universidad impartía un curso sobre creatividad y los alumnos comenzaron a visitarnos en casa. Pea se subía a su cuarto y me reprochaba el atenderlos más a ellos que a ella. De nuevo me sentí atrapado. Desesperado busqué ayuda psicoanalítica. Iba a consulta tres veces a la semana pero no podía verbalizar lo que me acontecía. El psicoanalista insistía en que debía continuar mi relación con Pea mientras que yo le pedía que me ayudara a independizarme de ella.

Al mismo tiempo aprendí a meditar en el Centro Maharishi de la Ciudad de México. En la azotea de la casa adorné el cuarto de servicio con motivos orientales y coloqué sobre su techo una pirámide gigantesca. Meditaba todas las tardes durante horas dejándome ir sin control ni medida. Mi mente, durante la meditación, era completamente distinta a la que se manifestaba fuera de ella. Descubría zonas de maravilloso misterio que se me escapaban apenas abría los ojos. Por más que intentaba, no lograba recordar lo que había visto pero tenía la impresión de que existía un mundo paralelo al que me introducía, mucho más significativo y potente que el de la vigilia cotidiana. Sentía que era en ese mundo paralelo en donde se tomaban las decisiones que después se materializaban en este.

También comencé a escudriñar el silencio. Nada hacía falta allí y nada existía pero simultáneamente había todo. Le daba gracias a Maharishi; colgué un retrato suyo en una de las paredes.

Mi mayor deseo era conservar ese estado de silencio en forma permanente. Para ello, sería necesario organizar un instituto en el cual pudiera dedicarme sin interrupciones a su explotación.

Cuando los deseos de la vida son genuinos, provienen de un estrato en el cual ya se ha decidido su realización como si estuviese esperando que una conciencia individual se dé cuenta de su existencia. A partir de ese momento los acontecimientos se desbordan como en una cascada y lo que uno deseaba acontece aunque no necesariamente tal y como uno se lo imaginaba.

En un curso que tomé con mi psicoanalista conocí a una de las sobrinas de los López Portillo. Nos hicimos amigos y al contarle mi idea acerca del instituto me consiguió una audiencia con su tía Margarita. Era la hermana del presidente de México, dirigía las comunicaciones en el país y vivía en Los Pinos. Me presenté una tarde y los guardias me permitieron la entrada. Me impresionó el lujo de la residencia presidencial. Margarita me recibió con una docena de agujas de acupuntura incrustadas en su cabeza. Me miró y fue por unos platos de porcelana. En ellos, uno de sus antepasados aparecía retratado. Me dijo que yo era idéntico a su bisabuelo y escuchó con interés mi intención de crear el instituto.

Me prometió que me ayudaría y me pidió que le enseñara a meditar. Nos volvimos a ver una semana después.

Tomábamos café junto a unos ventanales en el segundo piso de la residencia Lázaro Cárdenas. Docenas de jaulas enormes repletas de pájaros nos acompañaban y el trino de las aves junto con la hermosa vista del jardín de Los Pinos matizaban una conversación de sobremesa. Margarita platicaba con una de sus amigas, la cual me provocaba desconfianza. Poseía un acento alemán y todos sus gestos denotaban arrogancia y malestar. De pronto la charla fue interrumpida por un ruido súbito y ensordecedor. Parecía que todos los pájaros se habían puesto de acuerdo para cantar al unísono. La señora alemana comenzó a gritar asustada y Margarita y yo miramos en todas direcciones buscando una causa para el suceso. En ese momento la vimos. Entraba al salón cobijada por un rebozo de bolitas. Era regordeta, de baja estatura y su cara manifestaba una tensión espiritual profunda. Margarita se levantó y me la presentó. Se llamaba Pachita y por alguna razón su presencia había desencadenado el canto de los pájaros como si estos le hubieran dado la bienvenida.

La señora alemana seguía gritando, ordenándole a un mozo cubrir las jaulas. Pachita se sentó a mi lado y nos miramos. Uno de sus ojos era mucho mayor que el otro. Después supe que estaba prácticamente ciega y utilizaba un procedimiento extraocular para ver. Su presencia emanaba una energía poderosa pero tierna y maternal. Se arremangó su rebozo, descubriendo como a propósito un suéter raído. Miró a Margarita y le reclamó: "¿Por qué hay tantos impuestos, no te das cuenta de que el pueblo se está muriendo de hambre?". Margarita se puso nerviosa. Le contestó que ella no tenía la culpa pero que se lo diría a su hermano para ver qué se podía hacer.

Un mayordomo vestido de levita le ofreció a Pachita una taza de porcelana conteniendo té. "¡A mí tráeme café de olla!", le dijo al mozo, quien se quedó boquiabierto. La escena era fantástica. Esa mujer había sido recibida por todos los pájaros con una bienvenida espectacular y ahora demostraba, en la casa del presidente de México, una fuerza y decisión increíbles. Pachita se dio cuenta de que la miraba con admiración. Se acercó a mi lado y en un susurro me dijo que cuando la necesitara fuera a ver los volcanes Popocatépetl e Iztaccíhuatl y pronunciara el nombre "Xóchitl". "Yo te ayudaré —me siguió diciendo—, y además te invito a visitarme a mi casa para que veas lo que hago".

Después se despidió de todos y a la salida saludó al perro pastor alemán de la familia López Portillo. Le habló como a un viejo conocido mientras el animal babeaba de gusto contemplándola.

También me despedí y el siguiente miércoles acudí a la cita. Reconocí la casa por las señas que Pachita me había dado. En la calle haciendo fila había docenas de personas. Algunos esperaban en sillas de ruedas. Otros en camillas o apoyados en familiares y amigos. En la esquina estaba estacionada una ambulancia.

Toqué la puerta de la casa de Pachita y no me permitieron entrar. Me subí a mi Jeep y medité. En el momento preciso en el que me sentí en el silencio dentro de una coloración azulosa me llamaron: "Que dice el Hermanito que pases". Me sorprendió la denominación y la sincronía. Penetré a un garaje repleto de enfermos. Una niña en silla de ruedas me llamó la atención. La habían descerebrado por un exceso de anestesia que un médico descuidado le había proporcionado durante una operación en la cual le extraerían las anginas. Parecía un vegetal recostada en su silla sin moverse y totalmente laxa.

Me invitaron a pasar a un cuarto maloliente y semioscuro. Unos cuerpos envueltos en sábanas reposaban en el piso mientras que en la esquina derecha del aposento se hallaba Pachita sentada frente a una cama rústica. Me presenté con un "en nombre del Padre yo te saludo", que alguien me había ordenado pronunciar cuando entré al cuarto. Pachita me contestó con una frase similar pronunciada con una dignidad aristocrática y en un tono de voz masculino. Me invitaron a pararme al lado de Leo, un ayudante de Pachita. Entró una mujer a la que Pachita recibió con muestras de gran afecto. La invitó a acostarse sobre la cama y en seguida Leo le limpió el vientre. Pachita levantó un brazo y alguien le ofreció un cuchillo de monte. Leo me ordenó que no me moviera. Pachita tomó el cuchillo y sin inhibiciones lo enterró en el vientre de la mujer. Empezó a brotar sangre; Pachita extendió la herida con el cuchillo mientras yo luchaba para no gritar. De pronto pensé que todo era una farsa. El cuchillo era de hule y la sangre, salsa de tomate. Como si hubiese escuchado mis pensamientos, Pachita me tomó una mano y la introdujo en el vientre abierto. Estaba caliente y húmedo y pude palpar los órganos internos de la mujer. Comprendí que aquello era verdadero. Durante un instante me quedé pasmado pero después me dije que aquello era congruente con mis ideas acerca de la experiencia como resultante de la creación del campo neuronal y su interacción con el espacio. Por otro lado, demostraba la existencia de diversos niveles de la realidad.

Después pasaron a la niña descerebrada. La acostamos en la cama y Pachita le abrió el cráneo. Introdujo el cuchillo en el cerebro y cortó un pedazo de corteza, el cual extrajo separándolo del resto de la masa encefálica. En seguida tomó un tejido entre sus manos y le sopló su aliento mientras le ordenaba vivir: "¡Vive, vive!", le gritaba. Después introdujo el trasplante en el cerebro y cerró la herida. Yo contemplaba la escena, mudo de estupor. Leo me enseñó a cerrar las heridas colocando mis manos encima de las mismas y enviándoles energía. A eso le llamaban "saturar".

Durante esa noche vi una docena de intervenciones y pedí regresar. Varios meses asistí a las operaciones. Pachita se transformaba antes de iniciarlas. Entraba en trance y su cuerpo adoptaba una postura aristocrática, digna, masculina, viril y llena de poder. Todos decían que el espíritu de Cuauhtémoc, el último de los emperadores aztecas, ocupaba su cuerpo. En esa situación, el cuerpo de Pachita hacía milagros con la materia. La hacía aparecer o desaparecer a voluntad. Adivinaba mis pensamientos y conocía el contenido de mis sueños. Un pensamiento intenso empezó a ocupar mi mente; supe, no sé cómo, que yo estaba allí no para fundar un instituto sino para establecer un puente de unión entre Cuauhtémoc y Quetzalcóatl. Me separé definitivamente de Pea y dejé de asistir a las sesiones psicoanalíticas. A Margarita no la volví a ver sino mucho tiempo después y nunca recibí otra ayuda para el instituto fuera de la presentación de Pachita.

Todo el día pensaba en Pachita y escribía acerca de mis experiencias con ella. Cuauhtémoc parecía interesado en que yo describiera lo que pasaba con Pachita y me animaba a escribir con un lenguaje florido: "Que tu pluma de oro escriba muchos papiros, nunca dejes que alguien te haga dudar de lo que ves, tu libro será un éxito porque en él describes la verdad de lo que ven tus ojos", me decía entre las operaciones, cuando entre los intervalos de un paciente y el siguiente teníamos tiempo de conversar. Empecé a admirar la personalidad de Cuauhtémoc, su valentía, estado de ser, compasión y ternura. Me contaba acerca de su vida como emperador y de la terrible conquista a la que fue sometido él y su reino. En el laboratorio de la universidad me sentía absurdo realizando experimentos antediluvianos comparados con lo que hacía Pachita. Todas mis ideas, teorías, abstracciones e idealizaciones eran fantasías infantiles comparadas con la realidad que atestiguaba al lado de Pachita y Cuauhtémoc.

Un día, una presencia extraordinariamente luminosa ocupó el cuerpo de Pachita. La sentí idéntica a la que vi en Jerusalén hablando con unos rabinos durante una experiencia con hongos en compañía de Pea en Tepoztlán.

Pachita decía que yo había sido el apóstol Andrés y que mi maestro me había dejado una tarea a realizar durante esta vida. Comprendí que se trataba del problema de la creación de la experiencia consciente. Entendí, además, que mis experiencias al lado de Pachita me ayudarían a resolver una preocupación que me intrigaba y que trataba de la interrogante acerca del carácter relativo o absoluto de la individualidad; ¿éramos muchos o no?, ¿nuestro yo era separado de los otros yos o todos formábamos una sola entidad? Me preguntaba si el yo individual era o no permanente, y la existencia de Cuauhtémoc parecía apoyar la posibilidad de la sobrevivencia de la individualidad tras la muerte corporal. Sin embargo, intuía que lo que llamamos individualidad es ilusorio. ¿Quizá el yo personal solo era una manifestación de una Unidad más verdadera?

Cuauhtémoc no quería oír hablar de Quetzalcóatl. Decía que por su culpa Tenochtitlan y todo México había sido conquistado. Yo trataba de cambiar su opinión, pero todo era en vano.

Invitaron a Pachita a operar en Los Pinos. Entró en trance en un salón donde Margarita, sus amigos y varios generales oyeron a Cuauhtémoc predecir las peores calamidades para México. El presidente no estaba presente pero era la casa de Quetzalcóatl y yo adiviné un deseo de venganza en el emperador azteca.

Lo interpelé ante el asombro de la "Corte de Quetzalcóatl". Le dije que las desgracias de las que hablaba él las estaba propiciando con su discurso. Me contestó algo terrible que no puedo recordar. Escribí dos libros acerca de Pachita y Cuauhtémoc. Cuando terminé el primer manuscrito se lo llevé a Pachita y le leí algunos capítulos.

Me escuchó encantada y con asombro porque, según ella, no recordaba nada de lo que acontecía durante las operaciones. Apuntó algo en la primera hoja utilizando caracteres que parecían japoneses. Al final, la caligrafía se transformó en la sílaba *Flo*. En seguida hizo un movimiento extraño con las manos y en una de ellas apareció, materializada, una diminuta pintura al óleo firmada por Flo y que representaba un camino que se perdía a lo lejos, rodeado de árboles de duraznos en flor y tres aves volando. Me lo entregó: "Es un aporte que te envían", me dijo satisfecha. La pintura era oval y estaba enmarcada.

Le dejé el manuscrito para que se lo siguieran leyendo y la próxima vez que la vi le pregunté por sus impresiones; me contestó que ella no había recibido ningún manuscrito. Se lo recordé y me dijo que lo buscaría. Tres días después recibí una llamada de la presidencia solicitándome que me presentara en el despacho de Margarita.

Al entrar vi sobre su escritorio mi manuscrito. Le reproché el robo y ella se disculpó diciendo que no era culpable sino que un amigo se lo había traído para que lo leyera. Me pidió que por favor no mencionara que había conocido a Pachita en Los Pinos. "Tú sabes, Jacobo, que eso nos traería problemas políticos muy graves". Me lo pidió por nuestra amistad y yo accedí.

Una semana después, al entrar al cuarto de las operaciones, me di cuenta de que mi lugar estaba ocupado por otra persona. El hermano Cuauhtémoc me preguntó si había sido muy difícil mi entrevista con Margarita. Le dije que sí. Al terminar las operaciones, Pachita me confesó que la habían estado amenazando desde la presidencia. Le decían que yo ya no podía trabajar más con ella y que si lo hacía alguno de los dos moriría. Le dije que no hiciera caso de chismes, pero insistió en la seriedad del aviso. Abandoné la casa de Pachita y nunca la volví a ver. En ocasiones pienso que la verdadera razón de que me pidiera irme era que me había sometido ante Margarita.

Mientras tanto, yo daba clases en la Universidad Anáhuac deslumbrado por la belleza de mis alumnas. Me enamoré de una de ellas. Cuando nuestros ojos se encontraban, adivinaba en ellos miles de recuerdos del pasado. Estaba asustada porque Andrija Pujarich, el mentor de Uri Geller, había ido a visitar su casa y alarmado a toda la familia con la noticia de que la Unión Soviética estaba bombardeando el hemisferio occidental con campos electromagnéticos de ultrabaja frecuencia ideados para enfermar las "mentes capitalistas". Le dije que aquello era una tontería y ella insistió en que se lo comunicara directamente a su madre.

Empecé a frecuentar su casa. Durante los últimos años su madre se había reunido con un grupo de psíquicos y juntos recibían mensajes de un tal "Daniel de la montaña". Les dije que Daniel era mi amigo y vivía en Amatlán, el pueblo donde había nacido Quetzalcóatl.

Me rogaron traerlo a la Ciudad de México para conocerlo. Cuando se lo dije, Daniel abrió los ojos desmesuradamente y accedió. Lo dejé una mañana y pasé por él en la noche. Me lo encontré sentado en una silla rodeado por sus admiradores. Me contó que lo habían tratado como si fuera el Mesías y no sabía si creérselo o no. Le dije que de serlo yo tendría que hacer el papel de Judas. Reímos y meditamos dentro de una pirámide en mi casa. En la noche sentí que mi cuerpo se había convertido en el campo de batalla de dos poderosos contrincantes. Amanecí molido y se lo conté a Daniel.

Nos dejamos de ver y mientras tanto Pachita murió. Dos o tres meses antes me había pedido regresar a su lado para seguir trabajando con ella, pero yo me había negado.

Volví a encontrar a Daniel en las calles de la Ciudad de México. Me contó que había asistido a las sesiones del grupo y que en una de ellas le habían pedido ir a ver a Pachita. Daniel lanzó su mente al encuentro y halló a Pachita rodeada de una sombra gigantesca que sostenía un reloj. Al acercársele Daniel-Quetzalcóatl, Pachita lo vio y se abrazaron. En ese instante la sombra dejó caer el reloj y desapareció. Llamamos a casa de Pachita para preguntar por la fecha de su muerte… Coincidía…

Publiqué los libros acerca de Pachita y mis colegas en la Universidad Nacional empezaron a pensar que había enloquecido.

Memo, el hijo mayor de Pachita, me llamó por teléfono al laboratorio y me amenazó con demandarme si no accedía a darle dinero. Me enfurecí. En los libros yo ofrecía una descripción verídica y llena de alabanzas hacia su madre, a la que en verdad quería. Se lo dije pero a él no le importó. Ni siquiera los había leído, pero unas semanas antes en una entrevista televisada había dicho que en ellos no había verdad.

Me volvió a llamar pero más amable. Su situación económica era un desastre y me pedía ayuda. Yo accedí y le di parte de las ganancias de los libros.

Lizette se había mudado a Tepoztlán con Estusha. Rentaban la casa que Rita había ocupado y al irlas a visitar recordaba la magia de mis conversaciones con ella.

Compré un terreno rústico en un bosque cercano a la Ciudad de México y viví allí durante un año, totalmente solo en medio de los pinos y de presencias espirituales que no me dejaban dormir de noche ni descansar de día, en una cabaña construida por mí mismo. La energía del lugar me saturaba y pronto llegué a estar tan identificado con el bosque que cuando un leñador cortaba un árbol me dolía en mi propio cuerpo.

Estaba situada a cinco kilómetros del pueblo en el cual vivía don Lucio, al que iba a visitar con frecuencia. Nos sentábamos uno frente al otro y después de mirarnos a los ojos recordábamos vidas anteriores. Don Lucio había sido un samurái en el Japón antiguo. Lo vi con su vestimenta, su espada, y él me dijo que era un "Señor de la Guerra". A mí me reconoció en Polonia, dueño de una propiedad en la que él había trabajado como jardinero. Esas sesiones me recordaban a Sara de Tepoztlán, con la que hacía algo similar ayudándonos de la astrología, el péndulo y las cartas del tarot. Sara y yo teníamos la intención de recorrer todas nuestras vidas a fin de construir un árbol genealógico en cuyas ramas pudiéramos situar nuestras reencarnaciones y en el tronco nuestro Ser real.

Un día, don Lucio me prestó "el Corazón de su Mesa". Lo sostuve entre mis manos y vi un gran castillo blanco flotando en el espacio. Penetré en él y me encontré con un ser magnífico sentado en un trono. Don Lucio me pedía detalles: "¿Está a la izquierda o a la derecha?, ¿de qué color son las columnas?".

Yo no soportaba ya la energía del bosque y don Lucio accedió a "limpiarlo". Trajo copal y bálsamo y me dijo que había cientos de espíritus que me consideraban un intruso.

Me había acabado todos mis ahorros en la construcción de la cabaña y para transportarme a ella e ir a dar clases a la universidad contaba con un pequeño ciclomotor en el que pedaleaba sudoroso por la carretera.

Mi vida se volvió un infierno. Nadie me entendía. En la universidad murmuraban acerca de mí y en la cabaña no lograba descansar.

Mi abuela paterna murió mientras tanto. Sus últimos años los había pasado en un asilo para ancianos en el cual únicamente hablaba de dinero y no reconocía a sus propios hijos. Mi padre heredó una fortuna y dos edificios en la colonia Condesa. Me regaló un departamento y un coche y regresé a la Ciudad de México.

Al entrar a mi nueva casa me di cuenta de que el regalo tenía un precio. Estaba ocupada por toda la energía de los antepasados de mi familia. Luchaba con ellos y trataba de convencerlos de que me dejaran en paz. El teléfono sonaba de repente y, en la otra línea, una presencia desagradable resollaba mientras yo contestaba.

Yo había vivido demasiadas experiencias sobrenaturales y en un arranque de lucidez decidí volverme normal. No vería más a don Lucio y no iría a mi cabaña. En cambio, me dedicaría a dar clases, al laboratorio, a meditar y practicar yoga. Me convertí en vegetariano y me vestía completamente de blanco. Compré una radio de onda corta y al terminar mis meditaciones oía la BBC de Londres, relacionando mis experiencias internas con los acontecimientos mundiales. Estaba seguro de que mi evolución me había llevado al desarrollo de una sensibilidad extrema y comencé a intentar modificar los acontecimientos que oía en la radio. Cada vez que ocurría una desgracia en alguna parte del mundo enfocaba mi atención hacia ella y la trataba de resolver.

También me di a la tarea de absorber la contaminación de la Ciudad de México. Utilizaba ejercicios de respiración y meditaciones de limpieza interna para lograrlo. Al terminar salía a la calle y constataba que sobre el edificio en el cual vivía y en varias manzanas a la redonda había desaparecido el esmog. Me comuniqué con la Secretaría de Ecología y les ofrecí mi técnica. Me miraron extrañados y con toda amabilidad la rechazaron.

Un día me llamaron por teléfono desde una estación de televisión. Requerían de mi asesoría para un programa. Asistí y me encontré con Teresa, quien trabajaba allí. El programa mostraba a unos niños que eran capaces de ver con sus manos. Les vendaban los ojos y los hacían ver la hora de relojes, leer textos impresos y describir fotografías a colores. No pude detectar truco alguno.

A la salida del programa les propuse a los entrenadores y maestros de la técnica utilizarla para enseñar a ver a niños ciegos. Con la ayuda de mi hermano Nathán organicé un programa en la escuela para invidentes de Coyoacán. Los maestros venían a entrenar a los niños ciegos y yo supervisaba los resultados obtenidos. No quisieron enseñarme su técnica, aunque les juré que mi intención no era más que asistencial y científica. Algunos niños comenzaron a detectar imágenes, pero el proyecto se interrumpió porque los maestros dejaron de asistir.

A esos niños ciegos yo los aprendí a amar y a admirar. Uno en especial me impresionaba. Tenía el cuerpo totalmente deformado y sus órbitas oculares llenas de sangre y pus. Sus facciones eran horribles, pero dentro de su cuerpo anidaba el alma más bondadosa y luminosa que he conocido en un niño.

XI

CUERNAVACA

Pasaron cuatro años. Leía literatura oriental y admiraba a la India y al Tíbet. Durante ese tiempo y con base en una disciplina que consistía en ejercicios de yoga, meditación y un total ascetismo comencé a sentir una paz extrema y una capacidad para estar acompañado de una especie de luz interior que matizaba todos mis pensamientos y conducta. Me di cuenta de que no existía en el exterior ningún bien material o económico que pudiera darme la felicidad y satisfacción que mi interior me proporcionaba.

Al mismo tiempo los sucesos de sincronicidad comenzaron a volverse cotidianos y constantes. Me percaté de que todo estaba unido y formaba un solo ser del cual yo formaba parte. Todo tenía significado en mi interior y a mi alrededor. Al salir a la calle reconocí el estado de la conciencia colectiva y me impuse la tarea de modificarla. Todo era tan claro y fácil de entender que me asombraba su sencillez. Quería que todos pudieran darse cuenta de lo mismo que yo, porque estaba seguro de que no había establecido un contacto con una porción de mi personalidad individual sino con la fuente de la cual todos alimentaban su conciencia.

Fue sin lugar a dudas la mejor época de mi vida y decidí buscar un ambiente propicio para continuarla y profundizar en ella. Para lograrlo viví en un monasterio de yoguis que se había establecido en Cuernavaca. Radicaban en él los exdirectores de las filiales de la organización de un yogui que había sido alumno de Sivananda de Rishikesh y se dedicaba a crear organizaciones de yoga en todo el mundo, a abusar de sus discípulos y a ejercer un control tiránico sobre sus empleados. Estos, desesperados, decidieron separarse de su gurú y siguiendo el consejo de Andrija Pujarich se trasladaron a Tepoztlán y luego a Cuernavaca.

Meditaban todos los días, hacían yoga, eran vegetarianos y se comunicaban con "Master", el espíritu de Sivananda, a través de una médium. Viví con ellos varios meses añorando conocer la India. Mi hija iba a una escuela en Cuernavaca y decidí incorporarme como maestro del tercer año de primaria para verla más seguido. Les enseñaba a los niños matemáticas y español, y a la menor oportunidad todos salíamos al jardín a jugar y explorar la naturaleza. Una niña me seguía a todas partes. Una mañana le propuse aprender a ver con sus manos. Recordaba algunos comentarios de los niños ciegos y con base en estos y algunas posturas de yoga inicié su entrenamiento. Le vendé los ojos y a los cinco minutos comenzó a describirme una fotografía de un libro. Revisé la venda y la encontré perfectamente opaca y sin orificios.

Al siguiente día la niña fue capaz de leer de corrido un texto. Los otros niños de mi clase sintieron curiosidad y se sentaron alrededor de nosotros. En dos semanas 80% de los niños de la escuela poseía visión extraocular. Competían entre ellos y desarrollaron habilidades fantásticas. Se leían el pensamiento, veían en 360 grados, y dos niños descubrieron que podían ver el interior del cuerpo de sus compañeros.

El director de la escuela se alarmó y me llamó a su despacho. Sentía que había un peligro latente en lo que hacía. "Se creerán distintos a los demás niños y eso puede acarrearles desajustes", me dijo con seriedad.

Una niña aprendió a mover objetos a distancia. Destruyó varios floreros de su casa y a la queja del director se sumó la del aterrado padre de familia. Suspendí el entrenamiento pero los niños lo continuaron por ellos mismos. Se metían a los sótanos y utilizando la visión extraocular podían percibirlo todo en la más completa oscuridad. Una niña se sentaba de espaldas al pizarrón y copiaba todo lo que en él escribía la maestra.

Al monasterio llegó un muchacho extraño llamado Peter. Se quejaba continuamente de dolores de espalda y por las noches se subía al tejado del monasterio a explorar el cielo. Una noche lo seguí. Alternaba la exploración del cielo con la de su reloj y después escribía unas notas en un pequeño cuaderno.

En el monasterio se usaban cristales de cuarzo durante las meditaciones. Master había ordenado utilizarlos para amplificar la conciencia. Yo también comencé a usarlos con resultados sorprendentes.

Lizette vivía en Tepoztlán con un hombre, sus tres hijos y Estusha. María, la hija del compañero de Lizette, estudiaba en la misma escuela que Estusha y también veía extraocularmente.

Una tarde se vendó los ojos y se dispuso a ver la televisión. Me pidió mi cristal y emocionada me comunicó que la imagen se había aclarado y convertido en tridimensional.

La inteligencia de María era superior. Leía todos los libros que le caían en las manos y me preguntaba con audacia cuestiones sorprendentes. Leyó mis libros acerca de Pachita y comenzó a sentir a Cuauhtémoc. Un día me dijo que tenía un mensaje para mí. Nos sentamos en el pasto e invitamos a Estusha. María cerró los ojos y nos dijo que Cuauhtémoc estaba muy satisfecho con lo que hacíamos. Yo dudaba que fuera Cuauhtémoc. Se lo pregunté y su contestación me dejó pasmado: "Soy —dijo— una porción de la personalidad inconsciente de María".

El padre de María habló con el director de la escuela y juntos me prohibieron seguir con esas sesiones.

Me hice amigo de Peter. Me confesó que admiraba a Pujarich y había vivido en su instituto en Nueva York. Se comunicaban con extraterrestres y una noche Andrija lo había convencido de dejarse "implantar" por ellos. Peter accedió y en una operación quirúrgica nocturna le habían colocado un instrumento invisible atornillado a su columna vertebral. Serviría, le dijeron, para comunicarse con mayor claridad. Desde ese día comenzaron sus dolores de espalda.

En exploraciones estelares nocturnas establecía contacto con sus mentores. Poseía una clave secreta. Las manecillas de su reloj cambiaban de posición al recibir los mensajes. Él anotaba los ángulos y se los enviaba por correo a Pujarich. Este traducía los ángulos en letras del alfabeto hebreo y después decodificaba el mensaje y lo mandaba de regreso a Peter al monasterio.

Le ofrecí ayuda. Les pedí a mis niños ver el interior de su cuerpo y ellos accedieron. Peter se presentó una mañana en la escuela y tres niños describieron un cubo atornillado a su columna. De una de sus caras salía un tubo que terminaba en una esfera. A través del tubo viajaban ondas.

Peter les contó a los niños sus experiencias con extraterrestres y organizamos una excursión a un valle que según Peter servía de base de aterrizajes a las naves provenientes de otros planetas. Los niños estaban felices y desde el siguiente día llegaban a las clases con dibujos de naves y sueños repletos de mensajes.

Temiendo lo peor volví a enseñarles matemáticas y español y a evitar cualquier mención acerca de extraterrestres y platillos voladores.

Decidí retornar a Tepoztlán y alquilé una casa que Estusha visitaba a menudo. Dejé de asistir al monasterio y volví a ver a Rita. Me enseñó a pintar y retomamos nuestras conversaciones. Pero algo había cambiado. Éramos más maduros y cuidadosos. Le dediqué un cuento basado en nuestras experiencias (véase la sección "Narraciones").

Sara se había vuelto una gran astróloga. La visitaba casi todas las noches y durante horas intercambiábamos conocimientos. Me sorprendía su agudeza y maestría en el manejo de los símbolos. Experimentábamos con nuestra memoria y leíamos el péndulo y el tarot.

Mi abuelo materno vivía en el asilo para ancianos judíos de Cuernavaca. Lo visitaba los fines de semana. Una tarde me vio y pronunció la última palabra de su vida: Besht. Comprendí que se refería al rabino Israel Baal Shem Tov, el iniciador del hasidismo. A partir de ese día, cada vez que lo visitaba nos mirábamos a los ojos durante horas sin hablar. Cuando yo tenía un problema él parecía captarlo. Enfocaba su vista en mi cuerpo y poco a poco lo extraía de él. Al terminar se quedaba dormido, agotado por el esfuerzo. Empecé a frecuentarlo cada vez más. Le agradecía el portento que realizaba y cuando murió sentí que jamás nadie podría volver a ayudarme como él.

Me invitaron a dar una conferencia en Jalapa y accedí. Hablaría acerca de la visión extraocular.

XII

ILE

Sentada al fondo del salón de conferencias de la Universidad de Veracruz, rubia y esbelta me miraba una mujer fuera de serie. Le dediqué la conferencia y respondí a todos sus gestos. Si la veía entusiasmada confiaba en mi discurso. Si hacía una mueca de disgusto se me trababan las palabras.

Al final se acercó a mí y me invitó a una fiesta. Accedí emocionado. Era de origen americano y trabajaba en la universidad ayudando a implantar una maestría en educación.

Vivía en un barrio de Jalapa. La música tropical a todo volumen me guio hasta su casa. Adentro todos bailaban. Ile parecía la más desinhibida. Gozaba cada baile con una emoción y entrega que me hipnotizaron. No podía dejar de mirarla. Las expresiones de su cara eran exquisitas y su risa la más extraña que había oído. Su cuerpo era de una sensualidad pasmosa. Me acerqué a ella pero no pude seguirla. Tímido me acomodé en una silla fuera de la vista de todos.

A las tres de la mañana me despedí. Se me acercó y se insinuó. La invité a visitarme a mi hotel a la mañana siguiente.

Me desperté en la madrugada sudoroso. Mi cuarto colindaba con el jardín del hotel. Coloqué una toalla sobre el césped e hice yoga. Cada postura me fue calmando. Sentía la energía ascender por mi columna. Podía reconocer cada cambio en mi cuerpo y entendí lo que los hindúes denominaban chakras. Cada postura activaba uno y la experiencia resultante poseía una cualidad propia y específica. Al llegar al "generador" en la parte superior de la cabeza me envolvió una luz centrada en sí misma. No necesitaba nada más para ser completamente feliz. Unos niños se entusiasmaron viéndome cabeza abajo y les ayudé a hacer lo mismo mientras todos reíamos. En ese momento sonó el teléfono. Era Ile. Un escalofrío recorrió mi cuerpo. Le pedí venir al cuarto y ella dudó.

Apareció dos minutos más tarde. La invité a pasar y cerré las cortinas. Nos sentamos frente a frente en las dos camas de la habitación. Nos miramos a los ojos. Yo no había tocado mujer en los últimos tres años y sentí la energía femenina proveniente del cuerpo de Ile. Me envolvió y me perdí en ella. Me acerqué y acaricié su cabello. La abracé y ella dijo que era demasiado pronto para eso pero no se retiró. Nos acostamos y conocí su cuerpo. No podía dar crédito de su belleza. La acaricié y se abrió a mí. Me dijo que hacía mucho nadie la había tocado de esa manera. Hicimos el amor entre las nubes. Me invitó a su casa y durante días no salimos de su cuarto.

No había nada que me urgiera en Tepoztlán, pero no soporté tanta intimidad. Ella tampoco. Nos despedimos y a la salida de Jalapa no resistí la separación. En ese momento se encendieron todos los focos de alarma de mi coche. Yo ya había notado que mis emociones alteraban los sistemas electromecánicos de los automóviles pero jamás a ese grado. Calculé que el motor se destruiría en unos minutos más. Lo maldije y me di la media vuelta.

Ile me esperaba en su casa. Me dijo que sabía que regresaría. Un mecánico tardó cinco días en reconstruir el motor mientras Ile y yo regresamos a su cuarto.

Por fin pude regresar a Tepoztlán. Traté de olvidarme del incidente y lo logré al cabo de una semana. En una visita a la Ciudad de México y 30 segundos después de entrar en mi departamento sonó el teléfono. Era ella. Me había ido a buscar a Tepoztlán. Una voz interior me dijo que no volviera con ella, pero otra me ordenó ir a buscarla.

La encontré en el hotel Tepozteco. Se había transformado y me sobresaltó su apariencia de ama de casa.

Hacía todo lo que ella quería. Era aries y su fuerza me apabullaba. Decidió venir a vivir conmigo a Tepoztlán. Después nos mudamos a mi departamento de la Ciudad de México. Dejé de hacer yoga y meditaba durante horas tratando de liberarme de una opresión cada vez mayor. No podía creerlo. Me daba perfecta cuenta de que repetía la misma conducta que con Pea y Lizette. Extrañé mi psicoanalista y me empecé a castigar. A Ile le pedía que meditara conmigo, que hiciera yoga, que dejara de fumar y que no bebiera alcohol. Lo intentó pero forzadamente y a regañadientes. Me enteré de que Pea se había convertido en líder de la organización Gurdjieff de México y aumenté mis exigencias. Cada día había mayor rencor entre nosotros. Decidimos probar la montaña y nos fuimos a vivir a la cabaña. Regresamos a la ciudad. Una noche me levanté de la cama congelado. Era un frío desconocido. Estaba adentro y afuera. Me acerqué a un radiador y no logré calentarme. Sentí que había perdido mi alma y desesperado me refugié en sus brazos. Yo no era nadie y me entregué completamente a su mundo. Ella me rechazó. No se dejó tocar nunca más. Le rogaba hacer el amor y se negaba. Todo el universo se convirtió en Ile y durante meses le pedí cariño, caricias y amor, pero todo fue en vano.

Empecé a pensar en mi vida como una farsa total. Mis investigaciones cerebrales eran solamente un pretexto para entender el cáncer de mi madre. Pachita había sido una fantasía. Todo el Oriente era una mierda y yo no era un hombre.

Busqué una terapeuta y le pedí ayuda. Me escuchó y aceptó darme terapia. A los 10 días le llevé todos mis libros como regalo y me despedí de ella.

Me empezó una infección en los oídos, la misma del kibutz. Me volví casi sordo y en diciembre Ile decidió que sería excelente que conociera a su familia en los Estados Unidos. Me negué al principio pero después accedí. Nos acompañó Estusha. Su madre me pareció encantadora y su modo de vida tradicional. En lugar de rechazarlo me encantó. ¡Por fin me había vuelto normal!

Días más tarde Ile regresó a los Estados Unidos de Norteamérica.

XIII

INDIA

Conocí decenas de mujeres. Ile me había confesado haber hecho el amor con 36 hombres diferentes y yo quería igualarla.

Las veía un día, hacíamos el amor furiosamente y me negaba a volver a saber de ellas.

Dejé de escribir. Consideraba todos mis libros una porquería y me puse del lado de mis críticos.

Estaba yo loco, era un farsante y nada tenía significado.

Negué toda mi evolución y me convertí en un adolescente. Ingresé en la Universidad Iberoamericana para estudiar una maestría en desarrollo humano. Iba al laboratorio porque tenía que sobrevivir. Consideraba mis experimentos como una tontería necesaria.

Al entrar en mi departamento me asaltaba el temor. Iba a estar solo o acompañado de cientos de fantasmas que me sofocarían con sus exigencias energéticas. Al salir a la calle me asaltaba el temor. Tendría que hablar con gente, ir al laboratorio, fingir que estaba bien.

Vivía en un estado de culpa permanente porque Lizette me había pedido que atendiera a Estusha y yo me había sentido incapaz de vivir con ella.

Al acostarme a dormir me asaltaba el temor, no podría descansar o sufriría de pesadillas. Al despertarme veía la cama vacía de Estusha y empecé a desear la muerte. Recordé a Muktananda y visité su ashram de la colonia Condesa a pocas manzanas de mi casa.

Existen muchos cuerpos y cada uno de ellos es una matriz de interrelaciones solo visibles cuando se observan desde afuera.

El cuerpo orgánico es una de esas matrices. Cuando una zona del cuerpo es dañada se siente dolor. Cuando se decide hacer un movimiento se activa un grupo de músculos. Cuando una conciencia se identifica con cualquier cuerpo comienza a formar parte de la matriz de correlaciones que lo definen. Coincidencias que parecen mágicas son resultado de la activación de alguna posición de la matriz de correlaciones del nuevo cuerpo.

Había encontrado a Muktananda y penetré en una matriz de correlaciones en la cual me encontraba información acerca de gurús y ashuams. En la calle veía adeptos hindúes y me visitaban amigos con información acerca de la India.

Uno piensa que un poder supremo está enviando mensajes para dirigir la vida en una u otra dirección y no se percata de que lo único que le ha sucedido es una mutación de cuerpos. Sin embargo, esta hipótesis no es suficiente para explicar la sensación y la vivencia de la existencia de "algo" que guía y protege. Decidí ir a la India. Pude reunir suficiente dinero para el boleto de ida y en una bolsa que colgué de mi cuello coloqué 1 200 dólares. No sabía cuánto tiempo me durarían. Me calcé unas botas de montañero y cargué con una mochila de explorador en mi espalda.

Al llegar a Delhi me asusté. Había demasiada gente, un ejército de pordioseros y un ruido infernal. Tomé un autobús que me llevó hasta el desierto de Rajastán. Los hindúes eran idénticos a los mexicanos y sus paisajes también. El autobús paró dos veces en el trayecto. Todos los pasajeros se bajaron a tomar té y yo los acompañé. Parecían vivir en una fiesta permanente. Reían por cualquier cosa y discutían airadamente por detalles insignificantes.

En la carretera caminaban camellos dignos y pacientes y sadhus de luengas barbas y turbantes majestuosos.

En Rajastán se había construido un centro de meditación dirigido por Goenka y yo estaba decidido a tomar un curso allí. Había conocido a Goenka en un retiro de meditación en el desierto de Arizona y me había impresionado su seriedad.

En el centro me recogieron mi pasaporte y mi cuaderno de notas.

Durante tres semanas medité 12 horas diarias sin hablar una sola palabra, sin escribir y en el más completo ascetismo. La técnica consistía en observar la respiración y las sensaciones corporales hasta ser capaz de recorrer todo el cuerpo, milímetro a milímetro, tanto en su superficie como en su interior.

Me empezaron a ocurrir cosas pasmosas. Cada detalle de mi cuerpo, al activarse, estimulaba una memoria de mi vida. Podía desencadenar esas memorias a voluntad y con una perfección extrema. Bastaba que quisiera saber lo ocurrido en una fecha, día y hora determinada para que el acontecimiento se revelara a mi conciencia. Recorrí mi vida pero no pude observar con ecuanimidad a mi padre. Al final acabé exhausto y decidí irme.

Más tarde me percaté de que mi incapacidad para observar a mi padre fundamentaba uno de los temas que más se habían repetido en mi vida: la búsqueda de figuras de autoridad; Brust, Roy John, John y ahora Goenka eran las piezas del mosaico de ese tema. Si hubiese logrado ver a mi padre con ecuanimidad, mi viaje en busca de gurús se hubiese interrumpido allí mismo, pero no fue así.

Me dediqué a buscar al Babaji de Haidakhan. Decían que tenía 800 años de edad y que se rejuvenecía cada 50 en una cueva milagrosa junto a los Himalayas. Encontré Haidakhan; era un valle mágico en los Himalayas. Babaji había muerto tres días antes de mi llegada de un ataque al corazón. Decían que no había soportado el dolor planetario y su corazón había reventado. Su cuerpo yacía al lado de un templo en el cual me senté a meditar. Inmediatamente entré en éxtasis y me mantuve así durante días. En las noches se cantaba y unas muchachas extraordinariamente sensuales y rapadas de la cabeza bailaban. Los habitantes del templo eran pasmosos. Babaji le había asignado a cada uno un papel diferente, acorde con su personalidad. Un médico suizo se vestía de joker y a todos hacía bromas. Unos italianos vestían completamente de negro y fumaban hashish todas las tardes junto al río que bañaba el valle. Decían pertenecer al ejército negro y adoraban a Kali. Su líder se paseaba por los pasillos con un tridente en la mano y parecía el diablo.

Yo seguía en éxtasis y conocí a Suasteji. Había sido maestro de Babaji después de escribir 62 tratados acerca de los Vedas. Me leyó la mano y me dijo que a los 42 años de edad me convertiría en un gran líder de mi pueblo.

Abandoné Haidakhan sintiéndome renacido y viajé hacia Rishikesh, la Ciudad de los Santos, con el Ganges a sus pies y docenas de ashrams en sus orillas.

Viví un mes con Yogui Yogenshvar, un anciano de 98 años que me llenó de esperanza.

Conocí el sur de la India y visité el ashram del maestro del linaje de Muktananda. Todos, hombres y mujeres, meditaban completamente desnudos ocho horas al día. Los niños eran educados por todos los adultos y aprendían a meditar desde los tres años de edad. Conocí a Sai Baba en Whitefield, cerca de la maravillosa ciudad de Bangalore. Tenía un millón de seguidores en India y realizaba milagros en los que materializaba objetos y un polvo oscuro parecido al talco. Todos los días salía de su casa en un Rolls Royce y visitaba a sus adeptos. Me sometió a una prueba que no fui capaz de soportar. Mientras lo esperaba al lado de sus discípulos me percaté de la presencia de un muchacho cuya cabeza solo contaba con el hemisferio derecho. Toda la parte izquierda del cráneo había desaparecido dejando una cicatriz espantosa. Empecé a llorar recordando a mi madre y en ese momento Sai Baba se acercó a mí arrancándome la mente de un tirón con su energía. Me quedé completamente vacío. Sentí una muerte inminente y me alejé de allí a rastras. Durante cinco días visité a Sai Baba sintiendo que mi mente estaba siendo sustituida por la suya con el objeto de transformarme en su adepto. Entendí que a pesar de mi búsqueda de guía y maestro no estaba dispuesto a sacrificar mi propia individualidad por la de otro. Después entendí que en Sai Baba había proyectado mi mal elaborada figura paterna.

Hui hacia Tiruvanamalai. Un muchacho parecido a Jesús me había dicho que allí había vivido Sri Ramana Maharshi y que en una cueva en la cual había permanecido más de 20 años en completo silencio existía la iluminación.

Ascendí la montaña del "Resplandor Perpetuo", el Arunchala, y encontré la cueva. Mi vacío se fue llenando y le di gracias a Dios.

En Pondicheri conocí el despacho en el cual Sri Aurobindo había escrito sus libros anunciando la superconciencia y reconocí en él la misma energía de Hairakhan. Regresé a Rishikesh y junto al Ganges, en una pequeña librería, encontré un texto acerca de la técnica tibetana: Mahamudra. Lo leí con entusiasmo. Era lo que estaba buscando. Mudé de cuerpo y empecé a encontrarme con lamas tibetanos. Decidí visitar Nepal y en el lamasterio de Kopan cerca de Katmandú entendí que Buda es el "Yo Puro" situado más allá de la individualidad y la Unidad.

Los lamas me sedujeron. Irradiaban la más pura energía de amor y compasión. Busqué un maestro de Mahamudra y Lama Lundrup me dijo que Mahamudra era yo mismo.

Regresé a Rishikesh y me encontré con Daniela cuando salí de una sesión de meditación en el templo de Sivananda. Platicaba con unos monjes y su cabellera negro azabache y su energía me atrajeron hacia ella. Era judía igual que yo y había vivido en la península yucateca. En ella había conocido a su maestro: un chamán maya de 130 años de edad que se llamaba don Panchito.

Supe que era tiempo de regresar a México, pero no tenía dinero ni boleto de regreso. Viví como refugiado en la embajada de México en Delhi hasta que mi hermano Jerry me salvó enviándome un boleto.

XIV

MÉXICO

Encontré a don Panchito en un pequeño poblado cercano a Valladolid. Supe que era un experto en Mahamudra. Me aceptó como discípulo y durante una semana dormí en una hamaca a su lado. No hablaba español y se comunicaba durante el sueño conmigo. Volví a mudar de cuerpo. Me di cuenta de que en México existía un conocimiento extraordinario resguardado en las prácticas y la mente de los chamanes. Recordé a don Lucio, a Pachita y ante don Panchito me juré ayudar a rescatar ese conocimiento. Presenté un proyecto de investigación al Conacyt proponiendo ese rescate.

La mañana del 19 de septiembre de 1985 salí a recorrer el parque México acompañado de mi perra. Estusha vivía conmigo y minutos antes la había dejado en el autobús que todos los días la transportaba a su escuela.

La noche anterior había tenido un sueño extraño. Estaba sentado en un departamento de un edificio cuando a través de las ventanas vi moverse a la ciudad. Los árboles y los edificios oscilaban de un lado al otro. Al despertarme había tenido una dificultad con Estusha y nervioso la había zarandeado de un lado a otro exigiéndole recapacitar.

De pronto la perra comenzó a aullar y las palomas del parque volaron hacia todas las direcciones. Un edificio de 14 pisos colindante con el parque comenzó a crujir y a oscilar de un lado a otro.

El suelo se cuarteó debajo de mis pies y detuve la marcha. Era el inicio de un terremoto terrible. Un rabino que vivía cerca del parque se me acercó corriendo. Estaba asustado y me dijo que fuera inmediatamente a mi casa para revisar sus daños. Le dije que todo en la vida sucedía por una razón trascendente y que debía calmarse. Me miró asombrado y asintió.

Oí un estruendo y vi humo saliendo de una casa. Caminé hacia la mía sabiendo que Estusha se encontraba a salvo.

Después de dos días de estupor y confusión recordé que Teresa estaba casada con el secretario de Educación Pública. Me comuniqué con ella ofreciéndole mi ayuda.

Inmediatamente redactamos un folleto de emergencia en el cual se recomendaban varias medidas a fin de elaborar lo sucedido. Yo sentía que era una oportunidad para introducir técnicas de autoconocimiento y de meditación para los maestros y que a través de la grieta psicológica producida por el terremoto se podrían activar cambios que sin ella se hubiesen rechazado. Como resultado del folleto creamos un taller de orientación psicopedagógica en el cual los maestros aprendían a relajarse, a meditar y a observar sus procesos internos con el objeto de incrementar su conciencia y la de sus alumnos.

Durante ocho meses les enseñamos las técnicas a más de 15 mil maestros mientras la Ciudad de México se recuperaba.

Todos estábamos sorprendidos por el espíritu de ayuda mutua y por el amor y solidaridad que se había manifestado en la población desde los primeros minutos a partir del terremoto. Era como si un alma escondida se hubiera sustraído de ataduras limitantes y manifestado como señal de una fuerza interna maravillosa. La estructura rígida de las instituciones gubernamentales parecía ser el elemento inhibidor de esa alma que había surgido en el momento del agrietamiento del control externo. Junto conmigo laboraban psicólogos de la SEP y de entre todos se empezó a destacar un reducido pero selecto grupo lleno de idealismo.

Al mismo tiempo el proyecto que había presentado al Conacyt para recuperar el conocimiento de los chamanes de México se había aprobado y comencé a recorrer el país a fin de continuar mi estudio con ellos.

En la sierra Tarahumara me pude entrevistar con un owirúame nativo y su sabiduría me sorprendió. Emocionado le hablé por teléfono a Teresa y ella me propuso aprovechar mi estancia en Chihuahua para recorrer los albergues indígenas del estado y ver qué podía hacer la Secretaría de Educación para mejorar las condiciones de los niños rarámuris que vivían en ellos.

Aquello fue el inicio de un programa nacional tendente no solo a superar el deterioro en el que habían caído los albergues sino también conducente a recuperar la cultura indígena para las nuevas generaciones. Entre las acciones que se instrumentaron estaban las de lograr que los chamanes enseñaran a los niños su sabiduría y los instruyeran en el conocimiento de las plantas medicinales y de su tradición.

Mi investigación acerca de la sabiduría chamánica y la enseñanza de ella a la nueva generación de niños indígenas calzaba como unas pantuflas de suave piel.

Con el grupo de psicólogos que se habían destacado durante el taller de orientación y con gente escogida por otras instancias de la SEP preparamos una estrategia cuya principal base fue la de estimular la motivación autogestionaria de los directores de los albergues y de las comunidades indígenas en las cuales se encontraban enclavados estos. En todas mis relaciones con las comunidades y los niños indígenas recordaba a Petra. Ella me había enseñado a amar el corazón del indio y como madre sustituta me había bañado con su espíritu. Yo mismo me empecé a sentir como indígena y mi judaísmo como otra etnia entre las 57 que sobreviven en el país.

Conocí chamanes extraordinarios a lo largo y ancho de México. Visité a don Panchito y con la ayuda de doña Sara, su alumna, me entrevisté con los más grandes sabios mayas como Rach Pech, quien hablaba y podía curar a sus enfermos con la ayuda del fuego.

Mis experiencias acabaron por convencerme de la existencia generalizada de un conocimiento secreto pero vivo en México que cada día me asombraba más. Empecé a escribir mis experiencias y logré terminar siete volúmenes que con el título *Los chamanes de México* testimoniaban mis vivencias.

Algo dentro de mí me impulsaba con una fuerza desconocida y empecé a pensar que el fracaso de conciliar a Cuauhtémoc y Quetzalcóatl durante mi convivencia con Pachita empezaba a transformarse en éxito. El Cuauhtémoc dentro de mí heredado por mi contacto con Pachita se estaba dando cuenta de que el Quetzalcóatl dentro de mí heredado de Tepoztlán ya no era un traidor, sino que colaboraba con todo vigor para recuperar lo perdido.

En la secretaría trabajaba bajo el mando de Teresa en un ambiente totalmente femenino. Cuando regresaba de mis viajes de investigación con los chamanes y de los cursos de autogestión en los albergues me introducía a un mundo lleno de mujeres que también trabajaban con Teresa. Al principio me cohibían y toda mi estructura de dominio femenino se rebelaba en contra del poder de Teresa y sus colaboradoras. Llegué a no soportar el mundo de intrigas femeninas, de emociones extrañas y de sobriedad del hemisferio derecho que me rodeaba. Me rebelaba en mis adentros no aceptando que mi antigua alumna ahora se atrevía a darme órdenes con un poder natural y espontáneo que me atrapaba. Teresa se conducía como una reina teniéndome a mí de vasallo, introduciéndose en mi mente a través de un poder femenino misterioso que se irradiaba a partir de su persona, y yo me resistía inútilmente a su influjo hasta que acabó por vencerme.

Sentí que de nuevo había caído bajo el dominio femenino, pero ahora con una contrincante mucho más poderosa que yo y ayudada por un ejército de amazonas del cual no podía escapar.

En las tardes iba a mi laboratorio de la universidad y los experimentos que llevaba a cabo apenas lograban equilibrar mi sensación de sometimiento.

Poco a poco logré aceptar que lo que me sucedía no era tragedia sino una verdadera bendición.

Había repetido demasiadas veces el mismo patrón y pude ser capaz de darme cuenta de que yo era el responsable del mismo. Dejé de echarle la culpa a Teresa, a Dios o al diablo y asumí mi responsabilidad.

No entiendo bien cómo sucedió pero después de un año y medio de lucha comencé a entender a la mujer como nunca antes y a apreciar sus cualidades sin sentirme atrapado. Me di cuenta de que mi estructura aprendida me impulsaba a perder mi individualidad para introducirme, vencido y nulificado, al espíritu de la mujer y que el contacto constante con la estructura femenina de poder me estaba enseñando a conservarme y a mantenerme disfrutando, simultáneamente, de todas las emociones que irradiaban los cuerpos y las mentes de esas criaturas viéndolas desde afuera y no desde adentro. De alguna manera aprendí a separarme manteniéndome unificado y al mismo tiempo acompañado.

Me percaté de que mi pasada incapacidad de separación estaba basada y sostenida por la culpa y al escribir esta recapitulación me fue claro que mi relación con mi madre enferma era la causa junto con todo el entrenamiento de mi infancia y mi herencia familiar. Me sentí renacer a una nueva conciencia en la cual las mujeres y sus atributos podían ser objetos de aprendizaje y placer sin sentirme dominado por ellas.

La ternura femenina, su deseo maternal por mejorar la vida de los niños y las constantes muestras de compasión y amor que veía en Teresa y algunas de sus colaboradoras me llenaron del deseo de incorporar esas cualidades a mi ser masculino. Una amiga de Teresa, Jacqueline, se burlaba juguetonamente de mis transformaciones. Me decía entre risas que por fin había encontrado a una mujer más inteligente que yo y eso había derrumbado la imagen que la enfermedad de mi madre me había legado de la mujer como un ser inválido y tonto. Yo sabía que era cierto y además me hizo percatarme de que tenía un hueco, el de la ausencia materna, que siempre había querido llenar confundiendo, en todas mis relaciones con el sexo femenino, la imagen de mi madre muerta. Tanto con Lizette, Pea e Ile, esa confusión me hacía buscar en ellas la perfección y al no hallarla, el diagnóstico de enfermedad. Teresa no se había prestado al juego y lo había logrado desmembrar entre mi angustia y posterior descubrimiento de mi capacidad de separación y aceptación.

Mi trabajo en el laboratorio de investigaciones estaba motivado por el deseo de entender la conciencia y se basaba en una serie de postulaciones teóricas acerca de la creación de la experiencia. Me animaba mi teoría sintérgica, la cual postulaba que el origen de la percepción está dado por la interacción de dos campos. Por un lado, uno producido por el cerebro, el campo neuronal, y por el otro la estructura misma del espacio, la *lattice* o campo cuántico. Cada vez que el cerebro modificaba su actividad, se establecía una interacción diferente y eso cambiaba la experiencia. Se creaba una especie de patrón de interferencia que contenía la estructura energética de una imagen y esta podía variar, pero solo era congruente y clara en ciertas bandas.

Desde mi vivencia con Pachita me había percatado de que no era suficiente esta interacción, sino que era necesario considerar la existencia de un factor independiente de la lattice, dotado de conciencia propia y encargado de "insuflar" ese atributo al patrón de interferencia. Sin embargo, mis experiencias con los chamanes me empezaron a situar en una consideración más monista. Si don Lucio era capaz de "hablar" con las nubes y "convencer" al rayo de no caer en las milpas, si don Rach Pech "platicaba" con el fuego y don Panchito "conversaba" con el amanecer, ¿no sería posible pensar que la conciencia no se "irradiaba" a partir de un factor independiente sino que más bien era poseída por todo? De ser así, tanto la lattice como cualquiera de sus distorsiones, desde una partícula elemental hasta una neurona y un cerebro, poseían conciencia pero en un grado diferente dependiente de su complejidad. Sin embargo, no podía aceptar que no existiera algo fuera de la lattice.

En mí mismo sentía la presencia del Observador, capaz de atestiguar todas mis ideas, emociones y pensamientos como si su existencia fuera independiente y trascendente. El Observador existía y era capaz de observar a la lattice misma desde afuera, como si fuese una "criatura" independiente de ella.

Sabía que mi debate acerca de la existencia de la Unidad en la lattice sin algo independiente de ella, en contra de la consideración de un factor que la trascendía, reflejaba, en mis procesos mentales, lo mismo que me sucedía en la vida. Mi reciente capacidad para separarme de la mujer apoyaba la hipótesis del factor independiente. Mi añoranza por permanecer unido a la mujer estimulaba, emocionalmente, la consideración de Unidad.

La posibilidad de permanecer unido e independiente en forma simultánea debía ser la solución imposible pero dialéctica del dilema. Recordé que con Pachita la inquietud acerca de la individualidad versus la Unidad también me había asaltado y reconocí en ella un tema recurrente en toda mi vida. El saber que mis ideas psicofisiológicas se basaban en mis dilemas existenciales ya no me hacía dudar de las primeras. Antes, el darme cuenta de esta "participación psicológica" me hubiera puesto en aprietos. Ahora sabía que el objetivismo absoluto era una herencia añeja de la mecánica clásica. Además reconocía la belleza de mis contradicciones y la entrega vital hacia el entendimiento de las mismas. Me quería más que antes y eso estaba bien.

En mis momentos de mayor lucidez pensaba acerca de todo lo anterior e intentaba aclarar mis ideas. Muy en el fondo todavía deseaba encontrar a alguien capaz de ayudarme a resolver mis dudas. Una tarde recibí una invitación para asistir a una reunión extraordinaria. En ella Carlos Castaneda presentaría el contenido de su nuevo libro: *El fuego interno*.

Había seguido la obra de Castaneda con el máximo interés. Sus descripciones acerca de don Juan Matus, un chamán yaqui de Sonora, me maravillaban. De hecho, había intentado buscar a don Juan pero sin éxito y tiempo después de esa sesión con Castaneda había incluso recorrido el territorio yaqui buscando chamanes y a los descendientes de la familia Matus. Cerca de Vicam había conocido a doña María Matus, quien me asombró por su poder y sabiduría. En el registro civil del territorio yaqui busqué el acta de nacimiento de don Juan Matus. Mientras lo hacía, ayudado por el juez de paz del lugar, una mujer indígena había llegado para registrar a su hijo. Asombrado, oí que el niño se llamaba precisamente Juan Matus. Aquello era una broma suprema de Dios. Le pedí a la madre que me permitiera figurar como testigo en el acta y al ver los ojos del niño sentí una premonición. No fui capaz de encontrar el acta de nacimiento de don Juan, pero conocí a otra chamana quien me lo describió. Lo había tratado durante años y eso me convenció de que su existencia era real y no un producto de la fantasía de Castaneda.

A la reunión asistía una treintena de personas. Todas esperábamos con expectación la llegada de Castaneda, tratando de adivinar cuál sería su apariencia. De pronto apareció un señor delgado, moreno y vestido impecablemente que irradiaba una energía chispeante. Sus movimientos eran fluidos, inteligentes y totalmente naturales. A los cinco minutos de oírlo me cautivó por su energía y presencia. Comenzó a hablar acerca de dos tipos de energía, una interna y la otra externa. La interna estaba formada por bandas de emanaciones que cuando se alineaban con la externa, también formada por bandas, producían la percepción. Mi sorpresa fue mayúscula. Estaba escuchando mis propios pensamientos pero expresados con una terminología diferente. Castaneda siguió explicando que la alineación se modula a partir de un mecanismo de enfoque que don Juan denominaba "punto de encaje". Según él, el punto de encaje puede variar su posición y con ella alinear diferentes bandas de emanaciones. Cada posición produce un distinto mundo perceptual; una diferente realidad.

En mi teoría también existe un modulador de la interacción entre el campo neuronal y la lattice, pero yo lo bauticé con el nombre "factor de direccionalidad" y lo postulé comandado por el "procesador central", que no es más que el factor independiente con el atributo propio de conciencia. El Observador era el procesador central y debía situarse fuera de la interacción pero con capacidad de ejercer control sobre ella.

Había una diferencia entre el factor de direccionalidad postulado por mi teoría y el punto de encaje. El primero es un modulador de la localización de la presencia consciente yoica dentro del patrón de interferencia en el interior de la lattice. Sus cambios de posición permiten al Observador aparecer dentro o fuera del cuerpo. Su postulación se derivaba de la capacidad chamánica de "viajar" fuera del cuerpo y hacer localizar la conciencia en diferentes lugares a voluntad. Pachita hacía eso cotidianamente, lo mismo que don Lucio y don Panchito.

En cambio, el punto de encaje del que hablaba Castaneda parecía corresponder al cerebro en sí, que alterando su actividad afectaba al campo neuronal y por lo tanto al patrón de interferencia resultante de su interacción con la lattice. Las posiciones del punto de encaje parecían corresponder y hacer referencia a los diferentes niveles que podía asumir la actividad cerebral y por lo tanto la conciencia de las diferentes realidades. La consideración de que el punto de encaje estaba situado en una posición concreta en el cuerpo no estaba de acuerdo con lo anterior, pero era precisamente la que defendía Castaneda. Para mí no era más que una simplificación o una metáfora. Carlos Castaneda abrió un espacio para preguntas y yo alcé la mano. Le cuestioné acerca del Observador y él se rio. Me dijo que aquello era solo un fragmento de la personalidad. Sentí que me había malinterpretado. Volví a insistir pero él lo tomó a broma.

Salí de la reunión con una sensación simultánea de frustración y de gran regocijo. Castaneda había dicho que el objetivo de las enseñanzas de don Juan era mover el punto de encaje de su posición fija para lograr tener acceso a otras realidades. Después, el logro del enfoque simultáneo del punto de encaje en todas sus posibles posiciones hacía que quien lo lograra desapareciera de este mundo con la conciencia intacta alcanzando así la libertad total. Esa activación era el fuego interno y a eso se debía el título de su libro. Don Juan ya había logrado ese portento y ahora era libre en la inmensidad del otro mundo.

Cuando regresé a mi casa aquella noche comencé a sospechar que las ideas que yo suponía mías en realidad me habían sido dadas por don Juan desde el otro mundo. Pensé que mi campo neuronal había logrado interactuar con don Juan en alguna zona de la lattice. Sin embargo, más tarde me fue claro que en realidad el conocimiento del cual hablábamos tenía su origen en el Oriente. Recordé que la chamana amiga de don Juan me había dicho que este había viajado mucho y en una ocasión vivió en Marruecos. En la técnica budista de Vipassana se practicaba la observación de los contenidos de la experiencia. El desarrollo personal implica, de acuerdo con esta técnica, la capacidad de expandir la observación a cada vez mayor cantidad de experiencias hasta ser capaz de observarlas todas en forma simultánea. Cuando esto se lograba, se obtenía la liberación porque ya no existían identificaciones restringidas.

Escribí un libro que titulé *Meditación autoalusiva*, explicando esta técnica y sus bases teóricas. En el laboratorio investigaba la relación entre la actividad cerebral y la expansión de la capacidad de observación simultánea. Era clara la relación entre coherencia cerebral y capacidad de inclusión.

Varios días más tarde asistí a otra reunión, esta vez más íntima, en la que pude conversar con Castaneda sin interrupciones. Le volví a insistir acerca del Observador y esta vez no se burló de mí. Me habló del "Intento" y me dijo que era el comando por detrás de las diferentes posiciones del punto de encaje.

El Intento, según don Juan, es la fuerza que mantiene al universo y la que sostiene nuestra percepción. Comprendí que Pachita había gozado de un contacto directo con el Intento y que sus hazañas y milagros provenían de allí. Además, me di cuenta de que mi entendimiento de la realidad oscilaba entre una comprensión puramente analítica en la cual explicaba los acontecimientos como asociados con un cambio de "cuerpo energético" y una visión idealista que afirmaba que no todo era explicable y en la cual un poder supremo guiaba; llámesele Observador, Intento o Dios. Intuí que esa conversación era una nueva pieza del rompecabezas para entender la Unidad y la individualidad. La existencia del Intento la experimentaba en ocasiones como una fuerza que me alumbraba desde dentro otorgándole sentido directo a todo. Don Panchito me había dicho que percibía en mí un espíritu místico proveniente de otras edades viviendo en un cuerpo que en esta ocasión había decidido convertirse en científico. Aquello, según su opinión, era un grave error. Sentía que don Panchito tenía razón, pero no podía sustraerme a mi entrenamiento, y además los resultados de este me ayudaban a entender y entender, me era vital.

Ya me había sucedido antes que intuiciones magníficas se derrumbaban cuando las sometía a juicios de entendimiento. Los peores eran resultado de consideraciones psicologistas a las que continuamente recurría. De pronto, ante don Panchito u otro chamán mi mente racional me decía que esas personas solo significaban una búsqueda patológica de una figura paterna. En ese momento dejaba de entender el conocimiento que se me brindaba y comenzaba a ver al chamán con ojos de indignación; no comprendía que aquello era una trampa de mi ego. Pero también había aprendido a observar mis juicios y eso me rescataba del abismo de incredulidad al que estaba a punto de penetrar.

Un amigo de Castaneda, Carlos Ortiz, organizó un congreso acerca de las fronteras de la ciencia en Costa Rica y me invitó a presentar una ponencia. Acepté de inmediato. Siempre había querido conocer el país de Ianel y esa era mi oportunidad.

Costa Rica me maravilló por su frescura y verdor, aunque me decepcionó por su dependencia hacia los Estados Unidos. A la mitad del congreso se me acercó una señora, quien se presentó como abogada en la Suprema Corte de Costa Rica. Me confesó que asistía al congreso para poder adquirir información que le ayudara a litigar un juicio que los médicos de ese país estaban promoviendo en contra de Adita, una chamana muy joven. Me interesé de inmediato. Lo que deseaba la abogada era mi opinión acerca de la veracidad de los poderes que Adita decía poseer. Me contó que su defendida se dedicaba a curar en un pequeño pueblo y que en ocasiones se formaban colas de enfermos en toda la longitud del mismo para poder verla. Los médicos, asustados por ese éxito, la habían demandado por ejercer la medicina sin título. Otro de los ponentes del congreso era Andrija Pujarich. Juntos viajamos al pueblo de Adita y la conocimos. Era delgada, pequeña como una niña, pero con un poder inmenso. Un grupo de especialistas la había visto operar a un enfermo. En un acta notarial figuraba su testimonio. Adita había colocado un montoncito de sal sobre la zona afectada y después se había apartado unos metros del enfermo a la vista de todos. Durante 30 minutos se concentró en curarlo. Cuando terminó, todos se acercaron y pudieron constatar que sobre la zona enferma había sangre, materia orgánica y una cicatriz en la piel. El enfermo había sanado después de esa prodigiosa operación hecha a distancia.

Adita estaba sentada en un sillón y su presencia me recordó de inmediato la de Pachita. Parecían ambas estar conectadas con la misma banda energética. En un acta, certificamos una opinión favorable del caso. La abogada estaba muy contenta y me confesó que ella tenía una maestra extraordinaria. Le pedí conocerla pero me dijo que aquello era imposible. Dos meses más tarde la abogada viajó a México y me localizó. Me dijo que su maestra le había indicado que debía subir descalza a la pirámide del Sol en Teotihuacán una noche de luna llena y que yo debía acompañarla. Le pregunté los motivos pero se negó a decírmelos. Durante una sesión chamánica en la casa de Iván Ramón a la que la había invitado, la abogada insistió en su petición. Acepté a regañadientes y juntos viajamos hacia Teotihuacán. Saltamos una tapia y nos descalzamos. Subimos la pirámide mientras la luna nos alumbraba con tonalidades cremosas. En la cima, la abogada realizó un ritual mientras yo sentía una energía imposible de soportar.

Me invitó a Costa Rica para conocer a su maestra. Al verla me di cuenta de que era cáncer. Vivía aislada después de que en su pueblo y a la vista de toda la congregación de fieles se había elevado del suelo para permanecer levitando cerca del techo en el interior de la iglesia. La habían considerado una santa, pero después la persiguieron porque el párroco había informado a la comunidad que era una bruja. Tenía una sola amiga que la entendía; una indígena que a los 14 años había sido regalada al anciano Sukya de una tribu. Había vivido con él hasta que a los 140 años de edad murió. Su esposo le había enseñado a comunicarse con otras realidades, a curar y a mover rocas enormes. Juntos recorrimos Costa Rica buscando señales de la Atlántida. La abogada y su maestra se dedicaban a recolectar piedras mágicas que habían pertenecido a los antiguos chamanes de Costa Rica. Cada piedra determinaba una posición específica del punto de encaje y hacía que quien la sostuviera cambiara de conciencia. A mí me pareció un remanente de un arte magnífico de la antigüedad.

Al regresar a México mis antebrazos comenzaron a ennegrecerse como si una energía poderosísima los hubiese calcinado. Durante meses esperé a que su color retornara a la normalidad. Atribuí el fenómeno a una sesión que habíamos realizado en la selva. En una roca enorme que era el sitio ritual de la chamana indígena amiga de la maestra de la abogada habíamos llamado a los espíritus del otro mundo haciendo tocar una melodía con una roca. Una voz espeluznante nos contestó desde la selva y todos caímos como fulminados sobre la roca con los cabellos erizados.

Mientras tanto, Nathán y Jerry se habían casado con dos sagitarias nacidas el 11 y 14 de diciembre. Yo me burlaba de ellos diciéndoles que ambos no habían logrado independizarse de su hermano mayor y por eso sus esposas rodeaban mi propia fecha de nacimiento. Empezaron a tener hijas y a darles todo el amor del que habían sido privados en su infancia.

Abraham no quería ser llamado abuelo y casi no veía a sus nietas. Los abuelos maternos de mi hija habían muerto y el único sobreviviente de la rama paterna, mi padre, parecía no percatarse de su existencia. Todos nos preguntábamos cuándo cambiaría. Petra me había dicho que la vejez lo ablandaría y que su corazón renacería al darse cuenta de todo lo que había perdido en el pasado.

Ari se había hecho artista y empezó a aparecer en obras de teatro y en la televisión. Estábamos muy orgullosos de su fuerza interna y admirábamos su optimismo.

Yo tenía una deuda conmigo mismo por no haber terminado mi doctorado en Nueva York. Me había decidido a hacerlo y en medio de mis viajes estudiaba en la Facultad de Medicina hasta que lo terminé. Me empecé a sentir limpio del pasado y decidí recapitularlo escribiendo este libro.

XV

LA BATALLA POR EL TEMPLO

Una mañana me desperté sudoroso y de un pésimo humor. Debía ir a Los Robles, el fraccionamiento rústico y boscoso en el cual había construido una cabaña y plantado árboles frutales. El lugar era extraño y lleno de vibraciones amenazantes. Me bañé, acomodé en mi automóvil una bolsa de dormir y comestibles, conecté una grabadora portátil y en la carretera aceleré a toda velocidad mientras escuchaba *Carmina Burana* en unos audífonos. Estaba desesperado y completamente fuera de centro. Sentía que mi vida era un fracaso. Estaba solo y para colmo sometido a las mujeres de la secretaría. El volcán Popocatépetl apareció por detrás de una curva. Su cumbre nevada me impresionó. Había un efecto interesante de acercamiento cuando las laderas junto al camino le hacían marco y otro de alejamiento cuando desaparecían las referencias a su alrededor. Pensé por un instante que esa ilusión también ocurría en la vida y la culpa era el alejarse de uno mismo porque esa referencia le daba sentido a todo el resto. Tomé la curva y de pronto me percaté de que iba demasiado rápido. Instintivamente apreté el pedal del freno y el coche se ladeó. Giré el volante y volví a frenar y perdí totalmente el control. El automóvil se iba de un lado hacia otro mientras desesperadamente sostenía el volante. Supe que no podía hacer nada. La fuerza de la naturaleza desbocada se había apoderado de mí. El coche cruzó al otro carril, dio dos vueltas completas sobre sí mismo mientras yo, dentro de su estructura metálica, observaba asombrado cómo el parabrisas se hacía pedazos y los cristales volaban en todas direcciones.

Después de las vueltas caí a un abismo y aterricé lentamente sobre unos arbustos que amortiguaron la caída. No había un ruido a mi alrededor y a través del hueco que había dejado el parabrisas diminutas briznas de hierba comenzaron a descender sobre mí. Parecía una lluvia plateada de otro mundo. No sentía dolor alguno y la angustia y desesperación previas se habían transformado en una sensación de paz extrema. Permanecí inmóvil no sabiendo si estaba vivo. Recordé que después del terremoto del 19 de septiembre había ido a impartir un taller de relajación a un grupo de muchachos de una escuela que había sido totalmente destruida. Me contaron que al ver que las paredes empezaban a caer todos se tiraron debajo de las bancas. El techo se había derrumbado con gran estruendo y una nube de polvo blanco los cubrió impidiendo ver el menor detalle. En medio de la confusión y el terror un adolescente había gritado: "Agarren la onda que ya nos morimos y estamos en el cielo en medio de las nubes". Toqué mi cuerpo buscando heridas y no encontré más que un rasguño en la frente y una pequeña cortada en un dedo. Salí como pude del automóvil, recogí mi bolsa de dormir y en la carretera pedí ayuda a un señor que me llevó a la Ciudad de México. Me sentía como un recién nacido y le di gracias a Dios. Todo era nuevo y el señor que me llevaba no podía creer lo que me había acontecido. Recordé que años atrás un trance de muerte similar me había acontecido en una playa solitaria en la península de Baja California. Había decidido aislarme del mundo y un pequeño Brasilia me acompañó en la aventura. Le había quitado los asientos y transformado su interior en una pequeña habitación con cama y varias repisas para guardar comida. Encontré la playa y me pasé siete días meditando dentro de mi artesanal casa rodante. En las mañanas buceaba observando magníficos peces de todos colores y tamaños. El séptimo día el cielo se comenzó a cubrir de nubes y un viento húmedo a soplar. Después de tanta meditación, el espectáculo me llenó de un gozo enorme. Salí a caminar a la playa y encontré unas formaciones rocosas enormes llenas de cangrejos gigantes, que resistían la tormenta y el embate de las olas fuertemente agarrados a las rocas. Me acerqué a los crustáceos y decidí imitarlos. Me monté sobre una roca y la abracé fuertemente con mis brazos. No tuve tiempo para más. Una ola poderosa me cayó encima y salí despedido volando por los aires. En los escasos segundos de mi vuelo forzado supe que si mi cabeza golpeaba contra una roca moriría. Caí arrastrado por la corriente, que me zarandeó e hizo golpearme varias veces hasta que me depositó en la playa. Mi cuerpo estaba lleno de cortes por los que brotaba la sangre, pero mi cabeza estaba intacta. Me arrastré hasta el Brasilia y me acosté en mi camastro. Permanecí sin moverme durante tres días y cuando pude conducir me alejé de allí.

En el instante en el que uno se enfrenta a la muerte se prueba la fe. La mía parecía ser intensa a pesar de todas mis quejas en contra de la vida. Pero yo no sé si hubiera podido resistir lo que otro sobreviviente del terremoto de septiembre me relató. Era un muchacho joven que vivía en un décimo piso de un edificio que se vino abajo. Dormía en su cama cuando el movimiento y los ruidos de la destrucción lo despertaron. Sintió como si viajara en un elevador que bajaba a una velocidad de espanto. Instintivamente se metió debajo de su cama después de colocar unas pesas en los extremos. Todo se le vino encima y quedó aplastado entre el piso y la base de la cama por 14 días. Al sentir que perdía el conocimiento se resistía porque sabía que moriría. Lo rescató el ejército todavía consciente. Me lo encontré en otro taller de relajación asombrado de todo lo que veían sus ojos. Me dijo que todo era nuevo y maravilloso y que le agradecía a Dios su nueva visión del mundo.

Quizá existen gentes que mueren y vuelven a nacer en la misma vida, como el viejo de ojos verdes o ese mismo muchacho. Don Juan le confesó a Castaneda un suceso similar en sí mismo añadiendo que a partir de allí con los únicos que podía hablar era con los que se habían muerto y revivido como él.

Lo que resulta claro es que la noción de reencarnación se puede aplicar a una vida porque en ella morimos y resucitamos innumerables veces.

La vida es una especie de mosaico en el cual van encajando piezas necesarias para componer temas. La riqueza de sus colores, formas y patrones depende del número de estructuras que podamos trascender y de la cantidad de repeticiones que son necesarias para percatarnos de nuestras falsas identidades. Nada ocurre por azar. En mis encuentros con Castaneda él había defendido el mundo externo como más amplio y misterioso que el interno. Yo me había escandalizado ante la afirmación, pero después entendí que lo que había querido decir es que al dejar atrás las identidades restringidas y las repeticiones neuróticas, el misterio infinito de la vida aparece otorgando lecciones inacabables. Durante toda mi existencia, mi herencia judía y la enfermedad de mi madre me habían enseñado a estar a la defensiva haciéndome considerar al mundo externo como ilusorio. Mi repudio por la realidad "concreta" se había fortalecido por los estudios de budismo y su concepción de sunyata o vacío, es decir, la inexistencia de una identidad absoluta de objetos y seres. Tales concepciones reforzaban mi historia personal, la que me había mostrado la necesidad de refugiarme en mi interior. Aceptar el mundo y sus emociones implicaba sentir la mutilación de mi madre y experimentarla significaba la locura. Cada vez que perdía mis defensas me asaltaba lo reprimido, sumiéndome en esa locura que debía evitar a toda costa. Por ello negaba a la mujer y también por ello me perdía en el dominio femenino. A partir del terremoto y de mi trabajo con Teresa y su equipo había logrado empezar a aceptar. Mi propia mente también me había ayudado utilizando un medio de la mayor sofisticación, haciéndome comprender, al mismo tiempo, por qué el estudio de la neurofisiología había sido tan definitivo y fascinante para mí. En mis investigaciones acerca del cerebro había llegado a dos conclusiones; por un lado, la existencia de un modo de codificación basado en los circuitos de convergencia y su análisis inclusivo. Este modo, que ya no me atrevo a considerar interno, lo es en realidad. La actividad que permite recorrerlo es cerrar los ojos y meditar viajando en un mundo lleno de abstracciones y alejado de los objetos. Todas mis experiencias primeras durante la meditación y la experimentación acerca de sus técnicas eran parte de una decisión para favorecer la validez del mundo interno. Por el otro lado, por detrás de la concepción del campo neuronal como medio para explicar la creación de la experiencia se hallaba un deseo sano de validar y entender al responsable de la percepción de los objetos, es decir, el mundo externo.

La teoría sintérgica afirma que la experiencia que resulta de la interacción del campo neuronal y la lattice del espacio-tiempo había terminado por destruir la dicotomía externo-interno. Sin quererlo y como resultado de un proceso dialéctico ejemplar, la balanza se había dirigido hacia la unificación como algo más amplio e interesante. Algo sabía en mí acerca de la vastedad de la realidad y del peligro de negarla defendiendo cualquier posición interna exagerada o externa concreta.

Sin embargo, cada vez era más claro que lo importante no era lo externo o lo interno sino la capacidad de estar en contacto con el testigo de ambos: mi verdadera naturaleza, la cual trascendía al mundo de los objetos, a los pensamientos y a cualquier proceso abstracto.

En una conversación con Teresa habíamos recordado una conferencia en la cual se había contrastado el deseo budista de interiorización con el dictum cristiano de amar al prójimo como medios para lograr la iluminación. En realidad era la misma discusión del budismo hinayana en contra del budismo mahayana; el primero defendiendo la soledad y el encierro en uno mismo y el segundo negándolo para proponer, en cambio, el camino del bodhisatva en el amor y la compasión hacia los otros. En mí mismo, ambas concepciones se habían debatido fisiológicamente como los circuitos de convergencia y algoritmización del campo neuronal. Ahora ya no me afectaba la realidad de ese debate sino quién en mí lo proponía y observaba.

La fascinación por tales temas se explicaba de la misma manera en la cual se entiende cualquier fascinación en la vida; es decir, motivada por la búsqueda de una pieza necesaria para el mosaico, pieza que en el intento de encontrarla se intuye en existencia potencial deliciosa motivando la exploración, pieza que al hallarse y colocarse en su lugar adecuado dentro del mosaico de la vida deja de provocar deseo para convertirse en conquista que sirve de catapulta para emprender otras búsquedas. Yo debía entender la existencia del mundo para poder aceptarlo y amarlo. Validarlo equivalía a poder explicarlo y el campo neuronal y la lattice eran los medios.

Al principio había creído que lo que estaba haciendo era demostrar que el cerebro no era necesario, es decir, estaba tratando de no enfrentar la enfermedad materna. Si la interacción entre el campo neuronal y la lattice explicaba la experiencia y el procesador central la conciencia de la misma, entonces el cerebro orgánico podía pasar a un segundo plano.

En realidad, tal interpretación me había sido legada por mi psicoanálisis, el cual había demostrado así la existencia de sus propios límites. En verdad lo que estaba intentando era más sofisticado; era el camino para llegar a aceptarme sin negaciones y con todas mis dudas y contradicciones. El mundo que trataba de entender era el de mi percepción inmediata y esta se había individualizado hasta el grado de no corresponder a la usual. En este sentido, Pea había sido la responsable. A partir de mi relación con ella lo que sentía como inmediato era la experiencia de vivir constantemente en una especie de "océano" invisible en el cual se inscribían las emociones y los pensamientos no manifestados de los otros. Sentía la reverberación misteriosa de los campos neuronales y la complicada trama que resultaba de sus interacciones. A este océano no visible lo denominé "hipercampo", reconciliándome así con la "noosfera" de Teilhard de Chardin. Sin darme cuenta mudaba de cuerpo. Había logrado encontrarme a mí mismo y ahora buscaba a los otros. Me había empezado a desprender de mi yo individual y anhelaba entender el colectivo.

De nuevo Castaneda vino en mi ayuda. Para don Juan, la conciencia existía en las emanaciones mismas, por lo que su alineación solo servía para enfocar una especie de conciencia preexistente e inmanente en todo. Para mí comenzó a ser lo mismo. La conciencia existía antes de la materia, y la interacción entre el campo neuronal y la lattice lo que hacía era activar un patrón consciente de complejidad extrema. Por lo tanto el procesador central no era necesario. Recordé que en una conversación con Goenka y después de explicarle la teoría sintérgica él me había dicho que estaba de acuerdo con todo pero que bastaba la interacción del campo neuronal y la lattice para explicar la percepción del mundo; "la imagen se ve a sí misma", me afirmó mirándome con unos ojos profundos y brillantes.

Doña María Matus en el territorio yaqui de Sonora me había dicho que todo era conciencia pero que Dios era el que la otorgaba. Lo mismo afirmaba don Panchito.

Por lo tanto, el hipercampo también era una conciencia pero aún más compleja que cualquier campo neuronal individual.

Durante una estancia en la sierra de Puebla en un albergue indígena empecé a escribir un nuevo libro que titulé *Psicofisiología del poder*, en el cual llegaba a la conclusión de que el hipercampo debía tener una dirección de desarrollo y un modulador; un "punto Omega" hacia el cual se dirigía. Lo denominé "atractor extraño del futuro ideal del hipercampo".

El atractor extraño de un campo neuronal individual es el jugador maestro de su tema principal. El atractor extraño del hipercampo es su futuro ideal, lo que dirige el cumplimiento de una etapa de su ordenamiento y desarrollo.

A mediados de 1987 me invitaron a Cuba para presentar mis resultados de investigación en el Congreso Interamericano de

Psicología. Invité a Estusha a acompañarme y presenté un estudio de las bases electrofisiológicas de la comunicación y la psicología autóctona mexicana. Ambos estudios ofrecían bases de la teoría sintérgica, de la interacción entre campos neuronales y de la existencia del hipercampo.

Cuba no le gustó a Estusha por la pasividad de su atmósfera y por dar la impresión de haberse detenido en el tiempo. A mí me dio paz y silencio. En La Habana me encontré con unos psicólogos transpersonales que me informaron acerca de la ocurrencia de un fenómeno de convergencia planetaria que acontecería entre el 16 y 17 de agosto. Me sugirieron estar en Palenque para esas fechas.

En Pátzcuaro, en la semana que terminó precisamente el 16 de agosto, ayudé a un curso de capacitación para los orientadores encargados del programa de motivación autogestionaria para albergues indígenas, el mismo que yo coordinaba para mejorar las condiciones de la niñez indígena del país. Supe que esa fecha marcaba el inicio de una nueva etapa en la que, según la tradición, la influencia de Tezcatlipoca empezaría a decrecer y la de Quetzalcóatl a incrementarse.

El 16 de agosto, por detrás del lago de Pátzcuaro apareció un tornado que se movía como serpiente surgiendo de las nubes y dirigiéndose hacia la tierra. Me imaginé que era una señal del descenso de Quetzalcóatl, la serpiente emplumada. Ese mismo día terminé la *Psicofisiología del poder* y viajé a Palenque.

Vi augurios en todo y al ascender a la torre del observatorio en medio de las pirámides de Palenque me sentí realizando un acto iniciático. Me senté en una mesa de piedra en el recinto superior de la torre y sentí el viento penetrando por las cuatro ventanas abiertas en sus paredes pétreas. Mi mente retrocedió en el tiempo y supe que allí se sentaba el gran sacerdote maya dedicado a equilibrar el hipercampo de su época. El viento le traía noticias de los acontecimientos y, dependiendo de su intensidad y dirección, sabía la dinámica del espíritu colectivo. Se dejaba traspasar por los vientos alimentándolos de su propia conciencia. Debía ser impecable y purísimo para lograr ajustar la dirección adecuada de desarrollo y guiar así al hipercampo hacia el atractor extraño de su futuro ideal. Me di cuenta de que en cierto nivel de desarrollo la diferencia entre el campo neuronal individual y el hipercampo debía desaparecer hasta volverse lo mismo. Me pregunté si algo similar podría realizarse en el México contemporáneo y traté de entender su hipercampo, su atractor extraño y su futuro ideal.

A intentar responder estas preguntas me he dedicado los últimos meses buscando indicios y señales en todo lo que veo y acontece. He dudado mucho en incluir las siguientes páginas. Quizá aquí debería dejar esta recapitulación porque lo que sigue no ha tenido tiempo para ser madurado y elaborado y porque no me siento todavía capaz de desembarazarme de todas mis proyecciones. Una que me preocupa mucho es la de la figura paterna. Sé que la he buscado en todos mis maestros con desesperación y también reconozco que todavía poseo una gran cantidad de rencor hacia lo que representa. Eso no evita que también la ame. Creo que en este punto soy muy mexicano porque reconozco en mis compatriotas la misma mezcla de emociones. A pesar de ser parte de la primera generación nacida en México (o quizá por ello), la similitud me asombra. Si los chamanes tienen razón, tanto un país como el planeta todo tienen conciencia y esta se encuentra viva y afecta a todos sus habitantes bañándolos con su presencia.

Por ello haber nacido en México necesariamente implicó estar sujeto a su influencia.

Los gobiernos de México parecen situarse en la misma perspectiva. Actúan como si fueran padres sustitutos y son odiados y amados (esto último cada vez menos) como símbolos de una proyección no elaborada. La dinámica y las transformaciones de esta proyección explican mucho de lo que acontece.

Creo que al igual que yo, todo el país junto con sus habitantes estamos penetrando en una fase de madurez en lo que se refiere a la figura paterna individual y colectiva.

La crisis que vive México representa, para mí, un proceso de gestación de un renacimiento. De alguna manera, el modelo de desarrollo que el país ha querido imitar está demostrando no ser el adecuado y se encuentra en un periodo de agonía. Este modelo se basa en el énfasis en los valores materialistas y económicos, en la consideración de que los bienes materiales, la capacidad tecnológica y el crecimiento industrial son los parámetros y los medios para lograr la felicidad. El hipercampo de México parece no estar de acuerdo con tales ideas y no desear incorporarlas a su verdadera esencia. Parecería decir que su destino es cumplir con otro tipo de metas que le son más queridas y para las cuales cuenta con energía, motivación y capacidad de fascinación. El hipercampo mexicano debe sentirse frustrado por no hallar gobernantes dignos de su futuro ideal. Debe sentirse abatido por las necedades de quienes dicen guiarlo cuando lo que realmente sucede es que lo distorsionan creando una tensión en su seno que de llegar a un umbral lo harán explotar. Sin embargo, su hipercampo es muy estable y antes de que lo anterior ocurra su atractor extraño probará todas las alternativas que le permitan desembarazarse del yugo y adquirir fluidez para cumplir su destino.

De la misma forma en la que no existe el azar en el desarrollo de una vida humana, tampoco lo existe para la evolución del hipercampo. Siento que se libra una batalla que provocará mayores o menores sufrimientos dependiendo de nuestra capacidad para entender nuestro destino y la dirección hacia la cual debamos enfocar nuestros esfuerzos. Si esa dirección corresponde con el atractor extraño del futuro ideal de nuestro hipercampo recibiremos toda clase de ayuda del mismo y fluiremos sin obstáculos hacia lo que México es en realidad. Si no corresponde, tendremos, como conciencia colectiva, que sufrir tantas repeticiones neuróticas de falsas identidades hasta ser capaces de trascenderlas y encontrarnos a nosotros mismos en lo que verdaderamente somos.

Pero aun si no somos capaces de comprender lo que sucede, el proceso de transformación ya fue iniciado.

Cuando nace un bebé, los padres del mismo y la sociedad se encargan de fijar la posición de su realidad. En la nomenclatura de don Juan, fijan la posición de su punto de encaje. Para ello utilizan su propia fijeza como modelo. La estructura social, el esquema escolar y los valores de la colectividad logran que el infante estructure un mundo y lo estabilice hasta identificarse con él. A partir de ese momento la posibilidad de experimentar otras realidades se restringe y acaba por bloquearse. Es un mecanismo ideado para sostener la estructura social imperante e impedir su desmembramiento. Se paga con estabilidad el precio, muchas veces infame, de negar la creatividad o la exploración de posibilidades distintas de existencia. Debe ocurrir algún acontecimiento que ponga en entredicho la posición fija de la realidad para que esta acceda a transformarse. Este acontecimiento, para ser efectivo, debe ser capaz de romper todas las defensas para permitir el movimiento y con él la vivencia de una realidad más rica y satisfactoria que la que se consideraba como única. Es una suerte de bendición que debe ser aprovechada y entendida como tal. Si no se le reconoce, el movimiento del punto de encaje se revierte y retorna a su posición original.

La conciencia individual es un modelo de la conciencia colectiva y el cuerpo orgánico y el campo neuronal son modelos del "cuerpo hipercámpico" y del hipercampo mismo. Por ello también existe un focalizador de la conciencia global, llámesele "punto de encaje colectivo" o hipercámpico.

En el caso de México, su punto de encaje hipercámpico abandonó la posición fija que había mantenido hasta que los acontecimientos de 1968 lo hicieron oscilar. La decisión que motivó la matanza de Tlatelolco fue un intento desesperado por volver a fijarlo en su posición previa, pero el movimiento ya había sido iniciado y el recuerdo de haber experimentado una realidad alternativa fue suficiente para iniciar una transformación. Los terremotos de 1985 volvieron a modificar la posición del punto de encaje hipercámpico. La realidad que se logró enfocar demostró que existía un parámetro más auténtico y valioso asociado con un estado de ser solidario y amoroso que se manifestó cuando temporalmente se agrietaron los controles gubernamentales de fijeza y se permitió el surgimiento de una naturaleza más genuina. El intento por hacerlo retornar a su posición previa fracasó porque el país vivía una crisis cuya responsabilidad residía precisamente en aquella. A partir de ese momento se inició un movimiento oscilatorio del punto de encaje hipercámpico que comenzó a enfocar realidades alternativas imposibles de prever y controlar. Se perdió la fijeza y el plan estratégico del atractor extraño atacó frontalmente la conciencia de lo material y económico como valor absoluto y confiable. Después, y como consecuencia de lo anterior, puso en duda el sistema de gobierno en su capacidad real de guiar hacia lo que debería ser su principal función: el logro de la felicidad y la plenitud de la conciencia individual y colectiva. Surgió la oposición organizada y líderes respetados, los cuales resquebrajaron la imagen paternal del gobierno y pusieron sobre aviso a la población acerca de su corrupción. Si no estoy equivocado, todo lo superfluo y falso terminará por no resistir el cuestionamiento resultante de las oscilaciones del punto de encaje hipercámpico. Solamente lo que las trascienda acabará por ser el único parámetro confiable y en él se fijara la nueva posición. Ninguna identidad que no corresponda con lo esencial prosperará.

    Tendremos que ser capaces de descubrir quiénes somos, qué es lo que nos nutre y otorga felicidad real. Si lo logramos, floreceremos con todo el poder digno de nuestra naturaleza verdadera.

    Solamente así seremos dignos de conquistar la Batalla por el Templo.

XVI

EL TESTIGO

De niño y aún de adolescente pensaba en un hipotético "final de los tiempos" que debía corresponder con mi propia muerte. Aparecería entonces un testigo celestial, el cual haría un juicio acerca de mi vida y de todos aquellos que influyeron, para bien o para mal, en su desarrollo. Todas las injusticias se revelarían y los culpables serían castigados con la verdad. Yo me mantendría escuchando y confiando totalmente en la justicia divina que allí se manifestaría.

A medida que maduro me doy cuenta de que el juicio, el testigo, el acusador y el defensor soy yo mismo y tengo dos opciones: dejar las cosas tal cual o aclararlas, haciéndolas manifiestas. Este libro es una evidencia de una decisión por esta última alternativa. Me ha servido para ordenar, elaborar y quitar peso. Me he aligerado y mucho de mí ha muerto y otro tanto ha renacido. Cuando se procede a realizar una limpieza profunda se avanza, en apariencia, por escalones abruptos. Uno cree que un asunto ya está resuelto pero la vida se encarga de demostrarnos lo contrario. Según mi parecer, después del trabajo en la SEP lo único que me faltaba por superar era la imagen paterna, porque la materna Teresa y sus colaboradoras ya se habían encargado de podarla. ¡Cuán equivocado estaba! Cuando algo se ha resuelto ya no se repite, pero para que deje de influir debe tocarse fondo.

De nuevo, una mujer fue la herramienta para lograr este fin, aunque en este caso por poco me cuesta la vida lograrlo. No recuerdo cómo ni cuándo la conocí. Los acontecimientos muy recientes son ocultados por una especie de bruma y no es sino hasta que esta se asienta que se puede ver claro porque la atmósfera se ha despejado. Creo que yo la busqué. Recordaba la localización de la casa de sus padres pero nadie me abrió la puerta cuando la toqué. Esa fue una señal y un presagio de lo que ocurriría, pero no lo entendí como tal. Después ella me habló por teléfono e hicimos una cita. Llegó a mi departamento y me encantó su cabello rubio y su delgadez. Me entregó un paquete y al abrirlo me asombré. Era un talit[1] de una blancura total y líneas plateadas llenas de inscripciones en hebreo. Me dijo que me lo había comprado en Jerusalén. En ese momento pensé que con él me enterrarían, pero no dije palabra. Recordé que nos habíamos visto antes en una sinagoga y le había hablado de mi deseo de tener un talit y de la dificultad para conseguirlo. Me contó de su vida mientras admiraba su regalo. A medida que la oía me daba cuenta de que me encontraba frente a un ser excepcional. Había sufrido tragedias terribles: la muerte de su esposo, la pobreza y la necesidad de mantener a tres hijos de corta edad. Después, un segundo matrimonio terrible y por último trastornos cerebrales que la hacían convulsionarse cada vez con mayor frecuencia. La abracé y traté de acariciar. Su vientre me pareció un glaciar helado y me aparté de ella. Intenté acercarme de nuevo pero ahora ella me lo impidió. Ese fue un segundo aviso; un micromodelo de lo que me deparaba mi relación futura con ella. Tampoco lo entendí. No volvimos a vernos en varios meses. No sabía dónde vivía y después de una búsqueda infructuosa me olvidé de su imagen.

Estaba dedicado a recorrer el país en busca de chamanes mientras seguía coordinando el programa de motivación autogestiva para albergues indígenas.

Nos volvimos a ver en mi departamento. Me contó que durante el proceso de divorcio su marido la había acusado de robo y

---

[1] Manto ceremonial judío.

enviado a la cárcel, de la que acababa de salir. La abracé y esta vez no hubo rechazo. Acabamos haciendo el amor en medio de las nubes. Sus ojos me miraban con tal ternura y amor que aún los puedo ver enfrente de mí a pesar de los años que me separan del evento.

A partir de ese día comenzamos a frecuentarnos. Había en ella tal necesidad de contacto que a mí me empezó a saturar. Me quedaba a dormir en su casa, pero a las cuatro de la mañana, desesperado por una sensación opresiva, me iba a la mía. Todas las tardes la iba a visitar y los primeros minutos de contacto constituían un suplicio. Yo sentía que me penetraba y extraía de mí toda mi fuerza y claridad. Algo me urgía a apartarme de ella, pero al mismo tiempo otra parte de mí me obligaba a protegerla y abrazarla absorbiendo sus daños y dolores. Me impuse no hacer el amor con ella porque eso me desgastaba e impedía soportar esa atmósfera de oscuridad que su presencia me provocaba.

En la Baja California, a la orilla del mar, dos psicólogos habían establecido hacía más de 10 años una comunidad ecológica autosuficiente que había visitado con Estusha. Gabriela y Adrián me invitaron a visitarlos de nuevo para aprovechar sus sistemas de tecnología apropiada para el programa de albergues. La invité a ella y juntos viajamos al norte del país. En el desierto, en un refugio caminamos entre la arena y los cactus y de pronto volteó a ver el cielo y se perdió en él. Me asusté y la traje de regreso. En la noche vi escenas de una Jerusalén del año 30. En una calle de tierra había vivido con ella en una casa blanca. La vi mientras me decía adiós con un ademán mientras el viento ondulaba un vestido blanco que llevaba puesto. Era igual a la de hoy, rubia, delgada y preciosa. Me desperté temblando y la abracé. La comunidad se llamaba Krutsio y la pareja de psicólogos nos recibió como en casa. Pasamos varios días con ellos y Gabriela y ella se volvieron magníficas amigas. Era extraordinaria su forma de vida. No tenían agua más que la que lograban obtener y desalinizar del mar. Un generador activado por el viento les proporcionaba electricidad. Tenían dos hijos pequeños y juntos hacíamos excursiones a los cerros cercanos y a las cuevas, en las cuales todavía había vestigios de los antiguos indios que habían habitado la región. Una tarde mientras todos meditábamos en una cañada junto al mar oímos el ruido de un motor. Era un enorme Cadillac blanco que se había internado en el desierto con dos mujeres y el hijo pequeño de una de ellas. El Cadillac se había quedado varado, obstruido por una roca, y Adrián corrió a ayudarlas. Eran dos americanas; una cantaba y tocaba la guitarra y la otra recién había escapado de Arabia Saudita, en donde había pasado los últimos años viviendo como una nómada en una tribu de beduinos.

Regresamos a México en una avioneta y ella me dijo que se había puesto muy celosa de una de las mujeres, con la que había yo tocado el tambor a la luz de una fogata. Una madrugada sonó el teléfono de mi casa. Era una de sus hijas que asustada me pidió ir urgentemente a su casa. Ella había sufrido una convulsión y se había pegado en la cabeza. Me asusté al verla, sangrando en el suelo. Fuimos al hospital, en donde le diagnosticaron una fractura de cráneo. A partir de ese día las visitas a los hospitales se hicieron frecuentes. Citas con neurólogos, psiquiatras y especialistas en convulsiones eran cosa de todos los días. Supe que revivía, de adulto y con toda conciencia, mi niñez al lado de mi madre. Mis sentimientos hacia ella empezaron a confundirse. Ya no sabía si era mi mujer o mi madre y yo su compañero o enfermero. La acompañaba siempre, la cuidaba y protegía. Le acariciaba la espalda para que se durmiera y le daba masajes a sus pies para disminuir sus dolores de cabeza. Estaba tan al tanto de su salud y bienestar que la sentía a distancia sabiendo cómo se sentía y qué le dolía.

Viajamos juntos a la sierra Tarahumara y ella se fascinó con la energía primorosa del lugar. Le presenté chamanes y recorrimos los albergues verificando su estado. En Caborachi entramos juntos en éxtasis y hablamos con los rarámuris, quienes nos encantaron por su profundidad y sabiduría. Visitamos juntos a Estusha, quien pasaba una temporada estudiando en Ensenada.

Al regresar a México y sin previo aviso, ella me avisó que ya no deseaba verme. Mis negativas a hacer el amor la habían desesperado y prefería no verme porque hacerlo la excitaba y no tenía forma de desahogarse. No podía creer lo que me decía. Le expliqué que la amaba, que el sexo era secundario comparado con la ternura y el cariño que sentía por ella. Ante su negativa, le propuse someterme a un tratamiento médico para evitar las sensaciones opresivas que sentía después de hacer el amor con ella. Durante varias semanas me activaron mis sistemas glandulares e hipofisiarios y cuando estuve listo fui a buscarla. Se negó a dejarse tocar. Le rogué, le supliqué que lo intentáramos, pero todo fue en vano. Me olvidé de mí mismo y me deprimí como nunca en mi vida. Solo deseaba estar con ella y que me dejara probarle mi cariño y amor, pero ella se negó. Le hablaba por teléfono porque sentía todo lo que le pasaba. Ella me evitaba, me decía que estaba ocupada, que otro día, que no podía.

Empecé a pensar en la muerte. Aquello simplemente era intolerable. Entendía que era una repetición; la peor y la más completa de mi trauma materno. Consulté con un psicoanalista y me puse en sus manos. Durante un año, dos veces por semana fui a consulta, pero nada me hacía salir de la depresión. Durante ese año me humillé ante ella rogándole por su amor igual o peor que con Ile. Nada existía más que ella. Le preguntaba si había otro hombre y ella se reía negándolo. Le pedí que si lo hubiera me lo dijese. Ella me pidió no escribir acerca de su vida.

Ninguno de los dos cumplimos nuestras promesas.

XVII

LA CATEDRAL

Desde hacía años me había interesado por el budismo tibetano. La figura del dalái lama siempre me había fascinado y cuando oí que estaba a punto de visitar México me entusiasmé. Martha Venegas me habló una tarde y me pidió colaboración para preparar la visita. Acudí a una reunión en Casa Tíbet y me enteré de que se pensaba hacer una ceremonia ecuménica en la catedral de México y que no se contaba con un representante judío. Me ofrecí para resolver el problema y fui a visitar al rabino en jefe de la comunidad sefaradita. La razón para no contar con un representante judío era que la ceremonia estaba programada para realizarse un viernes en la noche, el inicio del Sábado Santo, y ningún rabino estaba dispuesto para profanarlo. Me ofrecí para ir en su lugar y aceptó.

Me encontré con Philip Kapleau en la sacristía de la catedral metropolitana de México. Estaba sentado en silencio vestido con su atuendo de budista zen. Lo había conocido en Tepoztlán, donde acostumbraba pasar el verano. Juntos recorrimos las montañas detectando sus energías. El representante sufí, un califa, también estaba allí. Nos saludamos y al decirle mi nombre se alegró. "Adivina de quiénes leemos cuentos en nuestras reuniones. De Nasrudin y de Jacobo Grinberg". Me sentí muy halagado pero una tromba interrumpió mi estado. Un monje vestido a la usanza budista había aparecido y con toda prisa penetrado a la oficina en la que se encontraba el cardenal de México. Entre Kapleau y yo tratamos de adivinar quién era. Fui a preguntar y supe que había sido el achan de Tailandia. También lo conocía; había asistido a uno de sus retiros en un monasterio de Carmelitas Descalzas en la Ciudad de México. Me había enseñado el Vipassana tal y como se practica en Tailandia. Recordé que mi compañero en el retiro había logrado verse a sí mismo desde el techo de su cuarto después de tres días y tres noches de meditación continua. Mientras recordaba, cerré los ojos para meditar y al abrirlos vi al dalái lama penetrando a la sacristía acompañado de su séquito. A diferencia del achan, caminaba lentamente saludando a todo mundo con tal humildad y amor que solo verlo llenaba de alegría. Todos penetramos a la oficina del cardenal y nos sentamos en unas sillas impresionantes por su tamaño y hechura. El achan nos regaló, a cada uno, un collar bendecido. Volteé a ver al dalái lama y recordé la primera vez que conocí a un lama. Dormía en mi departamento de la Ciudad de México y me desperté sudoroso después de un sueño muy extraño. En él, Estusha y yo caminábamos en medio de una pradera cuando de pronto, en las nubes, apareció una cara morena de rasgos orientales y con una cabeza completamente calva. Nos lanzó rayos que al atravesar mi cuerpo lo hicieron tambalear mientras que pasaban, sin daño, a través del de Estusha. Ella me decía que estaba probando sus propios límites. De pronto se escuchó el clamor de una estampida. Eran toros gigantescos que se nos aproximaban enarbolando grandes cuernos. Tomé a Estusha de una mano y ambos nos protegimos detrás de una roca. Al despertar traté de entender el sueño y reconocer la cara. Se parecía a la de un expresidente de México: Luis Echeverría.

 Ese día debía visitar a Estusha, quien vivía en Tepoztlán. Al llegar a la plaza del pueblo volteé a la derecha y he aquí que la persona con la que había soñado caminaba presto, seguido de una mujer. Pero no era Echeverría sino un lama tibetano. Averigüé en dónde se hospedaba y cuando me abrió la puerta confirmé su similitud con el personaje del sueño. Se lo conté después de presentarme y él se rio a carcajadas. Se llamaba Lama Lobsang. Me condujo a una habitación adornada con motivos tibetanos y me mostró un cuadro lleno de toros idénticos a los de mi sueño. "Mira —me dijo con una mirada pícara—, te hemos protegido de la muerte". Nos hicimos amigos y me confesó que estaba en México para fundar un lamasterio. Le conté de mi relación con Margarita López Portillo y le prometí presentársela para ayudarlo en su misión. Su compañera, Ana Victoria, lo había traído de Nepal y vivían juntos practicando la medicina tibetana. Hice lo pactado y varios meses después me enteré de que Lama Lobsang se había convertido en el maestro de Margarita y que la ayudaba en la dirección del canal de televisión del gobierno. La última vez que vi a Lama Lobsang fue en Berkeley. Me contó que había sido traicionado por su compañera y que le había ido muy mal en México.

Sentado en la sacristía junto con los representantes de las religiones que se preparaban para asistir a la ceremonia ecuménica me di cuenta de que todos, excepto el dalái lama, permanecían serios, rígidos y silenciosos. Nadie hablaba y en sus caras había una expresión de majestad y ceremonia que no dejaba lugar para la naturalidad. El dalái lama nos dio la bienvenida y expresó su felicidad por vernos a todos reunidos. Dijo que a pesar de que en el budismo no se acepta la idea de Dios, esa religión estimula el amor y el respeto mutuo y en ello todas las creencias se unifican; además, consideraba que cada uno era el creador, desechando la idea de que el universo había sido creado por Dios. Nadie osó contestarle. Comprendí que representaban un papel y que cada uno se sentía con la obligación de manifestar una dignidad y posición ligadas a su representatividad; todos excepto el dalái lama y yo. Me sentía efervescente, libre y espontáneo, y tomé la palabra. Dije que a pesar de que el budismo no creía en Dios, aceptaba la unidad y en ella la creación individual se volvía indistinguible de la divina, puesto que todos éramos uno. El dalái lama aceptó la idea sonriendo como un niño mientras todos los demás permanecían en silencio y sumamente serios. Volví a hablar sorprendido de mi sensación de libertad y osadía. "¿Es cierto —le pregunté al dalái lama— que usted dijo alguna vez que el pueblo tibetano se parecía al pueblo judío?". El cardenal de México volteó a verme, sus ojos reflejando una luz intensa. El dalái lama se aclaró la garganta y dijo algo ininteligible para después afirmar que ambos pueblos habían sufrido persecuciones y los tibetanos admiraban la capacidad judía para mantener sus creencias a pesar de sus sufrimientos.

El cardenal se levantó de su silla y nos invitó a hacer lo mismo. Nos acercamos al dalái lama y cada quien lo saludó de mano. Cuando llegó mi turno no resistí las ganas y lo abracé colocando mi frente en contacto con la suya mientras ambos reíamos. "Tienes una energía increíble", le dije a la mitad del abrazo. Después salimos en fila, yo en último lugar y el cardenal detrás de mí, cerrando la procesión. Lo volteé a ver y le dije que había oído que alguien había dicho que los últimos serán los primeros. Noté una ligera sonrisa en sus labios y enrojecí de vergüenza. ¿Qué estaba yo haciendo allí y por qué me desenvolvía con tanta naturalidad? Era el representante del judaísmo y más me valía dejar de hacer bromas. Caminamos en medio de miles de gentes y nos hicieron subir a un estrado y sentarnos en unas sillas aún más grandes que las de la oficina del cardenal. Me tocó frente a frente con el dalái lama y durante toda la ceremonia seguimos platicando pero en silencio y en forma misteriosa. Canté el Shma Israel cuando me tocó mi turno y dije algo así como que cuando el Observador logra incorporar todos los contenidos de observación desaparece como tal para alcanzar la Unidad y esta Unidad es lo más sagrado para el judaísmo.

Al terminar la ceremonia empezó a llover y al salir de la catedral el dalái lama me llamó desde el interior de su automóvil. "Nunca te voy a olvidar —me dijo mientras nos abrazábamos—, y siempre te recordaré en mis plegarias". Le respondí que lo quería y le agradecí. "Y tú tampoco me olvides en las tuyas", me dijo al despedirnos.

XVIII

ESPAÑA

En mi vida he comprobado que algo o alguien escucha los deseos y responde a ellos siempre y cuando estos sean sinceros y necesarios. Por supuesto que el cumplimiento de un deseo requiere que un patrón de vivencias llegue a completarse y que previamente a su realización se hayan acumulado los méritos suficientes. En este punto, mi pensamiento es budista; nosotros somos los creadores y tejemos una tela que más tarde o más temprano se completa en una de sus porciones y entonces, por necesidad, sufre un cambio. Si la tela se ha construido mal, su resultante no resiste los embates de la existencia y se rompe y entonces es necesario volver a empezar. Si todos los hilos se han anudado con cuidado y los hilos son fuertes entonces la tela resultante puede convertirse en una obra de arte.

Existen ocasiones en las que parece que un poder supremo interactúa con el tejido y ayuda en su confección. Aquí, mi pensamiento y sentir son judíos, puesto que aceptan la existencia de Dios. La ocasión en la cual Él se manifestó en mi vida con mayor claridad aconteció en la India. Durante mi estancia en Rishikesh había intentado sin éxito lograr un lugar en el ashram de Sivananda. Este se localizaba a la orilla del Ganges y en él habitaban grandes maestros en un clima de gran intensidad mística y en una atmósfera de libertad. Se requería apartar un lugar con meses de anticipación para poder ser admitido. Ante este fracaso solicité mi entrada en el ashram de un yogui centenario, Yogui Yoguenshvar, y allí viví varias semanas. Pronto me percaté de que no era adecuado para mí. Es cierto que me enseñaron yoga y que tenía un cuarto confortable y comida suficiente, pero la rigidez de los monjes que lo administraban era insoportable. Parecía una cárcel llena de rituales y mediocridad. Me sofocaba y llegué a no soportarlo. Sin embargo, no tenía otra opción.

Una madrugada me desesperé. A las cuatro de la mañana me levanté con un grito de angustia atorado en el pecho y me dirigí a la sala de meditación, en la cual comencé a vociferar y a pedirle a Dios por una alternativa. Más calmado regresé a mi cuarto y a las seis de la mañana, súbitamente y como impulsado por un resorte, bajé corriendo a la calle. En ese instante un monje montado en una carroza comenzó a gritarme en inglés: "You are welcome!, you are welcome!", invitándome a acompañarlo. Me subí a su vehículo y emocionado y jadeante el yogui me dijo que Dios le había ordenado invitarme a su ashram, que no era otro más que el de Sivananda. Me dijo que no entendía lo que sucedía pero que yo debía vivir allí y él tenía los medios para lograrlo, puesto que era el secretario del director del lugar.

Existe otra condición para el cumplimiento de un deseo y esta consiste en estar preparado para recibirlo. Lo que me sucedió en España indica que yo no lo estaba. Una tarde recibí una carta de una amiga, Magdalena Freixedo, en la que me contaba una historia extraordinaria. Esta, completada con referencia de otros testigos, es la siguiente. En la década de los cincuenta un inmigrante europeo se dedicaba a dar clases en una de las universidades norteamericanas. Le llamaban el Viejo por su edad y en consideración a sus conocimientos y sabiduría. Además de sus labores docentes, dictaba conferencias, escribía libros y dirigía un grupo de desarrollo de la conciencia. Un día anunció que se pensaba retirar e invitó a sus alumnos a acompañarlo con la condición de que abandonaran posesiones y apegos y aceptaran vivir una vida simple y dedicada a su propio desarrollo espiritual. Los esperó, a cierta hora, en la estación del ferrocarril. Cuando todos estaban listos para partir extrajo de su bolsa un papel en el que tenía anotados (de antemano) los cinco nombres de los discípulos que se habían presentado. Juntos se establecieron en una cabaña situada en una reserva india y durante años se dedicaron a crecer. El maestro se llamaba Jacobo Albert Grinberg-Zylberbaum y un buen día desapareció. Los testigos presenciales afirmaban que salió a caminar al bosque y súbitamente se esfumó.

Sus discípulos se dispersaron y cada cual se dedicó a enseñar lo que había aprendido a jóvenes interesados. Uno de ellos, José, radicaba en España y al entrar a una librería encontró algunos libros de Grinberg. Los leyó y se percató de que coincidían, punto por punto, con las enseñanzas de Albert. Los libros eran míos y lo único que no coincidía era la juventud del autor. Sospechando que algún procedimiento misterioso había rejuvenecido al Viejo, José decidió visitarlo en México, donde residía. Cuando me ofreció detalles de la vida del maestro, de sus intereses y enseñanzas me di cuenta de que coincidían con los míos. La fecha en la que Albert se esfumó también correspondía con el instante en el cual vi a mi madre, en brazos de Moishe, retornar de su operación cerebral.

Había escuchado, de labios de grandes chamanes, sucesos de implantación y sustitución de personalidad. La propia Pachita era "tomada" por Cuauhtémoc durante las operaciones mágicas que realizaba. Comencé a sospechar que en medio del shock y la apertura que la visión de mi madre mutilada me había provocado, el espíritu del Viejo se había introducido en mi cerebro y me había guiado a partir de allí. Pero entonces ¿quién era yo?, y ¿cómo distinguirme a mí mismo de quien me ocupaba? Traté de desechar tales consideraciones porque me colocaban en una situación imposible de resolver y a fin de cuentas ¡qué importaba! Si Albert me había localizado por cierta afinidad, ¡más que mejor! Recordé las enseñanzas nocturnas de mi infancia y los mandatos para colocar mis manos encima de libros especializados para que se me transmitiera su contenido; rememoré toda mi evolución paso a paso. Mi interés por las mimosas púdicas (mismo que había desarrollado el Viejo), el paso de los vegetales a los gatos, monos y al cerebro humano. La fascinación por encontrar una explicación para la percepción y el misterio de la conciencia y la Unidad.

Todo parecía planeado paso por paso en un orden lógico y supremo que indicaba provenir de un guía superior. ¿Era Albert el arquitecto del plan y yo una simple herramienta en sus manos para realizar sus deseos? Mi intento de desechar la sospecha fracasó y durante meses me intrigó todo el asunto. Acepté viajar a España para dictar unos cursos y conferencias. Me asombró la apertura del pueblo español, pero dentro de mí, en la porción ligada con Cuauhtémoc desconfié de ellos..., los antiguos conquistadores, y me propuse demostrarles que haber destruido la civilización prehispánica y despreciado su conocimiento había sido un grave error. Les hablé de los chamanes, actuales depositarios de los remanentes de las grandes culturas mexicanas de la antigüedad, y me satisfice al ver el asombro que provocaban mis descripciones.

Félix, el director de una novedosa revista española, me contactó y me solicitó escribir artículos para su publicación y libros para la editorial que pensaba fundar. Pronto, la relación se volvió intensa y surgió el plan de construir un gran instituto y centro de desarrollo de la conciencia, del cual yo sería director. Al mismo tiempo planeamos la realización de un congreso internacional acerca de la interacción de la mente con la materia, en el que invité a participar a José.

Me di cuenta de que lo que acontecía representaba el cumplimiento de un viejo deseo, pero algo en mí se sentía impreparado para realizarlo. La personalidad de Félix me atraía, aunque algo en él me recordaba a mi padre. Era autoritario y manifestaba un don natural para dar órdenes. Al mismo tiempo era simple como un niño y con un deseo inmenso de crecer y ayudar a crecer. José y él chocaron. No se soportaban y cada cual me quería de su parte. La imagen paterna proyectada en Félix, y la lucha entre él y José conmigo en medio acabaron por cancelar el plan del instituto.

Regresé a México hecho un desastre. Me culpaba del fracaso y me acusé por mi incapacidad (de nuevo) de superar la imagen paterna.

Me costó varios meses de intensas meditaciones y un accidente automovilístico desembarazarme de mi sensación de culpa e inferioridad.

Un jueves en la tarde regresaba de la ciudad de Toluca, en donde les daba clases de meditación a niños, cuando ocurrió. La noche era oscura y lluviosa y mientras conducía pensaba en mis alumnos. Eran capaces de las más sorprendentes hazañas de percepción. Podían cambiar su punto de referencia perceptual a voluntad viéndose a sí mismos desde fuera de su cuerpo o viajando juntos a los más remotos lugares. Yo les había explicado que todo lo que existe en el universo se encuentra en cada uno de sus puntos y que lo que ellos realmente hacían era decodificar la información sutil del espacio. En esto me basaba en los experimentos que realizaba en el laboratorio. Junto con Manuel Delaflor, un genio autodidacta que me ayudaba en la investigación, habíamos logrado demostrar que el cerebro humano es capaz de captar información muy sutil a condición de incrementar la relación señal-ruido. Los niños aprendían a hacer esto a través de la meditación y para ellos la visión extraocular era cosa de juego. Era encantador trabajar con infantes; su espontaneidad y buen humor me alimentaban y rejuvenecían. Me volvía uno de ellos y jugábamos sin importarnos la disciplina o el control. Ese día había tenido un problema con el subdirector del plantel, quien había regañado a mis alumnos al verlos fuera de clase. En realidad estaban practicando la técnica hindú de samyama, que consistía en obtener conocimiento directo de cualquier objeto o ser vivo a través de su observación. No entendía por qué no se enseñaban tales cuestiones en todas las escuelas. Los niños deberían aprender a aprender por sí mismos, a conocer su interior, a encontrarse para después tener acceso al conocimiento académico. Con mis niños eso intentaba. En sus viajes recorrían países y estrellas con su percepción acrecentada y luego, naturalmente, consultaban sus libros y manuales para corroborar lo visto. De esa manera todo adquiría significado.

De pronto, un pensamiento sombrío me invadió. Recordé mis fracasos con Félix y mi miedo a someterme ante su autoritarismo. En ese instante choqué con una rueda que se había desprendido del eje trasero de un camión sobrecargado. Me elevé en el aire y me fui a incrustar contra la barrera divisoria de los carriles de la carretera. El impacto fue terrible, al grado que rompió el cinturón de seguridad, que afortunadamente traía puesto. El automóvil rebotó por el golpe y quedó varado a la mitad del camino mientras un tráiler de 25 toneladas se aproximaba hacia mí a toda velocidad. Cuando el carro fue colocado a un lado del camino el chofer del tráiler me dijo que no me había matado de milagro. Pudo virar su dirección un instante antes del choque y eso hizo que en lugar de incrustarse en mi cuerpo, destruyera la parte posterior del automóvil. Esta era la tercera vez que me enfrentaba a la muerte y como en las dos anteriores pude observar todo el proceso en perfecta calma y ecuanimidad. Esto, en parte, se lo debía a Goenka y a sus enseñanzas.

Todo en la vida es un modelo y esta no era la excepción. Comprendí que la sobrecarga del camión representaba la sobrecarga de tensión en Félix, que se manifestaba en su autoritarismo. La salida de la llanta y mi choque con ella significaban el obstáculo que no había podido vencer y que me había desviado de mi camino. El haberme salvado dependía de la decisión de alguien (¿Jacobo Albert Grinberg-Zylberbaum?) que le importaba que siguiera vivo. Yo tenía la impresión de que mi vida ya había terminado, sobre todo a partir de mi última relación amorosa y de los sucesos en España. El hecho de sobrevivir quería decir que aún tenía cosas que hacer y aprender y debía reconocerlo.

No he vuelto a ver a José. La última vez fue después de que juntos organizamos un congreso internacional en Madrid.

Convencí a dos chamanes mexicanos, don Rodolfo de Jalapa y don Iván Ramón del Ajusco, de acompañarnos y ante el público español hablaron de su conocimiento y mostraron sus habilidades.

José se enfureció cuando le pedí cuentas del congreso y eso me hizo recordar que al invitarlo a conocer a Félix para organizar el otro congreso había aprovechado mi ausencia para descontarme y solicitar un porcentaje elevado de utilidades. Acerca de Albert, de vez en cuando recibo noticias confirmatorias de su existencia y de su conexión misteriosa con la mía.

XIX

MAYRA

La voz, por teléfono, era la de una anciana que solicitaba verme. Accedí después de un momento de duda. Al día siguiente apareció. No era una anciana sino una joven ciega guiada por un perro pastor alemán y acompañada de sus padres. La conduje hasta un sillón y me senté frente a ella. Su cara me pareció familiar, pero sus rasgos no eran mexicanos. Parecía más bien una criatura oriental. Sin preámbulos me contó la razón de su visita.

Hacía tres años me buscaba después de haber leído uno de mis libros que relataba mis experiencias con Pachita. Pero la razón real es que habíamos sido hermanos gemelos en Egipto y nos habían matado al pie del Sinaí cuando Moisés dictaba los 10 mandamientos. Volteé a ver a sus padres, a la perra y me rasqué la barba. Prosiguió diciendo que cuando leyó mi libro supo que yo era a quien añoraba desde hacía tanto tiempo. Después me dijo que había sido una princesa iraní y que había visto con sus propios ojos el asesinato de su único hijo. "Ahora soy ciega, igual que Pachita, porque en otra vida fui una bruja e hice muchas maldades". Hubo un lapso de silencio y después le pregunté qué es lo que quería de mí. Me contestó que deseaba aprender visión extraocular y volver a interactuar conmigo. Yo era su hermano y lo que la motivaba era el aprecio y el amor hacia mí.

Me cautivó su sinceridad y espontaneidad. Además me fascinó la posibilidad de desentrañar su misterio. Era experta en dar masajes y trabajaba como vidente en un templo espiritualista de la Ciudad de México. Quedamos de vernos, en mi laboratorio, tres veces por semana.

Durante más de un año trabajamos juntos. A la mitad de la sesión entraba en trance y me contaba los más extraordinarios sucesos. Según ella, recibía comunicaciones directas de su verdadero padre, un extraterrestre que habitaba en otra galaxia. A los seis meses de reunirnos me confesó que había sido escogida, junto con otra media docena de habitantes de la Tierra, para recibir enseñanzas dictadas desde una nave localizada en la cercanía del planeta. Esa enseñanza, según ella, era necesaria para evitar un cataclismo que se aproximaba. Yo por mi parte la trataba de convencer de que toda consideración de la existencia de entidades separadas de nosotros provenía de un limitado rango de la percepción. Le decía que en un nivel de conciencia existían objetos y seres separados unos de los otros, pero en otro lo que se vivía era la Unidad sin separaciones. Aquello la escandalizaba y contradecía todo lo que le habían enseñado en el templo espiritualista. Nos peleábamos por defender, cada uno, su punto de vista, pero poco a poco Mayra comprendió que existía con la capacidad de tener acceso a la Unidad, y yo, al mismo tiempo, comencé a recordar eventos muy lejanos. Los escribí y reuní en una novela titulada *La fuerza vital del cielo anterior*, en la que un hombre escribía todo lo que recordaba de sus vidas pasadas. Yo mismo era ese personaje y pude reconstruir 12 existencias. No puedo afirmar que sean verídicas o que mis supuestos recuerdos eran de vidas pasadas. Lo que sí comprendí es que a través de ejercicios de rememoración como este es posible entender la liga que existe entre acontecimientos. Quiero decir que eventos aparentemente independientes unos de los otros no lo son, pero solo una visión ampliada en el tiempo puede llegar a comprender las conexiones que los ligan. Es como la percepción visual. En el lenguaje de don Juan, una imagen se liga con la siguiente a través del "pegamento de la realidad". En la neurofisiología ese pegamento es la memoria icónica. En acontecimientos separados por mucho tiempo, el pegamento es algún tema magistral que se orquesta poco a poco.

A pesar de todas mis experiencias previas, algunas de las cosas que afirmaba Mayra me provocaban desconcierto e incredulidad. Por ejemplo, afirmaba ser la sucesora de Pachita. Pero no eran meras palabras. Pronto organizó toda una excursión a Chapultepec porque escondido junto a un árbol se encontraba el cuchillo de cristal de Cuauhtémoc y hallarlo significaría un designio y una evidencia de su destino. La búsqueda fracasó, pero una mañana, junto al piano de su casa, apareció un cuchillo de cristal. Me lo mostró en el laboratorio y yo sospeché que era de hechura reciente. A pesar de eso comenzó a recibir enfermos en su casa. Montó una especie de quirófano y realizó operaciones bajo trance y guiada por un conjunto de médicos y especialistas ya fallecidos que se encargaban de dirigir las maniobras quirúrgicas.

Sospeché que mi afición por Mayra era resultado de una necesidad por acabar de romper todas mis estructuras mentales. ¡Qué importaba saber si lo que decía se ajustaba o no a mis concepciones!, lo que interesaba era que Mayra funcionaba en una forma totalmente distinta. Su madre me confesó que la ceguera de su hija probablemente era consecuencia de una radiografía que se había tomado a los tres meses de su gestación. Algo había mutado en esta muchacha que la hacía percibir niveles de la realidad que nadie más veía. Poco a poco nos fuimos distanciando por mi incapacidad para compartir su mundo. La recuerdo con mucho cariño y agradecimiento.

XX

SAFED

La cábala dice que la raíz de cualquier manifestación se encuentra situada en un nivel sutil cercano a Dios o más bien a sus emanaciones. Pero como todo, tal nivel adquiere real significado cuando no solamente se le comprende sino se le vive y se logra verificar en uno mismo. El evento es espectacular puesto que sitúa a quien lo vive en el "lugar" desde el cual se decide. La cábala es la ciencia del éxtasis y todo su conocimiento es acerca de las relaciones entre los hombres y Dios. Prueba de mi fascinación por este cuerpo de enseñanza son las dos narraciones reproducidas al final de este libro.

Safed, una ciudad situada en la Galilea, albergó a los más grandes cabalistas de todos los tiempos. Todavía existe y todavía, en ella, se estudia esta ciencia. Aproveché mis viajes a España para visitarla y me encantó su espíritu religioso y su apariencia tranquila y clásica. Asistí durante tres noches y en sueños a sendas ceremonias de iniciación y en el día recorrí sus centros de estudio y conversé con los cabalistas que allí residen.

En el libro que recién había escrito, inspirado por Mayra, una de las vidas transcurre en Safed. En ella, el personaje que rememora se convierte en alumno directo de Isaac Luria. Visité la tumba de Luria, toda pintada de azul como aviso de que su "ocupante" había cumplido su última encarnación. En el judaísmo se acepta la existencia de la reencarnación aunque la concepción es compleja (véase la última narración al final del libro). La energía del lugar era misteriosa y centrada en el Ser como si Isaac Luria la estuviese alimentando. En Israel me sentí como en mi casa y en Tel Aviv conocí a Yechiel Shemer, director de un instituto de cábala. Nos reconocimos como si fuésemos viejos amigos y me invitó a asistir a sus cursos. Todos los días se reunían, en el sótano del instituto, él y sus discípulos para discutir los misterios de la cábala. Uno de estos, quizá el más importante, es el de la Unidad. Para una célula del cuerpo, la unidad corporal es un misterio que, sin embargo, la afecta y determina sus operaciones. Igual sucede con cada uno de nosotros. Pertenecemos a una misteriosa unidad y de allí provienen nuestros pensamientos e ideas más profundas. En una meditación acerca de la palabra Uno aprendimos (bajo la guía de Yechiel) a situarnos en diferentes estratos de unificación.

En Jerusalén medité frente al Muro de los Lamentos reconociendo mi ser judío y admirándome de su esencia. Visité a mi tía Ida y a mis primos y me mostraron la vida de una familia israelí desde dentro y considerándome uno más entre ellos. Conocí los kibutzim actuales y me admiré de su tecnología y del desarrollo de sus miembros. Ellos habían querido construir una sociedad ideal, igualitaria y dedicada al trabajo de la tierra. Me dio pena oír que todo el movimiento kibutziano se encontraba en una grave crisis económica debida a los intereses que los bancos les cobraban por préstamos. Adjudiqué la situación a una desviación ideológica. Estas comunas nacieron para conectar al espíritu judío con la tierra pero, en su afán de comodidades y ganancias, habían construido grandes industrias y fábricas automatizadas cuyo capital habíanlo solicitado a bancos.

En un moshav[1] conocí a Roy Netz, experto en la interpretación de rasgos corporales. Al estudiar las líneas de mis manos me

---

[1] Granja colectiva israelí pero con un sistema de propiedad privada.

dijo que acababa de pasar por una terrible crisis provocada por mi relación con una mujer y que estaba a punto de conocer a mi verdadera compañera. Me advirtió que dependía de mí aceptarla o no porque esa sería la última oportunidad para formar una relación estable.

XXI

TERITA

La conocí en una reunión, vestida al estilo iraní y con unos ojos rasgados que le daban una apariencia extraña. Más rara me pareció su conducta y lenguaje. A los pocos meses la volví a ver en un retiro de meditación organizado por Carlos Ortiz. Esta vez me atrajo y platicamos. Viajamos juntos a Cuixmala en Jalisco y conocimos el proyecto ecológico de sir James Goldsmith, el tercer o cuarto hombre más rico del planeta. Bastaba una orden suya para que sus ingenieros construyeran lagos artificiales, represas y ríos. En su playa privada nadamos encantados y al regresar a México decidimos vivir juntos. Yo no estaba dispuesto más que a ser yo mismo costara lo que costara. Terita me aceptó tal y como era y su amor incondicional me fue conquistando poco a poco. Pronto me olvidé de mi soledad y comencé a disfrutar. En la cabaña de la montaña dormíamos abrazados y nos levantaban los cantos de los pájaros. En el bosque nos asombraban las luciérnagas y las estrellas de la noche. Caminábamos durante horas en medio de las milpas y los plantíos de nopal en los Altos de Morelos. Me empecé a olvidar de conceptos y planes. Lo más nimio se constituía en lo más mágico y misterioso en un presente sin fin. Las gotas de rocío depositadas en las hojas de las matas de anís, el paso de una nube y la coloración del atardecer eran gotas, nubes y colores y al mismo tiempo no lo eran. Empecé a escribir *El sabor de la iluminación* y mi espíritu coincidió con el zen, el budismo, el cristianismo y el judaísmo en un estado de "ignorancia iluminada". Nada deseaba y todo me era proporcionado. Sin tierra y sin madre, la tierra y el espíritu femenino me acariciaban y protegían depositándome en la vivencia pura y simple del amor. Comprendí todo lo que había dejado a un lado por temor y traumas y me reconocí como un ser humano igual a cualquiera.

La vida continúa y lo más importante es vivirla con plenitud. Nada en ella acontece por azar y eventos que aparentemente no guardan relación entre sí poco a poco se comprenden como vinculados. En ocasiones es necesario esperar muchos años para entender el significado de algún suceso. Cuando se logra la percatación de una conexión, se adquiere conciencia y esta se expande a medida que el tejido de la existencia aparece ante los ojos.

Este libro me ha ayudado a "ver". Ojalá que quien lo lea también sea auxiliado en la comprensión de su propio camino y en el goce de su significado.

Actualmente (1990) vivo dedicado a escribir y a la investigación en mi laboratorio de la Universidad de México. Aprecio cada vez más a esta casa de estudios porque en ella me siento libre para indagar en el conocimiento sin presiones y en un clima de libertad e independencia. Sin embargo, mis ideas no son aceptadas y la prueba de ello es el rechazo que he recibido por parte del establecimiento científico. En México existen estímulos económicos para el científico, pero estos no son asignados a personas que como yo mantenemos una línea de investigación no ortodoxa.

Ese rechazo y el aislamiento consiguiente junto con un ingreso económico menos que suficiente me provocan mucha tristeza. Me siento como excomulgado y viviendo al margen de la sociedad. Quizá ese es el precio que se debe pagar cuando uno no acepta someterse al paradigma imperante. Creo que en este punto mi vida corresponde con los sucesos que vive el planeta. En 1989 la Europa Central recobró su libertad oponiéndose a seguir sometida a los regímenes autoritarios comunistas. Millones de seres humanos, cansados por impedírseles ser ellos mismos, decidieron empezar a dirigir sus propios destinos. Ellos ganaron la batalla, yo sigo en la mía y me parece que no dejaré de hacerlo a pesar de que no es cómodo ni fácil.

En el laboratorio he descubierto, junto con mis alumnos, que los cerebros humanos están interconectados y que lo que le suceda a uno de ellos afecta al resto. De la misma manera, el cerebro humano capta todo lo que sucede, aun en lugares distantes, pero para que esta captación alcance la conciencia y sea percibida en forma consciente se requiere del logro de un silencio interno o del incremento de la relación señal/ruido. Todo esto apoya la consideración de Unidad y de modelaje. Es decir, cada uno de nosotros es un modelo que se ve afectado por lo que sucede en todo el universo y en el conjunto de las mentes individuales que forman la colectividad. Por ello, no es extraño que en una vida humana particular se manifiesten patrones que también ocurren en el colectivo. La lucha por la libertad y el repudio al autoritarismo está aconteciendo en todos y en cada uno. Esto no quiere decir que en la Unidad no exista la individualidad. Cada quien manifiesta el mismo proceso pero en una forma única y no repetible. Enriquecemos a la Unidad y la afectamos de la misma forma en la que somos afectados por ella. Pero la victoria reciente no parece ser total. El fantasma de la avidez de poder todavía campea y se manifiesta; la supresión en una localidad lo impulsa a aparecer en otra como si ambas estuviesen conectadas por vasos comunicantes o por un resorte que al presionarse aumenta su tensión interna. No es entonces una casualidad que inmediatamente después de la derrota del autoritarismo en Europa surja el problema del golfo Pérsico. Sucede lo mismo en la vida humana. Una tendencia insana que se suprime en un área, fortalece su manifestación en otra a menos que todas se logren purificar. Esta purificación parece no ser operativa cuando se hace por la fuerza sino cuando se trasciende. Luchar en contra de uno mismo a lo que lleva es a incrementar una tensión interna que más tarde o más temprano tendrá que buscar alguna vía alternativa de salida. Esto es lo que probablemente acabó con la vida de mi madre y fue para mí suficientemente trágico para intentar repetirlo.

En mi relación con Terita lo no resuelto en mí se manifiesta y en ocasiones crea problemas y tensiones. La diferencia con el pasado es que existe conciencia de las proyecciones y claridad en las causas de los conflictos. Quizá algún día llegue a ser totalmente feliz o quizá nunca lo consiga. Lo que sí soy capaz de empezar a hacer es ver los momentos de felicidad y tristeza desde la misma perspectiva, desde el mismo lugar, percatándome de sus ritmos y oscilaciones pero sin verme afectado por ellos. Este lugar desde el cual atestiguo y que está más allá de los cambios es una primera victoria en esta Batalla por el Templo. Pero la identificación con el Observador no es suficiente. La vida debe estar llena de emociones experimentadas desde dentro, por lo que a la percatación debe sumársele la vivencia. Ambas, en simultaneidad, otorgan calidez y al mismo tiempo trascendencia. La identidad con el Observador no basta por otra razón aún más profunda y esta es que el Observador no existe sino como una herramienta intermedia en el camino. Dice la cábala que en Dios existe una Unidad perfecta del conocimiento, el conocedor y lo conocido. La autorreflexión divina contiene todo el conocimiento en sí misma sin necesidad de acudir a externos puesto que en ese nivel todo sucede adentro. El conocimiento de cualquier evento es allí autoconocimiento. Lo mismo debe esperarse que acontezca para la conciencia humana en su extremo más avanzado de desarrollo. En este la dicotomía y aparente separación entre el Observador y lo observado deben desaparecer hasta el grado de percibir que "la imagen se ve a sí misma" o el "sonido se oye a sí mismo" tal y como lo afirmaba Goenka. Pero aun en este estado de Unidad la individualidad persiste y la dicotomía entre individualidad y Unidad se trasciende. Los pocos instantes en los que he logrado vivir tal estado me han llenado más que ninguna otra cosa y me dicen que la motivación durante mi trabajo con Pachita era genuina y que mi interés en la investigación del cerebro también lo es.

Siento que existe otra victoria y también tiene que ver con la percepción. Me estoy convirtiendo en un ignorante iluminado. Cada vez me es más fácil percibir la realidad sin preconcepciones, es decir, como si acabara de crearse. Es un no saber delicioso en el cual todo se vuelve nuevo y lo único que se mantiene es la conciencia clara acerca del propio estado. Prefiero tal ignorancia a cualquier conocimiento porque en ella todo asombra y se santifica lo cotidiano. Digo lo cotidiano por darme a entender porque en tal estado no se sabe a qué hace referencia tal término.

Con Terita esto se manifiesta de continuo. Lo que antes me hubiera parecido conocido y repetitivo se convierte en nuevo y asombroso y tal percepción se acompaña de una especie de ternura por la vida y todas sus manifestaciones. La misma vida, el hecho de estar vivo se convierte en un milagro inexplicable...

NARRACIONES

EL PEZ Y EL AVE

Un pez dorado estaba asombrado por el vuelo de las aves. Le gustaba asomarse a la superficie del agua y ver cómo la golondrina se trasladaba por el espacio abierto al agitar sus alas. Le encantaba analizar sus movimientos y pensar que estos le permitían alcanzar grandes velocidades.

Entendía el mecanismo del vuelo... y deseaba volar.

Una golondrina estaba asombrada por el nado de los peces. Le gustaba volar por encima del estanque para ver cómo el pez dorado, al mover su cola, se trasladaba en el agua, transparente y fresca.

Le encantaba analizar la forma en que el pez se quedaba flotando: inmóvil y sin esfuerzo, y cómo en un santiamén cambiaba su posición.

Entendía el mecanismo del nado... y deseaba nadar.

Un día de sol, la golondrina le habló al pez:

—Si tú me enseñas a nadar, yo te enseñaré a volar.

Y el pez le contestó con una sonrisa:

—Trato hecho.

A partir de ese momento se hicieron amigos.

El pez le explicó a la golondrina todos los secretos de la natación y le enseñó a doblar sus alas y moverse de tal forma que le permitiera penetrar en el agua y trasladarse en ella.

La golondrina, a su vez, enseñó al pez cómo adquirir suficiente impulso en un movimiento ascendente desde la profundidad del estanque. Le explicó que este impulso le haría salir del agua y que, una vez en el espacio, tendría que mover la cola y así podría volar.

El aprendizaje fue lento y peligroso, pero llegó el momento en que todos los movimientos fueron aprendidos y se decidió hacer la prueba final.

La golondrina, ansiosa, le dijo al pez:

—Estás preparado para volar, ahora debes intentarlo.

Y el pez, preocupado, replicó:

—Tú también lo estás, si así lo deseas puedes nadar.

Los dos se prepararon, respirando hondo y después de un momento de vacilación, se atrevieron...

Alguien, a la orilla del estanque, tuvo una visión fantástica: vio volar a un pez dorado y nadar a una golondrina.

Cuando se volvieron a encontrar, los dos notaron que cada uno tenía un brillo especial en los ojos, era un reflejo profundo y sereno.

El pez miró a su compañera y le dijo:

—Cuando volaba hice un descubrimiento: sentí que te podía conocer como nunca antes me imaginé. Viví mi vuelo siendo tú y siendo yo.

La golondrina, sonrojada, le contestó:

—Yo sentí lo mismo.

El pez, "frunciendo el entrecejo", miró una hoja que flotaba en el estanque; parecía querer decir algo muy difícil o penoso. La golondrina le demandó:

—¡Dilo de una vez!

—... También descubrí otra cosa... Supe que mi nado no era diferente de tu vuelo, sentí que antes había nadado como un autómata y que me había olvidado de que nadar es también bello. Además...

El pez no se atrevía a terminar, miraba en una dirección y después en la otra evitando enfrentarse con la mirada de la golondrina, que esperaba pensativa; por fin el pez prosiguió:

—... Además, entendí la razón del olvido, solo veía tu vuelo y quería ser como tú, pensaba que lo mío no podía ser tan hermoso como lo tuyo... Ahora sé que ambas cosas lo son.

La golondrina sonreía, se acercó al pez y abrazándolo le confió:

—Los dos hemos aprendido lo mismo, nada a partir de este momento será igual... Mi vuelo será lo más maravilloso y tu nado también, tú estarás en mí y yo en ti, pero los dos seremos lo que somos y nada será mejor ni nos podrá enseñar más.

Cuentan que a partir de ese día algo extraño sucedía cerca del estanque...: un pez dorado estaba aprendiendo a nadar y una golondrina a volar.

LA ABEJA Y SU PANAL

Una superficie plateada, móvil y llena de estrellas. Un vapor húmedo y caliente surgiendo de la frescura… Un día de sol y un lago. Un volumen rojo con centro excitado, pistilos erectos, sensuales, expectantes de polen…: una flor. Un sonido cambiante, armónico y puro; un canto de vida, viril y delicado, intenso e ingenuo…: un ruiseñor.

Un panal… oscuro, frío, matemático, ordenado.

La abeja X38 en su interior, lamiendo las celdas, cuidando de su limpieza, obsesiva, metódica en sus movimientos, determinada y estructurada…, encarcelada.

Un sol, un lago, una flor y un ruiseñor… afuera. El orden, la rigidez, la estructura y el acuerdo… adentro.

Cierto día algo pasó en el panal, un pan de cera se desprendió de su amarre y al caer agrietó una de las paredes.

La abeja X38, angustiada y llena de pánico, corrió al lugar de la catástrofe. Estaba entrando luz por la grieta, un hilillo deslumbrante y cálido, y además aire fresco con vapor de montaña. La abeja X38 no lo podía soportar: "¡Nada existe fuera del panal!", esas eran las enseñanzas. "¡Nadie es fuera de la geometría y la estructura perfecta de las celdas!", tal era la orden.

La X38 arregló la grieta, colocó la cera en el lugar que le correspondía y se fue a descansar.

No quería recordar... un hilillo de oro, cálido, y un olor de frescura de montaña..., pero la visión volvía y volvía y un pensamiento muy débil y tímido empezó a ser escuchado: "Hay cosas que no conoces, no todo es la estructura..., existe algo afuera".

A la mañana siguiente la abeja X38 se acercó al lugar del accidente; tocaba con sus antenas el arreglo hecho la víspera, tratando de encontrar algún punto que no hubiera quedado hermético; no halló errores. Un pensamiento divino: "Muy bien, te felicitarán por el arreglo, puedes sentirte orgullosa".

La abeja se sentía desconcertada: antes el pensamiento le hubiera dado una máxima seguridad, pero ahora no podía sentirse completamente feliz; dijo para sí: "Esta sensación es absurda, una abeja no debe pensar, solo debe hacer bien su trabajo".

Ya más tranquila, se fue a limpiar, ordenar y construir celdas; las abejas a su lado hacían lo mismo, luego todo estaba bien, fijo y seguro.

Tres días después un sonido traspasó las paredes herméticas del panal, era un canto armonioso y dulce; las obreras se miraron..., era necesario engrosar las paredes para que ningún sonido les hiciera interrumpir su trabajo. La abeja X38 sintió un intenso deseo de seguir escuchando, pero, puesto que todas sus compañeras opinaban que era importante engrosar las paredes, fue a ayudarlas. Extraño sentimiento; la X38 no engrosaba las paredes como sus compañeras, se veía a sí misma haciéndolo: "Una abeja no puede pensar en sí misma y menos aún verse a sí misma".

Algo extraño estaba pasando; había luz y calor y olor y canto.

La mañana siguiente se inició la búsqueda; la abeja X38 había desaparecido. No hubiera habido problema alguno si la desaparición hubiera sido resultado de un accidente. Si la X38 hubiese sido muerta o raptada, nadie se preocuparía; pero la desaparición no había sido accidental.

¡La X38 había sido sorprendida saliendo por sus propias alas del panal!

Jamás se había visto tal afrenta y tal traición. Era necesario encontrarla para que se convenciera de que el panal era lo único que existía, que todo lo demás era una fantasía y un peligro.

La abeja X38 estaba admirando el lago; jamás habíase sentido tan feliz, sintió la frescura del agua, olió la delicia de la flor y cantó con el ruiseñor. No hubo tiempo para más…

JANIOS Y OR

Or era un jefe muy maduro y jamás había permitido que el pánico cundiera entre su gente, y no iba a empezar a hacerlo ahora. Era cierto que aquel resplandor, el ruido terrible y el calor habían logrado alterar su característico estado de serenidad y la tranquilidad que por más de veinte años había logrado mantener en sus dominios. Pero todo eso había pasado ya, y ahora lo único importante era reconstruir las chozas destruidas y apagar los incendios.

La asamblea de ancianos, reunida en la cueva ceremonial, le pedía explicaciones: ¿qué había causado la aparición de la luz, el maremoto, el calor? ¿Por qué el mar había cambiado de color? ¿Por qué Or había dicho que todo había cambiado de color? ¿Por qué si Or había dicho que todo había concluido, seguían apareciendo los peces muertos y caía aquella ceniza del cielo?

Or no lo sabía, así se los hizo saber a los ancianos, pero también les hizo ver su decepción al notar que no habían aprendido que el mundo era mucho más misterioso y maravilloso que cualquier estructura que pretendiera explicarlo. Los ancianos comprendieron y dentro de cada uno de ellos surgió la certeza de que Or seguía siendo el maestro y dirigente, puesto que los hacía aprender.

A la mañana siguiente la noticia era comentada por todo el pueblo, habían encontrado dos cuerpos humanos cerca del arrecife. Uno de ellos tenía graves quemaduras en todo el cuerpo y parecía haber muerto. El otro todavía respiraba aunque muy débilmente. Or dio órdenes de llevar al sobreviviente a la choza mayor del poblado, en donde recibiría los cuidados adecuados...

El mayor orgullo de Or eran sus reuniones con los niños. En la madrugada de todos los días acudían todos los niños del poblado a la casa de Or y durante cuatro horas discutían acerca de sus sueños, hacían ejercicios de imaginación y platicaban de lo que habían aprendido el día anterior. Or les contó que había soñado con su difunto padre, el cual, en su sueño, le había señalado el fruto de un árbol y, tomándolo con la mano, lo había examinado detenidamente mientras lo comía.

"Esto —les decía Or— significa que el conocimiento real se basa en dos procesos. Uno de ellos es el saber y el otro el sentir". Les reveló que en el sueño su padre así se lo había indicado al tomar el fruto, observarlo y comérselo. "Alguien que sabe —decía— es capaz de conocer lo que le rodea al observar las relaciones de lo observable, sin que al mismo tiempo deje de sentirlas". Los niños asentían encantados. Uno de ellos mencionó que el día anterior había experimentado algo semejante al sueño de Or. Cuando estaba haciendo el amor con su amiguita había entendido que alguien que sabe las cosas sin ser capaz de sentirlas realmente no las sabe. De la misma forma, alguien que siente las cosas pero no las entiende, no las conoce. Es por ello que la verdadera sabiduría solo existe cuando se entiende y se siente.

Una niña contaba que había comprendido que sentir no tenía límites, que estos aparecían cuando se caía en un esquema rutinario y cuando se era espectador de sí mismo. Había visto una flor..., era bellísima, y al observarla había sentido que la amaba. Esta sensación había llegado a ser tan intensa que le empezó a dar miedo. En ese momento dejó de amarla, lo cual demostraba que la sensación de amar existió hasta el momento en que empezó a pensar en la intensidad de su sentimiento. Por tanto, hubiera seguido si el miedo no hubiera aparecido. Or pensó que era maravilloso aprender de los niños, lo que decían era lo más profundo y real.

Para Or, el día era altamente estimulante; después de la reunión con los niños analizaba con los ancianos cuestiones filosóficas, el día de hoy hablarían acerca de la certeza y su relación con el conocimiento. Al acabar la discusión, Or tenía planeado ir a visitar al sobreviviente... ¿Qué es lo que había sucedido? En verdad los ancianos tenían razón al sentirse preocupados; nunca había pasado algo semejante. Or pensaba que aunque fuera lo peor, no debía afectarlo, si bien no podía evitar sentir curiosidad y preocupación... Probablemente el sobreviviente sabría...

Cómo dolía el cuerpo..., todo movimiento representaba un esfuerzo gigantesco, probablemente tenía algunas fracturas y seguramente quemaduras de primero y segundo grado. Janios trató de abrir los ojos, la luz era quemante y además... ese olor extraño, mezcla de sudor, humo, paja mojada y orines. Empezó a recordar... La vista desde el globo astronómico era espectacular, el mar mostraba un color intensísimo, la atmósfera era límpida y no se veía nube alguna. Su compañero estaba ocupado con el barómetro cuando les llegó la transmisión radiofónica. Solo alcanzaron a oír el jadeo y la desesperación del operador, y ahora esos dolores y el olor desagradable.

Or observaba a Janios, adivinó los sufrimientos y sintió su esfuerzo desesperado por abrir los ojos. Su cuerpo era musculoso, las arrugas en la cara indicaban una persona de carácter fuerte y con capacidad de decisión. Or no podía asegurarlo, pero sintió que aprendería muchas cosas del herido. Janios se asombró de la estatura de Or, era un verdadero gigante. La mirada de aquel Goliat era extraña, había un brillo fosforescente en sus ojos, y su expresión era filosófica; aunque por su vestimenta se adivinaba que era un hombre primitivo, quizá algún miembro de una tribu que no se había puesto en contacto con la civilización.

Or le preguntó cómo se llamaba, la contestación de Janios fue una mezcla de sonidos guturales y tonos agudos. Tendrían que enseñarle su idioma, de otra forma no iban a poder comunicarse. Or pidió a dos de sus niños que le enseñaran a hablar a aquel hombre.

La reunión con los ancianos se realizó seis meses después. Janios se encontraba perfectamente recuperado y su conocimiento del idioma nativo era ya suficiente para poder comunicarse fácilmente con ellos.

La reunión había sido idea del propio Janios. Los últimos dos meses se le había visto desesperado y molesto, todo lo que veía parecía ponerlo en un estado de ánimo muy parecido al mal humor. Las pocas ocasiones en que hablaba mencionaba su desacuerdo con lo que le rodeaba y explicaba que se estaban cometiendo muchos errores en la forma de educar a los hijos, en la manera de comunicarse y aun en la de hacer el amor, así, a la vista de todos. Cuando Janios hablaba, todos le escuchaban y le sonreían, pero nadie parecía tomarlo muy en serio...

Los ancianos se dispusieron a oír a Janios, Or les había pedido que fueran considerados y que no olvidaran que Janios tenía una historia y experiencias internas muy diferentes de las que ellos compartían.

Janios empezó agradeciendo todas las atenciones y amabilidades que le habían dispensado. Or notó el desconcierto entre su gente, era absurdo que alguien agradeciera, era verdad que Janios venía de un lugar muy alejado pero era exagerado su primitivismo.

Janios empezó a explicar que en su lugar de origen se le consideraba toda una autoridad por su conocimiento y manejo de la ciencia.

Era inconcebible, el mismo Or empezó a inquietarse, sus niños entendían desde los cuatro años que vanagloriarse por tener conocimientos solo significaba que estos no existen sino como datos, y he aquí una persona aparentemente adulta que no había pasado de los cuatro años.

Un anciano empezó a hablar, Janios le pidió que lo dejaran terminar, esta observación provocó tal risa entre los miembros del consejo que Or se vio obligado a intervenir. Hizo una señal que significaba "tened paciencia" y los ancianos —sonrientes— comprendieron.

Janios no entendía lo que estaba sucediendo, nunca se hubiera imaginado que una petición tan normal fuera capaz de provocar tal escándalo, realmente la tribu era muy primitiva. Tomó aliento, se alisó el pelo y siguió hablando:

—Las academias de ciencia de siete países me nombraron miembro honorario en reconocimiento a mi labor. Todo esto se los digo para que comprendan y no malinterpreten lo que deseo comunicarles.

Or se sentía mareado, pedirle al consejo de ancianos comprensión solo significaba que se le ponía en duda *a priori*, era la máxima inseguridad y desconfianza. Mencionar la posibilidad de malinterpretación solo significaba que se encontraban frente a un ser que no había aprendido nada en su vida y que había nacido y crecido en una sociedad en plena decadencia.

Los ancianos se miraron entre sí, todos sentían una gran lástima. Janios estaba seguro de que la reacción que veía era señal de que lo habían empezado a respetar, se sintió más tranquilo y continuó:

—He notado una serie de errores en la forma como están organizados y sobre todo en cómo educan a los niños. Créanme que el único motivo que me lleva a comunicarles todas estas observaciones es el deseo de ayudarles.

Or, con un tono irónico que asombró profundamente a los ancianos, le pidió a Janios que fuera un poco más concreto.

—Precisamente pensando en ello —le contestó Janios— me voy a permitir mencionar algunos ejemplos que espero que no les incomoden.

Or empezó a entender. Que Janios pensara que se podían incomodar solo significaba que le habían enseñado a no respetarse a sí mismo. Indicaba una mentalidad dicotómica que podía llegar al extremo de avergonzarse de sus propias acciones. Era obvio, solamente una persona que ha sentido vergüenza de lo que hace puede llegar a pensar que otros también la pueden sentir.

Or dejó de oír a Janios, pensaba cómo hacer la transformación, debían enseñarle a no invalidarse y eso solo se lograría poniéndolo en contacto con su esencia...

—El primer ejemplo se refiere a una escena que observé hace tres meses...

El plan era simple pero difícil de llevar a cabo, dejaría que Janios le enseñara su ciencia y poco a poco lo llevaría a comprender...

—Deben ustedes cambiar, lo que está sucediendo en su cultura solo los llevará al caos, bastará con que surja de entre ustedes algún dictador para que los convierta en esclavos...

Crearía un seminario, invitaría a Janios a enseñar, y los alumnos serían él y los niños...

—Una sociedad sin leyes y reglamentos deja de ser sociedad por definición, las leyes evitan el desorden e impiden que los unos se aprovechen de los otros...

Tendría que hablar con los niños, les explicaría y ellos entenderían...

—La civilización de donde provengo tiene mucho que enseñarles; si al menos permitieran, les mostraría cómo lograr conocimientos absolutamente objetivos...

—A pesar de todo lo que está diciendo, debe ser capaz de lograrlo, será muy difícil y tedioso, pero con ayuda de los niños se podrá hacer...

Janios había terminado, miró al consejo como esperando una respuesta, los ancianos veían a Or con una expresión de asombro y como preguntándole si no sería mejor pedirle a Janios que regresara a su "maravillosa" civilización.

Or se levantó, se acercó a Janios y colocando sus brazos en los hombros de este se volvió hacia los ancianos. Su mirada era chispeante y la expresión sonriente. Los ancianos comprendieron que Or había tenido una cognición. Or miró a los ojos de Janios y le dijo en el tono de voz más serio de que era capaz:

—Mañana empezarás a enseñarnos.

El consejo estaba regocijado, Janios se había ido a descansar y Or les explicaba lo que trataría de hacer. Un anciano empezó a hablar:

—Hoy he comprendido que las luces, el maremoto y los peces muertos fueron obra de gente parecida a Janios; entendemos y aprobamos tu idea, Or, solo te pedimos que tengas cuidado, de fallar tu intento todos seremos responsables y así lo aceptamos.

Or miró al anciano, pensó que el final de la vida se conectaba siempre con su comienzo; le dijo:

—Han, me sorprendes, un niño de dos años se hubiera dado cuenta y hubiera entendido mejor que tú, no dejes que algo tan simple te impresione, recuerda lo que has aprendido y jamás dudarás.

Los niños esperaban en la choza. Hoy recibirían su primera lección acerca de la ciencia. Mientras esperaban a Janios, meditaban sobre el significado de aquella rara palabra. Or les había dicho que se pondrían en contacto con un mundo muy diferente del que siempre habían conocido, y que tenía una confianza absoluta en que podrían comprenderlo y manejarlo. Janios se presentó exactamente a las ocho de la mañana.

—Hoy hablaremos acerca de la necesidad e importancia del conocimiento científico. La ciencia se inició en el instante en que el hombre se planteó una interrogante y pudo resolverla en forma objetiva...

—¿Tú quieres decir —preguntó Gir— que la ciencia consiste en plantear preguntas y contestarlas?

—¿Qué quieres decir con "en forma objetiva"? —interrogó Clar.

—Lo que les quiero mostrar —contestó Janios— es que plantear preguntas y contestarlas es solo un medio para lograr entender y explicar los fenómenos naturales. "En forma objetiva" quiere decir que el conocimiento científico es igual para todo el mundo.

Los niños empezaron a inquietarse; aunque recordaban las palabras de Or sentían que Janios era muy extraño. Olef, el mayor de todos los niños, se levantó de su asiento y, mirando a Janios, le dijo:

—Cuando alguien plantea preguntas y busca explicaciones significa que de antemano las tiene; si esto lo hace en relación con la naturaleza, comete el error de pensar que ella se ajustará a sus estructuras y olvidará que estas son siempre más estrechas y simples que el conocimiento que desea adquirir. Si además piensa que ese conocimiento debe ser igual para todos, no tiene en cuenta que cada uno de los que forman a "todos" se encuentra en diferente etapa del camino. Desear enseñar el camino pensando que lo podrá transmitir es caer en un error. Hace que quien quiere enseñar piense en la enseñanza y deje de vivir. La única enseñanza posible es aquella que surge de alguien que *es* y que por tanto no se interesa en enseñar.

Janios adoptó la postura más pacífica que pudo y en un tono de voz amable les dijo:

—Quien busca explicaciones no por fuerza las tiene de antemano, tan solo se ha planteado una pregunta y no confía en su subjetivismo para contestarla, por lo que prefiere interrogar directamente a la naturaleza. El conocimiento que así adquiere puede no ser entendido por algunos, pero eso no significa que no exista por sí mismo independientemente de quien lo entienda...

Olef insistía:

—Es cierto que las cosas enseñan, pero el conocimiento no está en ellas sino en nosotros. Desconfiar de lo que tú llamas subjetivismo equivale a pensar que el conocimiento es externo y está alejado de nosotros mismos. El único conocimiento válido es aquel que se basa y se sostiene en nuestro interior, siempre y cuando este sea libre para conocer; quien busca explicaciones sabe que existen, y además cree conocer el camino para encontrarlas. Tanto la idea de que existen como la utilización de un camino preestablecido hace que lo que se encuentre se adapte al camino, lo cual impide obtener conocimientos *nuevos* puesto que siempre son distintos de la idea que se tiene de ellos. Pretender conocer nuevas cosas con base en lo ya conocido impide lograr tal conocimiento. El conocimiento no existe fuera ni aparte de quien conoce. Por tanto, si alguien no entiende un conocimiento, este no existe para él. Puesto que él es quien le da el valor y la realidad al conocimiento, el hecho de que no sea parte suya necesariamente implica que no existe.

Janios se rascó la cabeza antes de contestar. Esto no gustó a los niños, sabían que el único conocimiento que alguien puede comunicar es el que resulta de una certeza. Jamás Or les había comunicado algo en lo que dudara, prefería no hacerlo. Pero he aquí alguien que dudaba —por ello el ademán de rascarse— y que a pesar de ello estaba interesado en hablar.

Janios sintió la actitud de desconfianza de los niños. Por primera vez desde que llegó a la isla, empezó a pensar que quizá esta gente no fuera tan primitiva como se había imaginado. No entendía bien el porqué de esta sensación pero tampoco dudaba de su realidad.

Decidió dar por terminada la reunión por ese día.

Janios no podía dormir, sentía un terrible vacío y no entendía por qué. Debía analizarlo y averiguar su procedencia, de otra forma se agravaría y el límite —lo sabía— sería la desesperación. De pronto lo entendió... La sensación de vacío había surgido en el momento en que habían puesto en duda lo único que poseía. Debía mostrarles el valor de la lógica científica, posiblemente la entenderían si lograba encontrar el ejemplo adecuado...

—Supongan —les dijo Janios a los niños al día siguiente— que quieren saber cómo crece una flor. Lo primero que se debería hacer es conocer las partes que la constituyen. Para conocerlas sería necesario utilizar un método. Podríamos disecar una flor y así separar sus componentes. Después tendríamos que tomar varios grupos de flores y a cada uno cortarle alguna de sus partes con el objetivo de averiguar cuál es la que produce el crecimiento. Podríamos cambiar las condiciones del suelo, la temperatura o la humedad y ver cómo crecen las flores en las distintas condiciones. Cuando supiéramos qué partes de las flores son esenciales para su crecimiento y averiguáramos las condiciones ambientales donde este es óptimo, podríamos conocer el crecimiento de una flor.

Clar preguntó:

—¿En qué momento, según la ciencia, deberíamos tener la vivencia de la flor?

Janios contestó que no entendía la pregunta.

—Es muy fácil —dijo Olef—, si quisiéramos entender el crecimiento de una flor, primero deberíamos vivir y amar a la flor.

—Ya entiendo —dijo Janios—, lo maravilloso del método científico es que no es necesario tener ese tipo de vivencias para poder entender a la naturaleza y así contestar las preguntas que le planteamos.

Casi al unísono los niños lanzaron una exclamación de perplejidad:

—Pero si no se ha vivido una flor, ¿cómo se puede pensar que se le va a entender? Además, ¿qué sentido tiene tal conocimiento?

Janios empezó a perder la paciencia.

—¿Cuál es —preguntó— el sentido de vivir una flor?

Luaf, el más pequeño de los niños, comenzó a hablar:

—Antes de que yo naciera no me habrías podido entender, fue necesario que yo existiera para que hubiera algo que entender en mí. La flor de la que hablas, solo la puedes conocer si antes la dejas nacer en ti. Primero tienes que vivir la belleza de la flor y después plantear preguntas acerca de ella. Si la flor no existe en ti, no puedes entenderla por la sencilla razón de que el entenderla también ocurre en ti mismo.

A Janios le empezó a doler la cabeza, sentía que en alguna parte había un malentendido, pero no podía aclarar sus características y procedencia. Casi en tono de súplica les dijo a los niños:

—Por favor, déjenme continuar y más adelante entenderán lo que les quiero decir. El sentido que le da la ciencia al conocimiento de la naturaleza es independiente de las sensaciones y emociones estéticas que se viven al percibir el objeto de conocimiento. No se deben confundir ambas cosas, pues eso solo trae como resultado una pérdida de objetividad.

—No te entendemos —dijo Olef—, para nosotros el conocimiento es una vivencia y ese es su sentido, en cambio para ti la vivencia no existe.

—Yo no estoy negando la vivencia —dijo Janios—, solo estoy diciendo que la sensación estética que ocurre en mi interior al ver una flor es independiente del conocimiento que puedo adquirir de la misma. El sentido de ese conocimiento es satisfacer mi curiosidad y darme medios para hacer flores más grandes o más chicas, con colores o sin ellos, con olores o con sabores, en fin, permitidme predecir y controlar a las flores o a cualquier otro objeto a mi alrededor. La capacidad de predicción y control me faculta para satisfacer las necesidades de aquellos que usan o gustan de los objetos que yo conozco, ya sean flores o telas.

Olef volvió a hablar:

—¿Qué sentido tiene hacer flores más grandes o más chicas, con más o menos colores, si con una de las ya existentes se puede tener la vivencia más profunda? ¿Cuál es el propósito de darle más olor a una flor si al mismo tiempo se niega la importancia de vivir el olor? En fin: ¿cuál es el sentido de conocer sin vivir?

—Pero yo te pregunto a ti —casi gritó Janios—: ¿cuál es el sentido de vivir sin conocer?

Olef entendió lo que le sucedía a Janios; con la máxima delicadeza le dijo:

—Lo que te sucede es que nunca has vivido, si lo hubieras hecho sabrías que conocer solo es posible cuando previamente se ha vivido.

Janios no contestó, miraba al vacío, con voz gutural y muy quedamente le dijo a Olef:

—Dile a Or que me enseñe a vivir…

Janios miró el techo de la choza, los travesaños que sostenían el tejado parecían haber sido colocados por alguien para quien el orden de las cosas no tenía importancia. "¿Cómo puede ocurrirme esto a mí? —pensaba—, todo era tan claro y seguro, y he aquí que bastan dos sesiones con unos ¡niños! —Janios movió las manos como pintando unas comillas semánticas en el aire— para que todo se venga al suelo".

"Lo más terrible es que nadie parece estar interesado en enseñarme, llevo muchos días esperando a Or y no viene. Yo hubiera reaccionado en forma diferente, de hecho yo les quería enseñar, deseaba que fueran más felices. Pero ellos no piensan en eso, solo se interesan en ellos mismos".

Janios llevaba quince días sin salir de la choza, la comida se la llevaban los niños o las mujeres; siempre llegaban a la puerta cantando o riéndose. Esperaban que Janios se diera cuenta, pero este parecía ser un tanto obtuso de entendimiento. En el consejo de ancianos se discutía el caso, algunos empezaron a dudar que Janios comprendiera. Or, en cambio, tenía la certeza de que más tarde o más temprano Janios empezaría a aprender de sí mismo. Decía que alguien que tan rápidamente había percibido a los niños como poseedores de algo diferente tendría que llegar a verlo en sí mismo.

Janios estaba desesperado, sentía que todo a su alrededor era hostil, y que él tenía la culpa de ello. Cerró los ojos como tratando de apartar el pensamiento de huir. Sabía que si lo hacía, moriría, pero era imposible dejar de pensar en salir corriendo, cortar unas ramas, construirse una balsa y lanzarse al mar en ella.

De pronto vio un lago, una luna llena anaranjada se reflejaba en su superficie. La brisa nocturna acariciaba su humedad y en sus orillas los pequeños arbustos y las pajillas color de leche se movían plácidamente como gozando de la frescura del viento y el olor del agua. Las montañas que rodeaban la superficie plateada parecían resguardarla de cualquier accidente. El agua, el viento, la luna y las montañas eran una sola construcción, todas eran parte de Janios y por primera vez en su vida él las percibió así.

De pronto, un aletear…, una garza blanquísima volaba por encima del agua transparente, el movimiento de sus alas era una sinfonía. Janios empezó a cantar una melodía, se dio cuenta de que esta representaba el vuelo y era bellísima, y también salía de él mismo. La garza se acercó a la superficie del lago, un ala rozó el agua y creó una serie de ondulaciones fantásticas que chocaban unas contra otras. Janios inventó la melodía de la garza en contacto con el agua, también era bellísima y representaba su visión como si fuera ella misma.

La garza flotaba en el agua, su cuerpo se movía con el oleaje, daba vueltas o subía y bajaba con un movimiento suave; la melodía cambió y se volvió plácida y alegre. El ave deseaba sumergirse en el líquido, tomó aliento y desapareció bajo el agua, la música se convirtió en la frescura del contacto. Janios podía cambiar la imagen y la música a voluntad, todo salía con una perfección inigualable, todo coincidía y todo provenía de su interior.

Janios abrió los ojos, entendió al poeta, al pintor y al músico, supo que había vivido, que Olef tenía razón, era el vivir lo que hacía aprender. Comprendió que solo era cuestión de dejar que su interior se manifestara libremente, sin pensar, sin analizar. "Esta —se dijo— es la única forma de conocer algo: es necesario dejar que nazca primero para después entenderlo. Si no nace y no es, no hay forma de entenderlo pues no hay modo posible de comprender aquello que no existe. Solo lo que existe se puede entender".

Or abrió la puerta, se acercó a Janios y lo miró directamente a los ojos. Janios sostuvo la mirada y con una sonrisa le dijo a Or:

—... Gracias por no haber venido.

EL DIÁLOGO

El zumbido de las moscas, la gota de agua destruyéndose abruptamente al chocar contra el fondo del lavabo, y el viento.

De cuando en cuando, el grito de algún pájaro perdido. La tierra húmeda y el cielo cubierto de gris hondura.

Silencio interno, solo atento y concentrado oír de lejanas sirenas, golpes de neumáticos y aviones perdidos.

Intenso y sofocante miedo; terror de lo evidente, angustia por lo obvio. De pronto un trueno agudo y penetrante, quebrar de cielo y tierra.

Desde la estancia un hombre recién nacido temblaba. Se había desnudado y, de pie junto a la ventana, reía.

—Me da lo mismo que seas dramático, no vas a asustarme, demasiado bien conozco tus enojos y malos humores. —La respuesta fue otro trueno y un súbito silencio de todos los pájaros e insectos.

—No tienes que repetírmelo —contestó el hombre—, la cuestión es muy clara, deseas comenzar la lucha y yo estoy dispuesto. Solo que no seas melodramático.

Los pájaros volvieron a trinar y una lluvia suave y espesa empezó a mojar las ciruelas y peras sostenidas de las ramas.

El hombre sonrió y haciendo un gesto de benevolencia habló de nuevo:

—Veo que estás de mejor humor y eso me satisface. La cuestión, tal como yo lo veo, es la siguiente: me has tratado de mostrar que existes fuera de mí mismo y crees que con tus rayos y truenos me vas a convencer. Estás completamente equivocado, solo eres parte de mí mismo. Acepto que en ocasiones me asustas, pero solo eres un rasguño en mi piel.

La estancia vibraba, el tictac del reloj aumentó de volumen y el viento movió frenéticamente los árboles. Después de un breve silencio el cielo se oscureció.

—Claro —replicó el hombre—, no te gusta que nadie te hable sin antes rendirte pleitesía. Eres orgulloso y primitivo, solo conoces el lenguaje del terror y la destrucción. Pero... ¿a quién le estoy hablando?, ¿cómo puedo platicar con algo que no existe?

El hombre empezó a temblar de nuevo, sus ojos desorbitados esperaban una respuesta y esta no se hizo esperar. Dos toques de trompeta se escucharon en todo el Bronx.

El hombre levantó los brazos y sentándose en el suelo replicó:

—Debo destruirte, no soporto ser parte tuya, ya soy yo y tú estás incluido en mí, nunca me has enseñado nada, solo terror es tu respuesta y eso es algo que no soporto más. He aprendido a construir destruyendo y mi terror solo significa que todavía existe dentro de mí algo que no he podido borrar.

El hombre tomó a la mujer y la penetró violenta y agresivamente. Después se puso de pie y empezó a caminar de un lado al otro de la estancia.

—No más deseo, está destruido; no más pudor, está destruido; ahora, ¡cállate de una vez por todas!

El terror desapareció, el sol traspasó las nubes y la estancia se pintó de anaranjado.

—Claro —contestó el hombre—, tú pensabas que me iba a acobardar, que iba a caer de bruces delante tuyo haciéndote oraciones. Ahora estás vencido, no hay nada que puedas enseñarme. Todo lo construyo yo y tú eres solo un concepto mío.

La tormenta hervía la tierra, la luz de los relámpagos cegó al hombre, que cayó de espaldas cubriéndose la cara. Sabía que lo había vencido. Trató de pensar cuál había sido su error, pero la angustia lo sofocó. Se paró de nuevo y golpeando en el piso gritó:

—Eres un farsante, nunca fuiste nada más, pero a mí no me engañas, tienes que ser destruido y yo me encargaré de hacerlo. No acepto ser parte tuya, eso acabaría conmigo, y eso… ¡no lo acepto!

Dos nubes chocaron, la diferencia de potencial comenzó a crear una chispa que se expandió rápidamente y el sonido llegó a los oídos del hombre. Este, frenético, predijo:

—¡No llegarás a tronar! ¡Maldito seas!

El estruendo se paró en seco, dos pájaros trinaron y el zumbido de las moscas se dejó oír.

—No me asustaste, te he vencido, eres un imbécil farsante, hijo de puta, ¡desaparece!, ¡esfúmate!, hazte polvo, ya no quiero luchar.

La mujer se abrazó a las piernas del hombre y le pidió que no continuara; este la tomó de los hombros y le dijo:

—Por mí, está terminado; ya no te preocupes.

Los dos se sentaron a esperar.

De pronto se oyó un movimiento en la cocina. El hombre tensó sus músculos y se dirigió a ella. A través de la ventana se veía el jardín. Los árboles y el césped brillaban. Las gotas atrapadas en las hojas caían a la tierra y un gusano se revolcaba en la humedad.

El hombre llamó a la mujer y mostrándole el jardín le dijo:

—Afuera está igual que ayer y que mañana; no ha pasado el tiempo, era necesario destruirlo y hecho está.

La mujer no dijo palabra, tomó al hombre de la mano y lo llevó a la estancia. Colocó su cabeza en su pecho y lo abrazó. El hombre escondió su cabeza en el vientre de la mujer. Le susurró caricias y le prometió no luchar más. Se sintió vencedor y su miedo desapareció.

De pronto frunció el ceño y mirando a los ojos de la mujer le dijo que después de destruir el deseo, el sexo y el tiempo, ya no quedaba más. En ese instante la estancia comenzó a girar, las puertas a tronar y las ventanas a doblarse, la mujer empezó a chillar y el hombre se paró de nuevo y a voz en cuello se burló:

—Deja de estar haciendo papelitos: o hablas conmigo de igual a igual o te callas, pero acaba, entiéndelo, ya no quiero luchar contigo.

El giro continuaba, el hombre buscó frenéticamente en su cultura algo por destruir. La idea comenzó a aparecer... El amor, debía destruir el amor. Luchando por no caer mató el amor; era solo un aprendizaje como cualquier otro, solo parte de una historia personal, y por tanto no existía.

El giro terminó, el hombre se calmó y trató de aplacar la ira. Volteó a ver un árbol y le dijo burlonamente: "Tu señor es un enojón y apenas alguien le dice claramente las cosas se avergüenza de sus modales".

El hombre había comprendido, debía destruirlo todo en su interior, tal era la única forma de vencer, pues la lucha continuaría.

Destruyó su familia, su país, su mundo, su tiempo, su poder, su sexo, su amor y de pronto se le ocurrió oír música. Buscó la séptima de Beethoven, y ya recostado entre dos altavoces escuchó.

El miedo apareció de nuevo, se convirtió en terror y después en angustia. Beethoven reproducía una lucha y en los pasajes en que su Dios lo vencía, su miedo se transmitió. El hombre rompió los discos y llorando destruyó también la música.

No quedaba nada más que la sensación de seguir existiendo y de ser.

Los truenos volvieron a aparecer, el hombre, desesperado, se quejó:

—Ahora qué pretendes tú, ¡demonio del diablo!, he destruido todo, no me queda nada más que el mí mismo y eso no lo voy a matar, así truenes y vomites sangre. Deja de luchar conmigo, ya no quiero seguir hablando contigo, te desprecio, te maldigo, ¡esfúmate!

Las trompetas sonaron. El hombre se recostó y, adoptando una posición fetal, comenzó a llorar en silencio:

—No me queda nada, estoy vacío, y todo por aceptar la lucha. Quiero que termine, ya no lo resisto.

Un grito se oyó en medio de las tinieblas, alguien había muerto y su despido fue escuchado por el hombre. Este no lo podía creer, era demasiado.

—¿Por qué hiciste eso? ¿Quién eres tú para acabar con la vida de un Dios? Te repito que no me voy a destruir convirtiéndote en mi adoración. Pero, ¿sabes?, acepto tu existencia y acepto la mía. No trataré de convertirme en ti, pero tú tampoco te convertirás en mí.

La tierra descansó, el tiempo volvió a marchar y los pájaros a cantar.

La mujer vio al hombre con ojos de espanto y este se vio a sí mismo en silencio.

Había aceptado la existencia de Dios y al mismo tiempo la existencia del hombre como Dios.

El diálogo había comenzado.

EL ORGANISTA

Oscuro y una persona parada junto a la puerta recogiendo el dinero de la entrada.

Ruido, ruido infernal de órgano, guitarra eléctrica, saxofón y batería.

Mesas oscuras y sillas oscuras, al fondo una plataforma iluminada con reflejos rojos de humo de cigarrillo.

Me acerco a la barra y observo con sorpresa que el lugar más cercano al conjunto está vacío. Pienso que está destinado para mí y me siento. Repentinamente me doy cuenta del organista: ser inmenso, gordo, negro, de cabeza rapada y barba oscura sobre un fondo de sortijas, collares y aretes. Su cara es fuego de repentinas e isócronas contracciones. Sus ojos se cierran cada vez que toca un tono bajo.

El guitarrista se esconde detrás de él, anónimo, recargado en una de las bocinas de su equipo, con cara de aburrimiento y expresión idiota en los ojos. El saxofonista se ve pero no es visible, solo un cuerpo vacío.

La música es extraña y los músicos más, me canso de verlos y miro hacia una mesa. Como siempre, una mujer, pero esta es una reminiscencia griega. Completamente inmóvil y bellísima se mantiene escuchando la música. De vez en cuando sonríe y asiente con la cabeza. No puedo dejar de verla y de asombrarme de su calma, su hermosura y su contacto y entendimiento con lo que la rodea.

El conjunto ha dejado de tocar, el organista fuma un cigarrillo y bebe de una botella. Súbitamente deja de beber y se ocupa de afinar su instrumento; toca un botón y después otro y los tonos bajos que produce parecen disgustarle. Vuelve a intentarlo; cambia de posición tres interruptores y repite las notas de antes. Se escucha un lamento grave y oscilante y un gesto de perplejidad aparece en su cara, apaga el cigarrillo y de nuevo toca las mismas notas. Es un tema interesante, pienso, ojalá que siga con él. El organista parece estar de acuerdo conmigo puesto que comienza a desarrollar el tema que ha descubierto. Las notas ascienden y descienden, los tonos bajos se entremezclan produciendo los más complejos arabescos. El guitarrista, que hasta ese momento había permanecido inmóvil y con la mirada perdida, se empieza a interesar en la nueva música, y para demostrarlo comienza a tocar. El tema original sigue en poder del organista. La relación de notas parece ser tan poderosa que la cara de este entra en un estallido de contracciones paroxísticas, las que, llegando a un clímax, se disipan en un recorrido espasmódico del teclado.

El guitarrista comienza un diálogo con un ser imaginario, su boca y sus ojos se despiertan y tras un breve silencio empieza a desarrollar un nuevo tema, su música es de tonos agudos que danzan en voluptuosas escalas hasta que se convierten en continuo y desesperado cambio. El organista no cede a la invitación, mantiene el tema original y en momentos parece molestarse por la aparición del nuevo y original desarrollo.

El saxofonista, que hasta ese momento había permanecido acompañando al organista, se interesa por el guitarrista. Primero hace un intento tímido en dirección de los tonos agudos pero se arrepiente y continúa con el organista. Este mantiene una competencia clara con el guitarrista, ambos defienden sus temas y no llegan a un acuerdo. Súbitamente el saxofonista se decide, refuerza sus tonos agudos y adopta el tema del guitarrista. Los dos desarrollan el mismo grado de comunicación, la cual alcanza niveles muy intensos.

Los cambios se suceden cada vez con mayor rapidez y lo que al principio era una secuencia clara y transparente de sonidos, adquiere ahora una fuerza y poder que la hace aparecer desorganizada y azarosa. El organista parece estar muy preocupado y pensar que la música que oye es manifestación de degeneración; se lo dice a sus compañeros; los tonos que salen del órgano, en respuesta, son de una intensidad y frecuencia tales que casi se ven. El organista repite el mensaje pero se da cuenta de que este no interesa a los otros músicos.

Estos se encuentran perdidos en un universo de sonidos y lo único que les interesa es que estos no desaparezcan, el organista sabe lo que les sucede y trata de hacerlos volver, se da cuenta de que están a punto de perder su cuerpo y les empieza a decir que no lo hagan, que no existe otra cosa más compleja de manejar y que con algo más simple se sentirán aburridos.

En ese momento el baterista comienza a tocar, es como una señal pacificadora, ambos contendientes dejan de competir y descansan.

Los sonidos del baterista son una interrogación, plantean la competencia entre el organista y el guitarrista como un absurdo y cuestionan su validez.

El organista comprende el mensaje y decide cambiar de actitud. Se lo dice al guitarrista. Este acepta el cambio.

El organista sigue tocando, pide calma y comprensión. Le dice al guitarrista que para llegar a donde este quiere, no es suficiente la música, se requiere mantener también cierta disciplina, la suficiente para no caer en un abismo. El guitarrista acepta el mensaje y todos se unen en el tema original, terminando con él la composición.

Pido un trago. Mientras lo saboreo reconstruyo la música y el diálogo que se ha desarrollado ante mis ojos. Pienso que es extraordinario el poder de la música y su capacidad para transmitir mensajes, me dan ganas de dedicarme a ella y así sentir en carne propia su magia y su poder. Es indudable que estos músicos platican entre sí, discuten y dialogan. No entiendo el contenido de sus mensajes, solo soy capaz de ver sus manifestaciones y las intrincadas y complejísimas operaciones que los producen. Es la misma sensación que al caminar por la calle de una ciudad desconocida; las personas que se ven son actores y personajes que manifiestan vida e interacción, pero el contenido de esta no se oye, y no se oye porque a ese nivel no importa.

La noche es tibia, le agradezco a Sam que me lleve a mi casa. Escoge la ruta que bordea el río, la visión de las luces reflejándose en su superficie es tan reconfortante que invita a un diálogo tranquilo.

Sam habla acerca del origen de esa música.

—Se inició —dice— cuando alguien fue lo suficientemente valiente como para alejarse de toda regla fija y estricta, cuando fue capaz de considerarse a sí mismo decididor y amo de sus propios mensajes musicales. Esto —repite— fue el principio de tal música.

Lo extraordinario aconteció cuando decenas de artistas comprendieron el mensaje y se unieron a él. En ese momento la música dejó de ser un juego y se convirtió en manifestación libre de universos internos.

—Tienes razón —dije yo—, lo que antes era sometimiento a formas y leyes autoritarias se rompió y de ahí surgió todo un movimiento musical que tiende a liberar la música de sus orígenes, al convertirla en manifestación libre de emociones, sensaciones y aun estados de conocimiento.

"Si este camino ha continuado, la música que acabamos de escuchar debe estar en la frontera del desarrollo de esos músicos y, como tal, representar una creación nueva y en una reminiscencia de pasados aprendizajes. Sean lo que fueren —continué—, estos músicos deben ser muy felices.

Sam se rio.

—Estoy de acuerdo en principio con lo que dices —admitió—, pero no creo que se mantengan en un estado constante de felicidad; si así fuese, su música sería muy aburrida. Más bien —continuó— hablan de lo que les ha ocurrido, a veces de injusticias, discriminación racial, desesperación y dolor, otras de amor, deseo, religión.

"Lo que han desarrollado ciertamente es una asombrosa capacidad para manifestar y comunicar todas esas vivencias.

—Entonces, su música —dije yo asustado— se aproxima a ellos mismos tanto, que alcanza los máximos estados de complejidad.

—No —corrigió Sam—, todavía es demasiado simple.

EL HOMBRE

—¡Escuchad! —dijo en tono enérgico pero con una sonrisa—. Cuando hablo con alguien, yo soy sujeto y él es objeto. Cuando en cambio alguien me habla, él es el sujeto y yo el objeto. El objeto y el sujeto soy yo o es él cuando le hablo o me habla.

"Eso es lo que se dice y así lo describo, aunque la realidad sea un tanto distinta.

"No existe ni sujeto ni objeto, y la prueba más indiscutible de ello es que yo mismo puedo ser objeto de mí mismo, siendo yo mismo sujeto, o bien puedo creer ser sujeto siendo solo objeto.

"Cuando alguien lo comprende sabe que el verdadero estado de conciencia es aquel en que el objeto y el sujeto desaparecen.

La sala estaba cubierta de alfombras. Repartidos en ellas docenas de hombres y mujeres descalzos y en posición de loto. El intérprete se acercó al gran sillón blanco en el que un hombre moreno de anteojos dorados y pelo semiplateado estaba sentado.

La segunda pregunta fue traducida. El "hombre" rio antes de contestar, se arregló la barba canosa y dijo:

—Después del instante en que se comprende que nada es coincidencia, pueden suceder dos cosas. La primera consiste en dejar la búsqueda y empezar a saborear los casos particulares que enseñan y aclaran conexiones. La segunda consiste en seguir buscando lo que por ser búsqueda no se puede encontrar.

Una mujer hacía ademanes con las manos, se las acercaba a la cara y colocando una en cada mejilla, oscilaba la cabeza de un lado a otro. Los ojos del "hombre" miraron a la mujer y le preguntaron qué le sucedía. Esta se le acercó y postrándose delante de él le comunicó a través del intérprete que no entendía por qué el que buscaba no encontraba.

—La razón es sencilla —explicó él—, el que busca cree saber lo que quiere encontrar y al no encontrarlo supone que no lo encuentra y sigue buscando. Lo que le rodea le responde pero no es capaz ni siquiera de oír esa respuesta..., ¡tan ensordecido está por la otra, la que espera oír!

Una vez que el intérprete tradujo la respuesta la mujer sonrió como si hubiese entendido, pero volvió a preguntar qué es lo que se espera oír. El "hombre" se compadeció de ella y haciendo un esfuerzo enorme le respondió:

—Lo que se espera oír es lo que se reconoce como objeto de la búsqueda, lo que se cree encontrar cuando se encuentre.

La mujer volvió a sonreír, el "hombre" la miró fijamente a los ojos y se volvió a compadecer de ella. Le indicó un lugar sobre la alfombra y le pidió que dejara de hablar y escuchara.

El intérprete volvió a traducir. Por los gestos del "hombre" se podía saber que la pregunta recién planteada era simple.

—Cuando veo la frente de otro hombre, percibo una luz que surge de su centro. Cuando lo miro a los ojos, la luz cambia de color y adquiere formas fantásticas. Eso no lo puede lograr una máquina, por más compleja que sea.

—Pero nosotros también somos máquinas —dijo alguien.

El intérprete escuchó el comentario a la respuesta del "hombre" y se lo comunicó a este. Sonriente, el "hombre" dijo:

—Tienes razón, yo al ver la luz actúo como una máquina con supersensibilidad, aunque debo decirte que al ver, veo lo que veo y además sé que lo hago. Si tu máquina también puede hacerlo, dile que quiero platicar con ella.

La sala estalló en risas, la persona que había planteado la pregunta se levantó y después de honrar al "hombre" con una inclinación de cabeza se sentó de nuevo.

El "hombre" ordenó que apagaran las luces y empezó a cantar en tono profundo y melancólico.

—El que piensa en objetos sensibles, se adhiere a ellos. Al adherirse crea ilusiones. Las ilusiones engendran rabia. La rabia hace que se pierda la memoria. La pérdida de memoria acaba con la razón. Al desaparecer la razón sobreviene la destrucción.

Al terminar, calló y después apareció el silencio..., solo silencio.

INTERNA

Era costumbre levantarse temprano y salir a caminar por las calles empedradas. El aire fresco, cargado de olor a rocío, tierra mojada y paja húmeda. Al terminar la calle empezaba el monte. Desde sus alturas se podían ver los techos de las casitas que formaban el pueblo. Techos rojizos, acanalados, rodeando calles de piedra.

Caréñitus hacía todos los días el recorrido. Al llegar al monte sentábase en una roca y permanecía con la mirada perdida..., pensando. El día anterior le había sucedido algo muy extraño; después de pasarse toda la noche calentando la mezcla y añadiendo las sustancias necesarias para la transmutación se había dado cuenta de que la meta no era transformar la sustancia en oro...

Recordaba la mirada de Pornius, su ayudante. Los ojos abiertos, expectantes, enfocándolo. Caréñitus había notado que Pornius lo veía y que esta visión debía ser muy diferente de la visión que tenía de él mismo cuando su imagen se reflejaba en el espejo.

Era obvio... Transformar la mezcla en oro era solo un juego comparado con poder convertirse en su ayudante y, así, verse a sí mismo. Debía ser magnífico tener la visión de Pornius con la experiencia de Caréñitus... Aprendería más acerca de sí mismo, mucho más que dedicándose a fabricar oro. Caréñitus se levantó de la roca e inspiró el aire de montaña sintiéndose vivo y como recién despierto de un largo sueño.

El problema no era de fácil solución, no podía calentarse o enfriarse a sí mismo —como la mezcla— para esperar la transformación. Tampoco podía añadirse ácido o evaporarse. El método debía ser diferente. Caréñitus era muy paciente, todo alquimista debía aprender a serlo, de otra forma no se conseguía nada. Por ello no le asustó la perspectiva de tener que esperar mucho tiempo antes de encontrar la solución. Primero se le ocurrió que para verse a sí mismo con los ojos de Pornius debería conocer bien a este. Durante dos años el ayudante sufrió el más completo interrogatorio de que se tenga noticia, pero sin ningún resultado. Más adelante Caréñitus tuvo una idea: se sentaría frente a su espejo metálico y trataría de ver sus propios ojos. Esto seguramente acercaría el momento.

Pornius no podía entender cómo alguien era capaz de pasarse tanto tiempo frente a un espejo. Empezó a dudar de la salud de su maestro y a pensar —como el resto del pueblo— que Caréñitus se estaba volviendo loco.

Después de un año de estar frente al espejo lo único que Caréñitus obtenía era un descomunal dolor de cabeza, por lo que abandonó ese método. Cierta noche, Caréñitus tuvo un sueño. Vio a Paracelsus llegando a su laboratorio con un gran matraz en las manos. Caréñitus sabía que Paracelsus era el más grande alquimista de todos los tiempos, por ello se atrevió a preguntarle el significado del matraz. Paracelsus lo miró a los ojos y, con un movimiento finísimo, dejó caer el matraz al suelo haciéndolo añicos. Caréñitus se despertó sudoroso; todo acto de Paracelsus tenía un significado profundísimo, haber destruido el matraz —aunque fuera un sueño— era una enseñanza que debía tratar de entender.

Durante diez días Caréñitus vivió en la montaña meditando en el sueño. Pensaba que al haber destruido el matraz, Paracelsus había querido decirle que aunque la alquimia era solo un camino, debía recorrerlo completo antes de llegar a donde quería; que una vez recorrido, podría destruir la herramienta, pero no antes.

Era muy obvio; interrogando a Pornius o mirándose al espejo no conseguiría nada, debía volver a su trabajo.

El fuego ardía, llevaba siete años encendido y no había ocurrido nada. Caréñitus estaba llegando a un grado tal de desesperación que sentía que iba a explotar. Había buscado durante diez años y no había ocurrido absolutamente nada, no había logrado oro ni tampoco se había autotransformado.

Caréñitus tomó un hacha y empezó a destruir el trabajo de toda su vida. Al terminar se dirigió a la montaña, decidido a vivir como ermitaño.

La cueva era fresca, la entrada estaba rodeada de enredaderas y una gran roca la obstruía a medias. Caréñitus la había encontrado después de caminar por el monte durante dos días y dos noches. Cortó ramas y hojas de los árboles vecinos y las colocó en el fondo. Esa sería su cama. Buscó un tronco de abedul y con sus propias manos le quitó la cabeza, lo trasladó a la cueva y con grandes trabajos lo depositó en el centro de la misma. Esa sería su mesa y le recordaría que *el centro es la esencia* (por lo menos eso había aprendido como alquimista).

Las noches eran plácidas, solo se oía el murmullo del arroyo y el canto de los grillos. A las seis de la mañana entraba un rayo de luz anaranjado que parecía moverse a lo largo del piso de la cueva y que en el momento en que rozaba la cara de Caréñitus lo hacía despertar.

No había ni espejo metálico, ni matraces, ni fuegos, ni Pornius. Caréñitus se pasaba la mañana cazando. Cuando el sol indicaba las doce y la tierra se caldeaba demasiado, volvía a la cueva con sus presas y se preparaba un almuerzo. En las tardes se sentaba junto al arroyo y tiraba piedrecillas observando las ondas que se formaban y chocaban unas contra otras.

En Tenieb se comentaba la ausencia de Caréñitus, algunos decían que en uno de sus experimentos se había evaporado, otros pensaban que en su locura se había tirado a algún abismo. Solo Pornius sabía que su maestro había ido en busca de su imagen.

La tormenta era furiosa, Caréñitus nunca había visto cosa igual. Los truenos hacían vibrar el interior de la cueva y la luz de los relámpagos parecía incendiar todo su cuerpo. Se vio las manos llenas de cicatrices y marcas provocadas por el fuego, los ácidos y el agua regia. La tormenta las pintaba de un violeta eléctrico.

Se tocó la cara; a pesar del frío, sudaba; sus manos empezaron a temblar. Caréñitus sintió que el estómago se le contraía. Había oído a otros decir que el miedo hacía sudar, temblar y contraerse el estómago. Pensó un instante y se dio cuenta de que por primera vez en su vida sentía miedo. "Es una sensación desagradable —pensaba—, está dentro de mí como una sanguijuela pegada a mi estómago. No puedo creer que sea causada por la tormenta..., es solo un fenómeno natural...".

Caréñitus temblaba, se recostó en su cama de hojas e intentó dormir, pero no pudo. Era demasiado intenso, mucha luz, mucho ruido, mucho frío. Recordó a Paracelsus y le pareció ver la caída del matraz y su distinción en el momento de tocar el suelo, sintió el miedo y empezó a gritar de alegría.

Cualquiera que hubiera visto a esa figura humana salir de la cueva en plena tormenta y comenzar a bailar y a agradecer a los truenos hubiera pensado que se trataba de un fantasma, un loco o una fiera salvaje con forma humana.

Caréñitus agradecía a la lluvia, nunca había sentido tal alegría. Su deseo de verse a través de los ojos de Pornius había desaparecido, solo quedaba la sensación de haber vivido el miedo y de haber comprendido.

PRÓLOGO AL LIBRO
EL DESPERTAR DE LA CONCIENCIA

Para llegar a la fluidez total es necesario cambiar.

Tantos cambios hasta que el punto de referencia más inclusivo se manifieste a voluntad.

Cuando tal liberación ocurre, aun el punto de referencia puede transformarse y allí se da un colosal salto. Se aprende a decidir.

Los cambios entonces comienzan a ser de universos. Se reconoce a las conciencias y cada una transforma.

Este es el nivel de la creación de nuevas conciencias.[1]

Y para poder ver lo anterior se necesita fuerza.

Por ello cuando los puntos de referencia se transforman en universos y después en conciencias es necesario recuperar la confianza para seguir viviendo desde la unidad.

Por ello vine a San José.

A la conciencia debe acompañar la conciencia de sí misma.

A esta última, la convicción de que el proceso es infinito y no tiene límites.

Nada ayuda más para reconocer lo anterior que resolver problemas pendientes.

Aquello que del pasado llama debe ser transformado en presente o sublimado.

---

[1] Esto implica una absoluta vivencia en un presente continuo. Antes los puntos de referencia eran ciclos, ahora cada experiencia es una vida.

Es por eso por lo que existen pensadores y filósofos.

Volviendo a lo retomado, o retomando lo revuelto (disculpen el buen humor), dicen que el asunto del ser se resuelve si se acepta su inexistencia.

Afirman que cada experiencia es un ser distinto y que no existe aquel que lo unifica.

Otros dicen que la única condición para que lo anterior no ocurra es que los distintos seres se reconozcan.

Si esto último es correcto, la verdadera identidad no es el ser sino la conciencia.

Otros más concluyen que no es el ser ni la conciencia sino el acto.

Los que estamos tratando de aprender a transformar en voluntario el retorno al punto de referencia sabemos que en él se unifica todo lo anterior porque lo que se decide es el ser, la conciencia, el acto o cualquier otra conciencia de la conciencia.

(En eso estamos, pero dejaremos de estar dentro de un momento).

Necesitaba confesarlo a cuatro y tres años de haber escrito los mensajes durante el despertar de la conciencia para evitar malentendidos.

El despertar de la conciencia es el encuentro con uno mismo desde el silencio, es decir, estar en el mundo desde el cual se es lo que se es sin nombre, ni verbo, ni explicación.

Ocurre entonces que una voz habla y dice lo que debe hacerse. La entrega a ella es la fe para el cristiano, la devoción para el hindú, la gracia para el místico, la iluminación para el letrado en vientos y campos energéticos de hormigas.

Cuando toda la vida se destina a lo que es; sin nombre (como diría Maharishi); a la intuición para Taylor (o cualquier otro americano) o a la cordura (para recordar aquí a Guevara-Rojas), lo que *es* se vuelve infinito y simultáneamente todo presente.

Los recuerdos son ciclos de vidas. Cada memoria es un mundo. Por ello a los viejecillos les encanta recordar. Por eso los pequeños no tienen memoria.

Me digo que no debo dar saltos y siento y sé que existe algo que me engloba.

Miro a mi alrededor y de pronto me veo dentro de una cápsula translúcida que refleja mi propio reflejo; que me muestra la creación de mi experiencia y mi percepción.

Es muy sencillo decirlo pero plantea las más profundas preguntas.

¿Quién es el Observador?
¿Realmente existe un Observador?
¿Qué es lo observado?
¿Quién está detrás de las palabras?

La recuperación del ser es la atención total. Implica un reconocimiento detallado de cada elemento del pensamiento.

Por ello Wundt se mereció el título de maestro al crear la escuela introspeccionista. Por lo menos, por haberles enseñado a una o dos conciencias a seguir paso por paso el desarrollo de los *asuntos* de la conciencia.

Sin embargo, el introspeccionismo tiene ciertamente un límite que debe ser trascendido.

Este es la expansión del yo. Quiero decir que cuando se escucha una voz que ya no pertenece al proceso interno y se la acepta como guía... Para algunos espíritus lo anterior es suficiente. Otros más dialogarán con la conciencia.

> Montañas hablarán con ellos,
> nubes, ríos, cataratas les
> contestarán.
> Las verá como amigos,
> hará su voluntad solo
> cuando ambos estén
> convencidos de ello.
> Y pronto, aun ambos serán
> contemplados y así reflejarán
> sus propios límites y
> de nuevo los trascenderán.

Para quienes dialogan con el mundo, para quienes se saben más allá que creadores de experiencias y experiencias, para ellos escribo.

Existen muchas conciencias despertando mientras escribo esto.

La mía propia aprende a dialogar con el viento desde aquí, la sierra de Oaxaca.

Nos reconocemos como amigos y cada vez que pienso el viento me responde. Llego incluso a solicitarle enviar avisos y eso hace.

Por fin me enseña a confiar en él y le agradezco la vida que me da.

Despierto a la realidad del viento como ser en sí mismo. Reconozco su verdad y me río de haber olvidado su presencia.

La vida en la ciudad (pienso) es la responsable de la inexistencia del viento. Aquí, en medio de las montañas el viento sopla y responde interrogantes.

Es mi amigo.

Dicen que el inicio de la primavera es el comienzo de una nueva vida.

En ocasiones el parto duele.

Se crean así nuevos seres y dialogan entre ellos.

Se ha emocionado tanto el viento que me sopla a través de todos los rincones y debo interrumpir la escritura para ponerme una zamarra.

Así sucede al inicio de cualquier relación emocional, existe mucha pasión. No quiero decir que esta deba suprimirse sino mantenerse autoabastecida.

También, que su desbordamiento (como este viento) da resfríos.

Me contesta que no le asustan las bromas.

Siento la muerte a mi izquierda y termino el absurdo diálogo.

Me despido del viento, y él de mí, amigables, respetuosos pero distintos.

Empiezo a oír al hombre. Estoy a cinco minutos del pueblo y me llama, rechazo el llamado. Ahora el viento puede seguir contestando.

Le digo que diré que hoy aprendí a hablar con el viento, eso le diré al hombre hoy. Ojalá que eso le sirva de algo al hombre de hoy.

Por ahora quiero seguir hablando con el viento.

Le digo que no soporto al hombre. Me contesta con caricias y yo se lo agradezco, mi corazón late como el de un nuevo enamorado. ¡El viento y yo amantes!

Ahora el sol se acerca. Ha tratado por ocho horas de calentar el lugar en el que medito y está a punto de hacerlo. Ahora tengo dos amigos. El sol me calienta y hablo con el viento. El sol y yo vamos lento pero alumbramos más que el viento.

Ahora algo me llama hacia mi izquierda y siento que alguien se burla de mí. Reconozco a la muerte como mi consejera y por ello abandono la burla, la dejo atrás con disgusto.

Vuelvo con el sol y el viento; al hombre no lo soporto.

¡Ah!, me dice el viento, tú que me habías convencido de tu especie, la menosprecias...

¡Una nube está a punto de oscurecer el sol! ¡Tardó ocho horas en llegar a mi sombra y ahora una nube lo quiere tapar!

Tendré pues que aprender a dialogar con las nubes. Ya lo había hecho alguna vez pero lo he olvidado y además estoy solo. Quiero decir que antes era con Andrea. El viento amigo me ayudó a quitar la nube. Son buenos consejeros.

Ahora tuve un mal pensamiento y la nube tapó al sol.

La nube me dice que siempre será con ella.

Las nubes y Andrea y yo tenemos una historia larga. Convencer a las nubes de mi vida es empresa ardua. Requiere continuar la historia solo.

Eso hago y las encuentro rencorosas. Se vengan con el rayo. Son amorosas cuando acarician con su lluvia. Saben crear vidas.

Las respeto, me parece que puedo lidiar con el sol y el viento pero ¡las nubes!...

Son seres primitivos, colosales, majestuosos, pero ya se les puede ver. En ocasiones se unen y cubren grandes porciones del planeta.

En otras, vagan inocentes y aisladas, perdidas en un azul intenso, buscando algún trueno.

El viento me da la razón.

En verdad que cuando iba a escribir todo esto pensaba hacer un análisis teórico de mi obra y heme aquí más emocional que nunca.

Iba a comenzar hablando de las condiciones del despertar de una conciencia.

Iba a decir que en abril de 1978 dicen que estaremos en una crisis y que ahora más que nunca es necesario saber: 1.º Que creamos la experiencia, 2.º Que nuestra verdadera identidad es el todo. Conclusiones de la más seria de las psicofisiologías.

Nuestro aprendizaje y nuestros múltiples despertares nos dirigen hacia el todo a través de pasos de creciente inclusión.

Nuestro cuerpo orgánico incluye los campos energéticos que creamos y el espacio con el cual interactúan.

El viento se puso frenético. Una nube feroz se me aproxima. Ahora me saluda. ¡Un dragón!

Creo que debo continuar mi aprendizaje con las nubes.

Me parece que todo se está nublando. Quiere decir eso que las nubes responden a llamados, como el sol y el viento.

Las nubes han tapado al sol y se preparan para la tormenta.

Agradezco el haberme preocupado de venir con ropa impermeable y entiendo a las nubes como culpables del encierro del hombre.

El sol me alumbra de nuevo, y mi viento amigo mantiene sin sombras mi luz.

Intento de nuevo dialogar pacíficamente con las nubes.

Otro dragón se me acerca y no responde cuando le pregunto por sus intenciones.

Siento que debo meditar para ver (al abrir los ojos de nuevo) con quién he hablado. Pero no me interesa discutir la meditación por ahora. Todo se nubla de nuevo al no querer discutir (yo) el asunto de la meditación.

He vivido hoy ya varios puntos de referencia. La unidad con la naturaleza, el diálogo con sus seres, el análisis teórico, la intuición, el sentimiento poético.

Lo único que me resta por hacer es mostrar al ser.

Cuando iba a decir lo anterior, pensé que la única realidad es el hombre por su capacidad de creación. Es posible, me dije, pero por ahora está herido.

Así es que continuaré con las nubes.

Le iba a preguntar a algún habitante de este lugar (a don Enedino en particular) si él habla con las nubes y cómo lo hace. Pero me contuve, había varios seres sin intenciones.

Me parece que las nubes se han vuelto (por fin) mis amigas. Sucede que convencí a una de ellas acerca de mi ausencia de incongruencias y me creyó, avisando por doquier de mi honestidad y anunciando públicamente mi inocencia.

Lo sé porque cada vez que escribo alguna tontería una nube oculta el sol, y cada vez que no miento ella se aparta de la luz y me ilumina la mano.

Pero es "ella"; el sol y el viento son hermanos, ellos..., ¿pero ella?

Y aquí echo mano de mi espíritu melodramático para decir que a la conciencia femenina no la conozco como debiera.

Mis amargas experiencias en la tierra me han hecho sospechar que detrás de la benevolencia femenina se encuentra el odio, que sus decisiones son antojos, etcétera, etcétera.

Pero dejemos mis muertes a un lado y continuemos.

Veo lluvia a lo lejos, entiendo un poco mejor a las nubes y a sus emociones.

El "agradecimiento" no se deja esperar; un viento húmedo y frío responde a mi reconocimiento.

Dirán por qué "agradecimiento" y no respuesta y les contesto que por la misma *decisión* de antes, todavía no comprendo el espíritu femenino (¡decisión!). Aquí entra pues todo el capítulo (siempre postergado) acerca de las decisiones.

Me pareció ver una nube apartándose del sol súbitamente. Lo que me consta es que todo se iluminó intensamente y el calor se dejó sentir.

Se decide una vida que tenga en sí el mayor número posible de decisiones para que la última sea abandonar todas las otras.

Se toma la decisión de ya no decidir.

Otras veces se aprende a decidir no decidir en la forma usual en la que se decide. (Con ademanes, gritos, enfermedades psicosomáticas y cáncer).

Yo me refiero, más bien, a la decisión de no decidir decidir.

Demasiado abstracto para el viento que en el colmo de la emoción abrió un hueco circular en las nubes sobre mi cabeza, por lo que el sol me saluda también estrepitosamente quemándome una pierna.

A decir verdad, también demasiado abstracto para mí.

Me distraigo un momento oyendo el ruido de un motor y me percato de que he sido débil. Con decidir a no decidir decidir quiero decir dos cosas.

Por un lado la capacidad infinita de los niveles de conciencia de incluir los niveles previos en el seno de más poderosas integraciones.

Las nubes, molestas, taparon el sol de este primer día de la primavera.

Me sentí tan mal que decidí, de nuevo, meditar. Me di cuenta de que me transformaba en una máquina pidiéndole a su amo permiso para chequear sus programas y partes. Supe que era del demonio un pensamiento de esta naturaleza y entonces sentí cómo mi cuerpo se despedazaba.

Supe que todas las células de mi cuerpo están entrelazadas y conectadas con un campo energético que las sostiene en su lugar a través de procesos materializados.

Poco a poco me uno y siento el saludo del sol, el amor del viento y las caricias de las nubes.

Por fin parece que el sol, el viento y ahora las nubes me han aceptado. Se lo agradezco mucho y me preparo a penetrar en mi cuerpo.

Decidí saber lo que es la meditación para Dios.

Comienzo a meditar pero no puedo seguir. Parece ser que no me lo permiten. Ahora recuerdo que siempre que lo he intentado el sol me ha abandonado y un camión haciendo un ruido insoportable ha pasado.

Supongo que no debo ser impaciente; debo esperar y ser.

¡El atardecer! Las nubes se han posesionado de todo el cielo. No hay viento ni sol, solo calma, la tierra duerme y desde este lugar en la montaña veo la tierra, el cielo, el monte y el paisaje con ojos nuevos.

Las montañas cubiertas de pinos se ocultan detrás de velos que las hacen blanquecinas hasta que allá a lo lejos la última se confunde con el cielo, el sol y las nubes.

Todo descansa en este atardecer de montaña y todo se sueña más crecido, más sano, más fuerte, más unido a sí mismo.

Las nubes, madrecitas, protegen y dan calma, nutren de vida y se dan a quien más las ama.

El planeta es su enamorado y en él reposan, de él provienen y se nutren y descansan y florecen y se elevan y vuelven a bañarlo a él con sus lágrimas.

Si yo pudiese describirte, ¡oh, tierra!, si tus diálogos y trato pudieran transformar en palabras…, si pudiera definir lo que enseñas…

El final es el ser pero es necesario llegar al final.

Se oyen los grillos que sumergen en la boca del tiempo cataratas de sonidos.

Unos perros al final del paisaje ladran cuando hay lucha y ahora están en silencio. La música del pueblo canta por la paz del momento. El viento murmulla un saludo y un ganso se asusta ante su olvido.

Pero algo falta para que todo esto se transforme en el cuerpo de mi amada.

Faltan unos ojos. Unos ojos que todo esto vean conmigo, una boca que me hable y de pronto sé que ojos hay y la boca ha hablado y ya no me siento solo.

21 de marzo de 1978. San José del Pacífico, Oaxaca

Reconocer los límites es el mejor remedio para no perder la razón... desgraciadamente.

Según don Lucio no existen límites, y el aquí, el allá y el más allá son lo mismo.

Estaría yo de acuerdo si San José del Pacífico me dejara meditar. Acabo de vivir la primera parte del prólogo a *El despertar de la conciencia*. Fueron nueve horas de diálogo con el tiempo. Yo diría que excelente comienzo en la enseñanza de don Lucio. Ahora el viento, el sol y las nubes son mis amigos, me conozco más.

Estaba a punto de averiguar qué es lo que conocía de mí y me asusté. Pero fue suficiente como para darme cuenta del proceso. Consistió en incluir. Otra vez la inclusión.

Todo me decía que todo debía verlo desde una conciencia más expandida. Hacía tiempo que no me daba cuenta de cosas semejantes y con alegría me preparé para penetrar en el cambio. Ya no tengo miedo, me dije, el diálogo dio resultado.

Sin embargo, la conciencia más expandida no aparece.

Me parece que ya no es cuestión de conciencia sino de sentimientos y me dispongo nuevamente a intentar meditar.

Estaba convirtiéndome en experiencia pura cuando me di cuenta de que el proceso implica la confianza total. Por ello la gente con problemas no puede vivir la vida en toda su plenitud. No sabe cómo llegar a la experiencia pura.

Es necesario tener confianza por saber que el todo es uno mismo. El entendimiento para el occidental implica el entender relaciones. Para el oriental implica sentir. Bienaventurada la unión del entender con el sentir. La vida se vuelve plena de sentido.

Es extraño, pero el lapicero de plástico con el que escribo se acaba de derretir en mi mano. No quiero decir que todo, pero sí la parte en la que apoyo mi dedo medio.

Es necesario conocer bien el mundo antes de conocer bien un ser humano.

Anochece en la sierra.

El sol se oculta y las nubes lo siguen. Del otro lado del firmamento vuelve a amanecer con la luna. Pero en donde el sol se duerme, el cielo se resguarda protegido por un espeso manto de nubes.

Al anochecer las nubes bajan, cuidan la tierra. Ahora es el turno de las estrellas.

Solamente unas cuantas nubes negras sobresalen del mar inferior, la cobija de la tierra. El final del día y el comienzo de la noche.

Y de nuevo el día...

Traté de meditar en un declive lleno de hojas junto a un arroyo y recibí amor y al final dureza. Muchos mosquitos hay aquí, me dije. Caminé hasta el lugar que conocí primero, el mismo que ayer. Desde aquí las nubes se forman abajo y las montañas están abajo y todo el planeta sostiene mi conciencia y ella viaja.

Las nubes hablan y cuidan de no cometer errores. Cada vez que sufro me reconfortan y el viento me ayuda a vencer el sofocante miedo, y el sol me da la iluminación. Aquí recuerdo a mi dulce amada con tristeza de no despedida.

Aquí pido a Dios y aquí escribo.

Pedí un asiento en la montaña y me fue dado. Di mis piernas y recibí alegría. Di mis faltas de sentido y se me respondió dándome la responsabilidad sobre mí mismo.

EL JUEGO

A Louis Chauvet

Mientras todos esperaban su turno, el sonido bueno y preciso aumentaba su frecuencia. En ocasiones parecía que aquella pequeña esfera pálidamente blanca continuaba existiendo como trazo continuo sobre la verde pradera de la mesa.

Cuando les habían propuesto iniciar los juegos, todos se habían mirado con un estupor de vacío de esperanzas. Lo único que podía entusiasmar era el conocimiento nuevo, y la perspectiva de pegarle a una esfera repetida y fríamente no excitó a nadie. Solamente Crack intuyó que algunas características del espacio podrían averiguarse así. Con una sonrisa en los ojos movió la cabeza afirmativamente. Damonto no lo hizo esperar y, a los quince minutos, el sonido hueco se oyó por primera vez dentro de los muros de la comunidad.

Aquella noche Crack no pudo dormir. Docenas de imágenes lo llenaban, asombrándolo por su claridad y detalle. En la mañana se encontró preguntándose quién era y qué hacía en el planeta Tierra.

He querido ser como un pájaro —se dijo frunciendo el ceño—, como un espíritu libre de ataduras, pero solo lo he deseado. Sufrí las tentaciones de aceptar al hombre, pero decidí, triunfal y soberbiamente (Crack esbozó una sonrisa), apartarme de todo contacto con aquella materialidad que siempre ofuscó mis sentidos. Ahora tengo más experiencia; sé que se requiere paciencia y he aprendido a entenderla. Paciencia es sabiduría de reconocimiento de niveles; paciencia es saber qué es lo que va primero y qué es lo que va después.

Recuerdo que en mi deseo de volar consulté con don Lucrecio. No lo llamé, ni tampoco fui a verlo, se entiende. Simplemente le hice varias preguntas:

—¡Don Lucrecio!

Al principio nadie contestó a mi llamada, pero poco a poco fui sintiendo un cosquilleo característico seguido de un zumbido auditivo. Supe que alguien estaba tratando de contestarme y que lo único que se necesitaba era mayor fuerza e intención en la llamada.

—¡Don Lucrecio!

Por fin detecté la contestación. No me gustó mucho el tono, pues me hizo sentir que había interrumpido algo importante.

—¡Don Lucrecio!

—¡Qué carajos quieres!

—Deseo volar.

—¡Pues vuela!

—Gracias, don Lucrecio.

Esa fue toda la conversación, y a partir de ese día lo intenté de verdad.

Aquí me enfrenté con el problema de cómo lograrlo. Lo consulté con algunos amigos y creyendo que un especialista me daría más razones, le conté a uno de ellos mi problema. A las dos semanas me mandaron aquí. Confieso que los primeros días encontré oídos comprensivos. Les hablaba de mi sueño y me contestaban en forma parecida a como lo hizo don Lucrecio. Sin embargo, pronto supe que había sido un ingenuo. En este lugar nadie tenía un proyecto serio acerca de volar. En este lugar todos estamos locos.

—¡Don Lucrecio!

—¿Qué?

—¿Qué hago en este planeta?

—Te trajimos aquí.

—¿Quiénes?

—¡El Uno!

¡El Uno!, eso sí me alarmó; ¡no entiendo lo que quiere decir!

Claro que sucedió lo que debía suceder; la voz calló y yo me encontré con la incógnita y la pregunta de siempre: ¿existe o es una falla de intención?

Ya sé que nadie lo entenderá igual, que nadie lo ha entendido nunca. Paréceme que el hombre vive solo medianamente acompañado. Por supuesto que algunos pueden disfrutar la medianía y considerarse iguales a los que también la usurpan. Pero no yo, yo no, no yo.

Sin embargo, trataré de ser claro, y para ello lo mejor es describir lo que se ve.

Decía que pronto me di cuenta de que este lugar no era un instituto de levitación ni mucho menos, sino lo que comúnmente se llama una "casa de locos".

He sufrido mucho en ella, sobre todo por la absoluta falta de seriedad que me rodea. Solo en mis sueños y fantasías he logrado saber lo que podría hacer si estuviera libre. Primero recaudaría fondos, convencería a algún millonario de la necesidad de volar. Después reuniría gente que esté en el mismo problema y que, como yo, desee resolverlo. Por supuesto, también haría viajes a tribus perdidas, ingeriría brebajes apropiados y aceptaría enseñanzas chamánicas. Todo eso haría si estuviese libre.

Un día le pregunté de nuevo a don Lucrecio:

—¡Don Lucrecio!

—¡Otra vez tú!

—Perdón por la interrupción, pero ¿me podría decir cuándo voy a salir libre?

Debo confesar que antes de recibir la contestación a esta pregunta sentí un deje de duda en don Lucrecio. Fue la primera vez que sucedió desde que hablo con él, y eso me hizo pensar que lo que me contestaría sería absoluto. Y así fue; me dijo:

—¡Ahora eres libre!

Acostumbrado como estoy a seguir las indicaciones de mi amigo, me dispuse a disfrutar de mi nueva libertad y decidí esperar señales.

La primera no se hizo esperar. Enviaron aquí a un cosmonauta ruso que se decía experto en vida venusiana. Platiqué con él durante horas y horas, pero nunca me atreví a lanzarle la pregunta directa. Posiblemente mis anteriores experiencias me bloquearon el entendimiento o quizá no era adecuado el momento. El caso es que a pesar de mi omisión, aprendí mucho acerca del espacio. Entendí que en ese espacio estaban las respuestas a mi deseo de elevarme por los aires.

Ya sé lo que piensa en este instante aquel que me esté leyendo. Dirá que simplemente soy un loco más. Lo único que puedo decir es que aquí, en esta casa de locos, he aprendido a distinguir entre un loco y un genio. No es la actividad ni el contenido de la misma lo que los distingue, sino simplemente la capacidad de ser paciente. El loco es impaciente y el genio paciente. ¿Paciente, para qué? Para hacer lo que le dé la gana.

En fin, decía que las cosas empezaron a cambiar y yo a sentirme genio. El cosmonauta amigo mío y yo reconocimos la necesidad de aprender acerca del espacio y sucedió que al día siguiente de tal reconocimiento llegó a nuestra comunidad otra señal: mandaron una mesa verde con grabados blancos, la llamaron de ping-pong, pero yo reconocí su manufactura y supe que provenía de don Lucrecio.

Después, alguien nos invitó a pegarle a una pelotita blanca. Acepté convencido de que iba a conocer la organización del espacio y que esa sería la forma paciente de aprender a volar.

Encontré a Damonto absorto en la visión de sus propias manos acariciándose mutuamente. A los pocos minutos comenzamos a jugar. La pelotita blanca la veía atravesando el espacio entre mi lugar y el que ocupaba Damonto, dejando en ese espacio una línea blanquecina sutil y ligeramente humeante. Me había costado años llegar a percibir el trazo de los objetos en movimiento a través del espacio. Era fascinante hacerlo y ahora, con Damonto, las huellas de la pelotita empezaron a formar una nube semisólida de interconexiones entre mi cuerpo y el de mi amigo.

Encima de la superficie verde, una telaraña compacta de líneas brillantes flotaba y yo dirigía la pelota hacia los huecos de aquella masa informe y espectacularmente compleja. Eso es lo que más me gusta de este juego, construir la tremebunda red y luego llenar sus huecos con nuevos trazos. Es obvio que el trayecto de la pelota cambia según los huecos por los cuales se introduce. Sé que todo viaja en el espacio a través de esos huecos pero nadie se da cuenta de ello.

Jugamos dos horas y al terminar había un sólido blanquecino encima de la mesa brillando con reflejos violáceos como una masa pastosa que unía mis brazos con los de Damonto. Desembarazarme de esa masa me costó trabajo. Le cedí mi lugar a otro jugador y me senté a observar cómo la pelotita atravesaba la nube blanca dejando huecos en la misma. A los pocos minutos eran tantos, tan intrincados e interconectados entre sí que vi cómo toda la estructura caía como un edificio carcomido en sus cimientos. Me asombré de que nadie se fijara o por lo menos reaccionara corporalmente ante el estruendo de la caída, pero nadie lo hizo.

En la noche y en mi camastro pensé que el secreto de todos los movimientos y todas las cosas está en el trazo que dejan en el espacio. Sabía que en algún lugar del planeta tendrían que existir gentes que conocieran los secretos de los trazos espaciales. Me imaginaba que al escribir un "yo vuelo" en el aire serían capaces de levitar estimulados por el contenido energético de su estructura áurica. Soñé que yo pertenecía a una tribu en el África Oriental conocedora de la escritura espacial. Todos los términos de tal escritura eran onomatopéyicos. Si alguien en la tribu deseaba amar, escribía el concepto en el espacio. Intrincados trazos jeroglíficos alteraban el espacio alrededor del nombre, de tal forma que con solo mirar los trazos escritos, se empezaba a vivir la emoción del amor.

Después hablé con Damonto. Le dije que empezaría un experimento con el juego de ping-pong, trazaría en el espacio sobre la mesa el término "yo vuelo" tal y como lo había soñado.

Al día siguiente lo intenté sin éxito. Sin desesperarme lo probé de nuevo durante dos meses. Ayer, durante el juego vespertino con Damonto logré trazar todas las letras y sentí un leve desprendimiento. Corrí a informar del mismo a la dirección de esta institución y hoy me di cuenta de que la mesa de ping-pong había desaparecido. Damonto me acusó de ser el responsable del atraco. Ya no me importa si lo fui o no, solo sé que es posible volar y en las noches al visitar a mis amigos en África aprendo más cosas de las que todos aquí se pueden imaginar.

EL ZOHAR

A Rita Kuhnk

El rabino Simón Ben Jochai se alisó su larga cabellera y observó a su hijo Eleazar, apoyado en la pared de la cueva. "Debe haber soñado otra vez lo mismo", se dijo, mientras aspiraba el olor húmedo y frío de la madrugada. "¡Eli! —lo llamó dulcemente—, ¿de nuevo? Eli...".

La luz de la luna es como la primera letra de su nombre... La luz de la luna..., así nos decía Rabi Akiba... "Eli, Eli, ¿me escuchaste?".

"La oscuridad de la cueva es su propia luz —pensó mirando a su hijo—, la oscuridad está basada en la luz porque de otra forma no sentiría. El sentir la oscuridad y la luz es el mismo sentir y el sentir es como la luz de la luna. Me gustaría volver a verte, Rabi Akiba, decirte que tenías razón, que en el aislamiento se comprende y se aprende a ver en la oscuridad y en el silencio se encuentra a Dios".

Los niños jugaban con el sol, bailando en las callejuelas empedradas, y los mayores señalaban con los ojos las dos figuras perdidas en pensamientos, caminando como entre nubes, alzando la vista al cielo y de pronto tropezando con un niño y riendo... "Te extraño, Rabi Akiba... Me gustaría decirte que tenías razón y que el tiempo se detiene cuando se pierde el orgullo, que los años duran menos que los días, y las semanas más que los meses, que de pronto se vive sin recordar las explicaciones y así, súbitamente se hace la luz y... Eli, ¿lo soñaste de nuevo?".

Eleazar deseaba volar, siempre lo había querido y en sus últimos sueños se veía a sí mismo volando, sostenido por un dibujo extraño, dibujo que recordaba cuando el sueño fatigado de sí mismo aleteaba en la madrugada, dibujo que olvidaba apenas intentaba trazarlo en la arena que se esparcía a la entrada de la cueva. Eleazar había decidido acompañar a su padre perseguido por los invasores. Se habían guarecido en aquella cueva hacía tanto tiempo que el joven ya no recordaba el instante en el que la encontraron aquella mañana.

A Simón Ben Jochai le interesaba el sueño de su hijo, no tanto porque él mismo quisiera volar, sino porque intuía que detrás de aquel dibujo se hallaba parte de la sabiduría de Rabi Akiba, su querido maestro.

Recordaba su última conversación con él poco antes de su tortura y muerte. Habían hablado de los días y las noches y de otras oscilaciones. Akiba, lo recordaba bien, había utilizado precisamente ese término: "oscilaciones". Las oscilaciones del día y la noche crean patrones, las oscilaciones de las estaciones crean patrones, las oscilaciones del sonido crean patrones…

El patrón que logre contener todos los patrones, le había susurrado Rabi Akiba al oído, ese patrón es la clave para encontrar el nombre secreto de Dios y así poseer toda la sabiduría.

¿Cuál es el patrón que no sometido a ninguna oscilación se crea?

Ben Jochai había decidido ocultarse en la cueva después de ver morir a Akiba en manos de los romanos y saberse perseguido por ellos para correr la misma suerte. En la oscuridad de su vivienda oía la arena reptante del desierto y dejó de saber cuándo era día y noche, invierno o verano… ¿Cuál es el patrón que no sometido a ninguna oscilación se crea?…

Eleazar era un joven magnífico a los ojos de su padre, soñador, idealista, pero violento con la palabra, a la que no rendía ningún culto. La palabra, le decía a su padre y maestro, la palabra no alcanza.

Ben Jochai no opinaba lo mismo. "La palabra también es una oscilación y seguramente acoplada con el dibujo de tus sueños te permitirá volar", le decía sonriendo, pero con seriedad. Eleazar accedía con un gesto, pero íntimamente no lograba, ni siquiera, entrever una relación.

Los días pasaban lentos y las semanas raudas, los meses lentos y los años presurosos; un día Eleazar gritó en medio de la noche y Ben Jochai se despertó comprendiendo. "¿Lo viste, lo recuerdas?".

"Es un dibujo que contiene todos los dibujos en cada una de sus partes, es un dibujo que se repite y reproduce y cambia sin cambiar, es un dibujo y son muchos, es...".

Aquel recuerdo fue suficiente. A la mañana siguiente los dos, padre e hijo, salieron a la arena, se acostaron en ella y con un brazo sosteniendo una mejilla y el otro recolectando pequeñas muestras de aquel polvo color de oro negaron con la cabeza. Demasiado simple a pesar de que cada grano es igual al resto y lo contiene y lo reproduce y es un dibujo y son muchos y contiene al todo y... Pero demasiado simple. Eleazar asintió y miró a su padre comprendiendo que no bastaba su recuerdo, algo más había.

Una tarde una visión de una boca de volcán recién apagado sumergió la mente del rabino dentro de su imagen como quien saborea un manjar exquisito. El volcán aparecía como vislumbrado desde lo alto, como si los ojos de Ben Jochai se hubiesen desprendido de sus órbitas y lanzados en pavoroso ascenso flotaran entre nubes. Pero las nubes que veía eran caligrafía de Dios. Detrás del volcán apareció un sol enorme, rojizo, esplendorosamente fuego. Las nubes coloreadas de un rosa violáceo rodeaban el volcán y un cielo azul intenso se transparentaba aquí y allá entre los algodonáceos y esponjosos vapores.

Ben Jochai nunca había visto algo semejante y se sorprendió a sí mismo intentando mantener la imagen y luego aprendiendo a introducirse en ella, alejarse, acercarse, viajar en círculos y más tarde haciendo aparecer otras hasta que un torbellino de visiones lo acompañaba día y noche.

Le bastaba con cerrar los ojos y allí estaban, y él, regocijado, viajaba entre ellas y pronto dejó de comprender el deseo de su hijo y consideró todo deseo como atentado en contra de lo que acontece cuando el deseo desaparece. Para qué, se preguntaba, la acción si más allá de cualquier acto está el verdadero sentido. Él mismo no sospechaba lo que estaba a punto de acontecer.

Una mañana encontró un punto luminoso dentro de una oscuridad total. Puesto que tanto ver le había enseñado a controlar lo visto, después a dejarlo libre, decidió acercarse al punto y más adelante dejarse fluir en él. Así hizo y al introducirse al color ambarino-verdoso de la diminuta luz reconoció que esta era solamente una pequeña porción de una imagen mucho mayor. Retrocedió en sí mismo y, tal y como había intuido, el punto luminoso se transformó en acompañante de cientos de otros puntos y reconoció en ellos el firmamento estrellado de una noche clara y a él mismo como capaz de expandir su visión con el solo recurso de alejarse de un detalle.

Continuó haciendo más distancia, y pronto todo el firmamento retrocedió ante su vista y un universo lleno de espirales se le mostró completo y total visto desde un lugar que ya no pertenecía al universo. Intentó retroceder aún más y de pronto vio un mandarín chino flotando en un espacio lleno de cristales, sentado en lo que parecía ser una alfombra tamizada de patrones tejidos.

La cara del oriental era bella y unos ojos rasgados enfocados en los dibujos de la alfombra le indicaron que aquella visión era la que su hijo deseaba y esperaba.

Se acercó al chino y le pidió ver la alfombra. Vio entonces el mismo firmamento de antes pero bidimensional y consignado en un tejido adamantino hecho con microscópicos hilos de seda de todos los colores.

El chino lo invitó a subir a su "nave" y le mostró la forma de viajar. No hablaron, solo bastaba ver la dirección en la que aquellos ojos rasgados enfocaban el firmamento tejido para viajar al mismo punto del firmamento real.

Poco a poco Ben Jochai comprendió la técnica y al aplicarla decidió regresar a su cueva.

Eleazar trazaba con una delgada astilla líneas en la arena cuando reconoció los pasos de su padre y se quedó pasmado al divisar su figura envuelta en un halo dorado.

En un súbito relámpago de intuición sintió el estado de su padre y entendió el halo dorado como una manifestación de algo sublime. Cientos de pensamientos atravesaron a Eleazar y entre ellos la noción clara de que más allá de su búsqueda o del acto mismo de volar existía lo que no posee límites pero es el fundamento de una vida. En unos cuantos segundos advirtió que su forma usual de ver la vida había saltado de su lugar y que una novedosa percepción lo envolvía. Algo había sentido al ver a su padre que no era ni su padre, ni el halo dorado que lo envolvía ni su caminar casi flotando sobre la arena, sino más bien lo que en esencia era su padre y al mismo tiempo no era su padre.

Un yo escondido en el interior de una envolvente, idéntico al yo escondido en cualquier envolvente y al mismo tiempo en todo, un sentir una mismidad sin individualidad y simultáneamente en una expansión de la misma, una sensación de ser más que cualquier identidad restringida.

Eleazar contempló el trazo que había hecho en la arena y lo consideró superfluo. Se vio a sí mismo con el afán de encontrar también allí lo mismo que había visto en su padre y de pronto se percató de que era idéntico, se levantó de la arena y corrió a abrazar a aquella figura que se le aproximaba.

Esa noche, todavía visible el halo dorado, el rabino contó sus experiencias y su hijo las suyas.

Eleazar sentía que algo había y estaba creciendo en su interior, algo tan luminoso y cierto que al cerrar los ojos e intentar dormirse percibió una filigrana de patrones dorados inmersos en un conjunto de formas geométricas complejas. Los veía tan claros que repetidamente abría los ojos para comprobar si su visión era externa.

Por fin se durmió y soñó con un punto violeta rodeado de una atmósfera oscura. El punto se fue agrandando ocupando la zona oscura, hasta que todo alrededor de Eleazar fue violeta. Después, algo consciente en el Eleazar dormido decidió alejarse de aquella mancha violácea y poco a poco observó, como antes su padre, cómo disminuía de tamaño hasta convertirse en un diminuto objeto parecido a una roca. Súbitamente todo alrededor de Eleazar adquirió forma y un grandioso paisaje se le apareció. Dentro de ese paisaje y como un detalle íntimo del mismo apareció lo que antes era un todo violáceo. El procedimiento de alejarse había construido un mundo y Eleazar entre sueños supo que había encontrado la clave para lo que deseaba.

—Padre —le dijo al rabino la mañana siguiente—, un todo puede convertirse en parte diminuta de otro todo hasta que en una espiral infinita el espacio que me rodea se convierta en parte de mí y con ello en catapulta para el vuelo.

—Así es —le contestó con serenidad Simón Ben Jochai—, así es...

—¡Padre! —volvió a insistir Eleazar—, eso es el dibujo que buscaba y ahora, extrañamente, ya no me interesa el vuelo, sino más bien el dibujo y... ¿Me comprende?

—¡Así es! —volvió a repetir el rabino.

Eleazar miró la cara luminosa de su padre y sin poder contenerse comenzó a sollozar.

Una actividad frenética se inició desde ese instante. Sin embargo, cualquiera que hubiera visitado a los habitantes de aquella cueva perdida en el desierto, cualquiera que no percibiera más que lo externo solo hubiera visto dos figuras tranquilas, inmóviles y pensativas recargadas en dos paredes de su aposento.

En el interior de esos dos cuerpos, sin embargo, una llama flameaba y sin necesidad de utilizar palabra alguna, una llama avivaba a la otra hasta alcanzar resplandores de hoguera.

Eleazar estaba menos preparado para resistir tanta luz como Simón. A veces sentía que una verdadera llama lo incendiaba por dentro y entonces no le quedaba más remedio que salir a lo que en esos instantes le parecía fresco y lo que hacía unos meses sentía como arena y sol quemantes.

Su padre, en cambio, parecía no ser afectado; permanecía sereno mientras el conocimiento se le mostraba tamizado por un gozo sin límites.

Una tarde de luna blanquecina y semitransparente, una tarde de azul profundo, el rabino Simón Ben Jochai, recostado en una roca a la salida de su cueva y jugueteando con el viento amigo, decidió hacer una excepción en su no decidir y buscó la raíz de su sentir. Trató de descubrir al Observador en sí mismo y de pronto se dio cuenta de que lo que experimentaba como Observador no era el verdadero él mismo, sino otro yo mismo. Trató de explicarle a Eleazar pero le fue imposible describir la sensación de no encontrar un sí mismo real.

—Es —le decía— como si contuviera a toda la gente que he conocido y la sintiera como yo mismo.

Ante el fracaso de sus intentos por explicar, Simón se introdujo, de nueva cuenta, en la disección de sí mismo para encontrar su verdadero yo. Una tarde creyó haber hecho contacto real y se regocijó de ello, para hallar, al día siguiente, que la sensación provenía también de otro yo interiorizado.

Por fin, desesperado abandonó la búsqueda y a los pocos minutos de haberlo hecho, de pronto, se sintió arrastrado por una cognición. Miró a su alrededor y a su propio cuerpo, y empezó a reír con tal intensidad, que llamó la atención de Eleazar.

Este último observaba a su padre riendo sin parar y asombrado le preguntó:

—¡Es que todo es Uno!, ¡todo es Uno! —le alcanzó a decir Simón en medio de su estrepitosa muestra de alegría.

Aquello no convenció a Eleazar, quien vivamente interesado en la súbita alegría de su padre intentaba comprenderlo en su significado más íntimo.

—Pero, entonces, ¿quién es el que siente? —le preguntó aquella noche.

Simón lo miró y sonrió ante la pregunta.

—Creo recordar —le dijo— que a ti el lenguaje te parece insuficiente.

—Así es —le contestó Eleazar.

—Mira el vuelo de los pájaros, siente el viento entre la arena y observa su dirección y fuerza. Recorre el camino de los escorpiones y vislumbra las ondulaciones, picos y valles de las montañas lejanas, haz hablar a tu voz y moverse a tu cuerpo. Escucha el lloro de la noche y ve las sombras que proyecta la luna. Divisa las nubes y sus contornos, compara la sombra de sus entrañas con la coloración de la arena.

"Ahora penetra en tus sentimientos y míralos como a las nubes, al viento, a la arena, a las montañas y a la luna y entenderás que todo es Uno.

"Reconoce la liga entre los pensamientos que alumbran, y el aliento de tu boca; eso lo verás fácil.

"Ahora penetra a la unión de pensamiento con aliento y verás que es la misma pasta que la que liga los pensamientos.

"Ve tus movimientos y de nuevo reconoce en sus secuencias las leyes de tu pensamiento, el origen de la luz y las oscilaciones del viento. Encuéntralo todo por ti mismo.

Eleazar soñó con unos huesos extraños y a la mañana siguiente, mientras el frescor de la noche apenas abandonaba la arena y el resplandor rojizo de un sol saliente lo pintaba todo del color de la sangre, encontró una osamenta de jaguar y un fémur de animal extraño.

El joven había salido a su caminata acostumbrada impulsado por la necesidad de movimiento y como precaución ante inesperadas sorpresas; al pie de una pequeña loma había visto los huesos reflejando la luz del sol al igual que hace la luna y con similar mensaje.

Al recordar su sueño y al compararlo con su súbito descubrimiento, Eleazar sintió la presencia de una señal cierta y poderosa. Se acercó a los huesos, los contempló unos minutos fascinado por las formas y después los recogió de su lecho arenoso y ya en su cueva se dedicó a observar los detalles de las osamentas. Supo que el cráneo era de jaguar porque sintió, al tocarlo, un temor ágil y felino. El otro hueso quedó sin identificar. La mitad derecha del cráneo del jaguar estaba formada por curvas suaves, declives cuidadosos y uniones delicadas. La mitad izquierda era áspera y en lugar de curvas suaves, ángulos agudos la formaban. Eleazar estaba fascinado por la diferencia. Reconocía en ella algo de sí mismo, dos naturalezas unificadas en un solo ser pero en sí mismas diferentes. Una suave y la otra dura, una curva y la otra lineal, una rugosa y la otra esponjada, una luminosa y la otra oscura, una femenina y la otra masculina…

El otro hueso manifestaba la misma dicotomía, pero, si en un extremo la porción femenina se localizaba del lado derecho, en el otro cambiaba hacia el izquierdo y lo volvía a hacer una y otra vez como en un juego extraño de bifurcaciones alternadas.

En el jaguar, Eleazar reconoció zonas de furia y otras de contemplación, secciones de terrible intención demoledora y otras dulces y tranquilas de retozar familiar.

Las zonas agresivas e intensas estaban siempre rodeadas de excrecencias sutiles en cuyos límites se desdibujaban flamas o lo que parecían salientes de fuego. Eleazar intuyó que estas reflejaban poder y sobre todo expresión de poder.

En una saliente posterior, el hijo del rabino vio un declive en forma de espiral y otro con dos círculos entrelazados. Supo que el jaguar, al avanzar, dejaba huellas de sus pasos y que esta era una espiral mezclada con un infinito. Todo animal en contacto con esta huella retrocedería abrumado por la claridad de una muerte segura, de una inesperable espiral infinita. Cada parte de ese cráneo empezó a hablar ante los atónitos sentidos de Eleazar y dejó un sabor de sabiduría colosal en su memoria.

Cada unión de distintos huesos para formar una estructura común lo conmovió por la presencia de un plan unificador que trascendía la existencia de los detalles concretos del cráneo. Algo por encima de su totalidad y previo a ella había decidido unir los huesos en aquella forma y no en otra. Un designio superior había establecido un orden temporal de supervivencia en el cual el cráneo, como estructura rígida, permanecería como testimonio de las funciones ejercidas por un tejido más mutable y menos permanente. En el hueso quedarían inscritos los detalles unificadores de una historia, aquello que más se repitió en ella y por tanto lo que más había ligado, su realidad, su constancia y sus hábitos...

Era la escritura de Dios y Eleazar agradecía al Único por la bendición de la vida.

Aquel que podía dibujar su pensamiento en un hueso, aquel que decidía, era inocente y bello y tranquilo y puro y majestuoso y un artista consumado. Eleazar reforzó su fe y se dio a la tarea de buscar nuevos hallazgos para estudiarlos.

Por primera vez en su vida algo le había hablado directamente a la zona de sí mismo que al activarse produce la sensación de testimonio, tuvo la clara impresión de que existía algo SIN FINAL y aquello se le había manifestado como conocimiento inscrito en una de las casi infinitas manifestaciones de la creación. ¿Cuántas manifestaciones existían?

Eleazar habló con su padre y le confesó haber sentido el SIN FINAL.

—El Ein Sof se me presentó —le dijo, confiando en que Simón entendería—, el Ein Sof existe; existe un lugar que es Ein Sof.

Su padre lo miró encantado; en sus ojos se traducía el deseo de compartir la esperanza de poder dialogar. Simón supo que el Ein Sof al que se refería Eleazar no era el verdadero, aunque nada podía estar más cerca. Escuchó el relato del jaguar y con una sonrisa mencionó que la dirección del Ein Sof siempre apuntaba hacia arriba.

—El hijo del Ein Sof —dijo al final— es horizontal. Todos los jaguares del mundo, todas las aves, todos los peces, todo ello es el hijo. Lo que de común tienen, lo que indica la presencia de la mente, lo que así se siente, lo que hace introducirnos en un torbellino, eso es el padre.

Eleazar se sintió defraudado y con una sensación de tristeza se alejó de la presencia de su padre.

Llegó a donde había depositado el cráneo de jaguar y el fémur, y tocándolos cariñosamente dejó que las imágenes lo envolvieran. Vio una mujer en medio de una batalla. Vio que ella mantenía el espíritu, que limpiaba las heridas y conservaba la luz, que curaba, santificaba y corregía, y de pronto la vio saltar por los aires en medio de un grito de dolor. Vio que los riñones de la mujer eran despedazados por unos dientes y unas garras y entendió la correspondencia entre cuerpo y función.

Eleazar recorrió completamente el jaguar en dos semanas. Reconoció que él y el jaguar eran y no eran lo mismo. Recordó las enseñanzas acerca de la Unidad y se despidió de su padre.

Se dirigió al mar, debía encontrar cráneos de animales marinos para poner a prueba su sentido de unidad. Debía vivir su separación y su unión para comprender sus límites.

En el camino estudió cactus. Al principio le parecieron simples, pero a medida que comparaba jóvenes con viejos, especies con especies y familias con familias, comprendió su complejidad y belleza.

Algunos mostraban caminos geométricamente perfectos en la disposición de espinas y diminutas salientes, otros mostraban una tendencia a abandonar su propia estructura lanzando a las alturas nuevas extremidades y formas originales.

Eleazar se dio cuenta de que toda manifestación de vida intenta trascender su propia estructura. Entendió que tal intento está, de antemano, destinado a fracasar puesto que la herramienta que cada forma viva usa es su propia individual identidad y por tanto participa en la diversidad. Sin embargo, en la diversidad también existe la Unidad y también por ello, la posibilidad de trascender.

Recordó lo que su padre le había dicho acerca del padre y del hijo del Ein Sof y comprendió su significado. Siempre que algo similar acontecía, su amor y respeto hacia Simón crecía y en esa ocasión casi lo hicieron volver a la cueva.

Sin embargo, decidió proseguir su camino y a los pocos días escuchó un clamor oscilatorio, sintió una brisa húmeda y vio el mar. Buscó en la orilla y halló un cráneo de tortuga gigante. Estaba blanco y seco por el sol.

Su interior estaba completamente dividido en dos compartimientos y en la parte externa y superior una especie de flor gigantesca se desdibujaba levemente a través de sutiles y delicadas salientes de hueso. Eleazar se quedó pasmado por la división y por la flor en medio de ella y de pronto intuyó que aquella flor unificaba lo dividido y era la esperanza para llegar a un mundo trascendido.

De nuevo ocurre lo mismo, todos deseamos lo mismo...

Cuando Eleazar regresó a la cueva, se encontró a su padre escribiendo frenéticamente. Era tal su concentración al escribir que Eleazar no se movió. Sin embargo su curiosidad y el deseo de compartir sus nuevos descubrimientos lo hicieron atreverse a preguntar. Simón se sobresaltó dándose cuenta de que en su concentración no había notado la presencia de su hijo. Se saludaron y Simón explicó que empezaba a escribir sus pensamientos guiado por el Altísimo; mientras, Eleazar habló de sus cráneos y de su exploración dentro de la Unidad.

Durante la ausencia de Eleazar, la soledad de Simón había sido tan completa que ahora, escuchando a su hijo, se dio cuenta de que algo muy extraño le acontecía. De pronto la sensación de que existía una continuidad entre un movimiento y el siguiente de Eleazar comenzó a desaparecer. Luego, lo mismo aconteció con las palabras, una de ellas era una unidad y la siguiente otra y ambas existían por sí mismas e independientes. Simón dejó de entender lo que Eleazar decía y solamente atendía a su nueva forma de percibir. En ella, la realidad de un continuo perceptual dio lugar a la vivencia de momentos perceptuales separados unos de los otros como si un pegamento que normalmente sirve para mantener unidos los preceptos hubiese desaparecido.

Asombrado hasta un punto imposible de resistir, Simón interrumpió el relato de su hijo diciéndole que el pegamento de la realidad había sido roto y que ahora todo se veía desde antes de la creación de la experiencia.

Eleazar lo miró estupefacto. "Mi padre —pensó súbitamente— ya no está en este mundo y yo estoy solo".

Los caminos de esas dos almas en encierro voluntario empezaron a divergir. Ni Simón entendió lo que Eleazar vivía ni este último comprendía las experiencias de su padre. Sin embargo, la divergencia aumentó el respeto y la unión de los dos seres.

Simón trabajaba para diluir el pegamento de la realidad y Eleazar viajaba en sí mismo intentando hallar un lugar verdaderamente suyo. Comparaba sus hallazgos en sí mismo con sus recuerdos de otras gentes y siempre que lograba abstraer la sensación íntima de presencia de algún otro y la comparaba con la sensación que de sí mismo él tenía, se encontraba con que ambas, la sensación de los otros y la de sí mismo, se diluían en una interrogante extraña que lo atormentaba, no se daba cuenta de que estaba repitiendo el aprendizaje de su padre.

"¿Desde dónde —se preguntaba— estoy viendo lo que veo? ¿Con qué coincide y es fuente?".

Le sucedía a Eleazar lo que siempre acontece durante el cambio de una visión concreta de la realidad a una en la que la mística y lo espiritual adquieren un sentido en sí mismos. En la interfase, el espíritu busca el apoyo del mundo y duda de sí mismo como esencia y fuente.

Eleazar se desesperaba al no encontrar el punto de unión entre sus pensamientos y la realidad concreta de sus sentidos. Dudaba de una y luego de la otra, y todavía no lograba dar el paso que lo llevaría a aceptar como realidad en sí misma y suficiente la verdad espiritual.

Una mañana decidió consultarlo con su padre. Dudaba que este accediera a penetrar en su interrogante, tan ensimismado se hallaba con las suyas propias. Sin embargo se atrevió:

—¿Qué debo hacer para no comparar?

Simón lo miró con interés y recorrió su memoria tratando de hallar una etapa similar a la de su hijo para recordar lo que la había precedido y hacia dónde se habían dirigido sus consecuencias.

De pronto rememoró y sonriente le dijo a Eleazar:

—Somételo a todas las dudas, intenta destruir su aparición y cuando te des cuenta de la imposibilidad de hacerlo tu mente se olvidará de las preguntas y solo quedará lo que se encuentra más allá de la duda...

—O sea —balbuceó Eleazar— que existe por sí mismo y en su realidad su existencia no requiere sostenimiento alguno.

—Así es —le contestó el rabino.

Eso fue suficiente para que en Eleazar se despertara una curiosidad inmensa por saber lo que su padre escribía. No se imaginaba que el rabino había decidido trasladar al pergamino el análisis de la existencia de diferentes mundos espirituales. Lo único que Eleazar notaba era que su padre dedicaba cada día más tiempo a escribir...

Una tarde le pidió permiso para hablar y sofocándose por lo que le iba a solicitar, le dijo que deseaba saber lo que escribía.

—Ahora —le contestó su padre— me estoy preguntando acerca de los diferentes caminos por los que cursan las ideas hasta aparecer en la conciencia. Encuentro que en cada ser humano los trayectos son diferentes y al mismo tiempo iguales. —Simón meditó un momento acerca de la petición de su hijo y algo en su mente le ordenó posponer la satisfacción de sus deseos; por fin habló—: Esperemos un tiempo y cuando vea en ti suficiente fuerza te permitiré leer lo que escribo.

Aquello dejó intrigado a Eleazar. Su curiosidad no tenía límites y se preguntaba acerca de su propia fuerza y de cómo su padre tenía una visión tan clara de algo de él mismo que él mismo ni siquiera sospechaba.

Seguramente que cuando tenga la suficiente fuerza me daré cuenta y sabré lo que quiere decir tener la suficiente fuerza...

Aquella noche Eleazar se acostó con la pregunta acerca del significado de su fuerza dando vueltas en su mente.

Soñó que lo perseguían y que el terror lo hacía desaparecer. Algo, sin embargo, persistía de él puesto que se buscaba y en el momento en el que aceptaba el terror este desaparecía y se encontraba y volvía a ser él mismo en una sensación de ser inconfundible con el ser de su padre y el ser de todos los amigos que alguna vez había tenido.

Soñó que ese ser, de pronto, dejaba de ser inconfundible y se convertía en idéntico al de todos y en su mismidad parecía una flor de desierto, y tal como ella resplandecía de reflejos de un simultáneo sol de mediodía y una luna de medianoche.

Eleazar se despertó sudoroso y buscó la flor entre las paredes de la cueva. Consciente del carácter onírico de la imagen volvió a dormirse.

De nuevo vio la flor pero tan cerca de sus ojos que uno de sus pétalos parecía tener el tamaño de todo un desierto. Observó venillas pulsantes de savia y patrones intrincadísimos de células octaédricas acariciándose mutuamente y cambiando de forma según la luminosidad del sol y la blancura de la luna. Escuchó el canto de un pájaro y asombrado vio cómo los patrones del pétalo-desierto se alteraban según el tema, la amplitud y el ritmo del canto.

Volvió a despertarse y vio su cuerpo reposando sobre el piso de la cueva. Acercó a sus ojos el pulgar de su mano derecha y vio las ondulaciones de sus huellas digitales, recordó la flor, volvió a ver sus huellas y de pronto comprendió.

A la mañana siguiente comenzó a construir un telar. Recordaba a un tejedor de Jerusalén y a su telar y lo copió. Necesitaba un pedazo de tela de tejido finísimo para usarlo como membrana. Trabajó dos semanas y por fin logró montar la tela en un marco que no era otra cosa sino la base del cráneo de jaguar. Buscó arena fina y esparció un puñado sobre la tela. Colocó su invención a la entrada de la cueva y se sentó a su lado esperando que algún pájaro perdido trinara, que algún relámpago lejano rompiera el silencio, y cuando esto último ocurrió, se acercó a la arena sobre la tela y vio un diseño octaédrico perfecto. Cansado de esperar pájaros y truenos alzó su propia voz y volvió a observar la arena. Cada palabra dejaba un trazo claro. La tela vibraba con el sonido y los microscópicos granos de arena oscilaban, se movían y ocupaban posiciones a lo largo y ancho de la improvisada membrana haciendo aparecer patrones. Eleazar, fascinado, se olvidó de su padre y empezó a lanzar verdaderos aullidos tratando de cambiar el tono de los mismos.

Observó que a medida que aumentaba la agudeza, el patrón resultante se complicaba pero siempre conservaba una estructura similar. Simón Ben Jochai, al principio alarmado por los gritos, observaba divertido y regocijado los experimentos de su hijo. Se acercó al cráneo de jaguar y al ver los patrones y su constancia dijo algo que dejó petrificado de emoción a Eleazar.

—Veo —le dijo— que estás a punto de entender el significado de tu fuerza.

Eleazar lo había intuido y todo su esfuerzo para hacer la tela, observar la arena y sus patrones tenía la finalidad inconsciente de dar respuesta a la pregunta. Ahora las palabras del rabino transformaron esa motivación inconsciente en un súbito darse cuenta de la finalidad de su conducta, del porqué de la fascinación ante el espectáculo que veían sus ojos y de la razón, antes oculta y ahora clara, de una excitación corporal casi incontrolable que lo había acompañado durante toda la experiencia.

Esa excitación le hizo recordar su vida en Jerusalén. Su mente revivió a su compañera de juegos y a la excitación que su sola presencia le producía. Trataba de no pensar en su pasado, pero ahora sabía que aquella excitación era como la aparición de un patrón en la arena ante el sonido del trueno, excepto que en lugar de arena era su propio cuerpo y sustituyendo al trueno, la presencia de la joven que tanto lo alteraba.

"¡La fuerza es lo que me mantiene a pesar de todos los cambios!", se dijo regocijado consigo mismo.

Entusiasmado, se acercó a Simón y con timidez interrumpió su labor de escribano.

—Quiero preguntarle —le dijo con un respeto que asombró a ambos—, quiero saber si lo que he visto y entendido no es ilusorio.

Simón escuchó con atención y al oír la consideración de la fuerza como constancia de sí mismo, sonrió y acarició el cabello de su hijo.

—Ahora —le dijo con cariño— debes averiguar el verdadero significado de la mismidad. Cuando lo hagas te leeré mis escritos.

"¿El verdadero significado de la mismidad? Lo que siento es como un patrón ante lo que me estimula. Cambia la luz y veo sombras, cambia el sonido y escucho música. Sin embargo el sonido que escucho es mi sonido porque por sí mismo y en sí mismo es solo un movimiento de mi tela".

La joven y brillante mente de Eleazar trazaba filigranas de pensamientos intentando responder la pregunta. Eleazar sabía que la única forma de llegar a cualquier conclusión acertada era dejando libre al pensamiento, observando su acontecer y cambios desde un lugar que no es pensamiento.

"El sonido —siguió pensando—, yo lo construyo como sonido, lo mismo hago con la luz y con todo lo que hace aparecer un patrón en sí mismo. Pero entonces, ¿qué es lo que siento y desde dónde y quién y cómo?".

La soledad a la que había estado sometido había acostumbrado a Eleazar a un silencio tal que podía registrar sus más sutiles estados internos. Reconoció que estaba a punto de penetrar en una confusión intensa y recordó que en otras ocasiones la misma confusión se había trascendido a sí misma cuando lograba dejar atrás a su mente y a su pensamiento y se internaba a sí mismo en un paraje ajeno al pensamiento y cercano al sentimiento de sí mismo.

—¡Eso es! —casi gritó—, mi pregunta acerca del origen de mi mismidad es menos total que mi mismidad y por tanto es incapaz de dar respuesta a su origen. En cambio el salto desde el planteamiento de la pregunta hasta la vivencia de mi propia mismidad me acerca más a la contestación.

Eleazar decidió llegar a un punto de sí mismo al que jamás se había atrevido antes. Buscó con la mirada el árbol solitario al que siempre acudía en busca de frescura y compañía y se dirigió en su dirección. Su sombra fortaleció su propósito; se acercó al tronco de su compañero, lo abrazó y se sentó recargando su espalda en él. Cerró los ojos y dejó que los pensamientos fluyeran en su interior sin ofrecerles resistencia.

El sonido de un grillo llamó su atención. Lo escuchó y la imagen de sus alas verdosas y de una pata acariciándolas apareció en su interior. Ya le había sucedido antes que el sonido de un animal hiciera aparecer en su mente la imagen, pero nunca había sido tan clara como en esta ocasión.

Recordó su pregunta e intentó ver su mismidad y la imagen del grillo como separadas por una distancia. Empezó a alejarse y de pronto todo lo que oía y sentía se separó bruscamente de sí mismo. Eleazar sentía que veía desde un lugar en el que solo existía silencio y que los contenidos de sus experiencias aparecían en otro lugar. Luchó por separar más los dos universos y de pronto sintió un mareo descomunal. Se sentía dentro de un círculo flotando cerca de su circunferencia y girando en torno a ella a velocidades cada vez mayores. Abrió los ojos y gritó desesperadamente. El giro se calmó y Eleazar, todavía mareado, se acostó bocarriba a ver el follaje del árbol.

"¿Qué sucedió? —se preguntó angustiado—, ¿por qué me introduje a ese espanto?".

Se le ocurrió ir a preguntar a su padre y después de dudarlo un momento se decidió. Encontró al rabino escribiendo en su lugar favorito a la entrada de la cueva.

—¡Padre! —lo llamó con tal imploración que el rabino se asombró y se dispuso a oír a su hijo.

Al final del relato Simón comprendió que había abandonado demasiado a Eleazar.

—Eleazar —le dijo—, estás enfrentándote a la prueba de la Unidad. No existe ni la separación completa ni la unión completa. Existe algo que trasciende a ambas y que tú hallarás cuando te encuentres verdaderamente a ti mismo.

Aquello tranquilizó a Eleazar, aunque, como siempre, abrió en él nuevas interrogantes; más de las que aquellas palabras de su padre lograban responder.

Eleazar decidió salir a caminar en el desierto; después de varias horas y ya entre las estrellas de una noche luminosa cambió su dirección y se dirigió a su hogar pétreo.

Cuando Eleazar regresó a la cueva, su padre lo estaba esperando. Eleazar se asombró al verlo y lo saludó con cariño.

Simón condujo a su hijo al interior de la cueva y le mostró la primera página de su escrito titulado *El Zohar*, el refulgente, el libro de la luz; decía:

… El rabino Simón Ben Jochai se alisó su larga cabellera y observó a su hijo Eleazar, apoyado en la pared de la cueva. "Debe haber soñado otra vez lo mismo", se dijo, mientras aspiraba el olor húmedo y frío de la madrugada. "¡Eli! —lo llamó dulcemente—, ¿de nuevo? Eli…".

EN BUSCA DE DIOS

Entrevistas con nueve cabalistas en Israel

Aun los seres humanos más incrédulos y reacios para aceptar cualquier autoridad religiosa, dogma intelectual o conocimiento espiritual aceptamos y vivimos momentos de gran deleite y paz interior que no pueden explicarse racionalmente. En esos momentos, las dudas desaparecen no porque haya ocurrido una conversión religiosa o una aceptación de la existencia de Dios, sino porque el estado de tranquilidad y goce interior bastan y la actividad intelectual y lógica se deja por un momento a un lado, evitando cautelosamente su intromisión puesto que esta (ya se sabe por experiencias previas) haría peligrar la existencia de tal estado de beatitud. Es ciertamente un deleite irracional o quizá a-racional. De su existencia no se deduce necesariamente la comprobación de la presencia divina aunque tampoco su negación, estando esta última posibilidad menos favorecida en tal estado que en otros. La lógica racional, en cambio, favorece la negación, ya que su fundamento no requiere la incorporación de nada intangible o no comprobable.

En otras palabras, la vivencia de esos extraños momentos de gran paz y satisfacción interiores, aunque no comprueban la existencia de Dios, la niegan mucho menos que aquellas (por desgracia) más frecuentes experiencias de inquietud y desencanto en las que decididamente Dios es negado por completo.

Ahora, supongamos que exista un estado de bienaventuranza y deleite psíquico que quien lo experimente no tenga duda alguna acerca de la existencia de un reino sublime de espiritualidad. Más aún, consideremos la posibilidad de que tal estado sea en sí mismo lo que los místicos llaman "presencia de Dios en el Hombre".

Por supuesto que un genuino y reverente ateo diría que no hay tal necesidad de introducir a Dios cuando tales experiencias bien pueden ser explicadas con conceptos más tangibles. Concedámosle la razón y sin embargo, aun así, el acaecer inesperado y acausal de algunas experiencias internas de carácter sublime no pueden ser explicadas por ninguna lógica lineal.

Independientemente de que la existencia o no de Dios esté ligada a las experiencias antes mencionadas, existe un grupo de seres que afirman que tales estados pueden ser fortalecidos y entendidos de acuerdo con un conocimiento milenario y todavía vivo denominado cábala.

Visité en Israel a nueve miembros selectos de ese grupo de místicos convencidos de poseer la clave de las relaciones entre Dios y los hombres.

El presente escrito es un intento de compartir mis vivencias con estos cabalistas y de presentar algunas de sus ideas, tal como fueron apareciendo a lo largo de las entrevistas que sostuve con ellos.

Yechiel Shemer

Había visitado Israel 25 años antes y mi impresión era la de un viaje instantáneo a través del tiempo estilo Wells o quizá Spielberg. ¡Esto es Israel 25 años después! Calles bulliciosas, edificios ultramodernos y una vitalidad que solo se vive en los países latinos. Pero esto no es México o Brasil y menos Costa Rica. Aquí, muchachas bellísimas con uniformes de soldado y cargando pesadas ametralladoras a sus espaldas piden "aventón" en las carreteras.

No han abandonado su femineidad. Se les notan las caderas oscilantes y seductoras mientras caminan y los delicados encajes de sus calcetas alcanzan a sobresalir del borde de sus botas militares. La calle Dizengoff es de lo más cosmopolita y exactamente frente a un gran almacén alcanzo a ver una casa pintada de blanco y rosa con un letrero en la entrada: THE CENTER FOR SPIRITUAL STUDIES OF KABBALAH.

Al día siguiente lo visitaba después de hacer una cita con su director, Yechiel Shemer. Los eventos, en su acontecer no casual, manifiestan la existencia de un orden implicado como si todos formáramos parte de una red o matriz de relaciones que se manifiestan en puntos focales. La estructura de esta red está dada por campos morfogenéticos y neuronales interactuando entre sí y con la estructura básica del espacio-tiempo. Esta conclusión fue el resultado de mi contacto con los cabalistas israelíes cuyo primer miembro fue precisamente este Yechiel Shemer. Mi impresión inicial acerca de él fue extraña. No me activó una confianza inicial ni me pareció simpático; sus rasgos faciales denotaban un temple espiritual fuera de lo común y un sentido de lo estricto extraordinariamente desarrollado. Me impresionó su fuerza y esperé casi en vano la aparición de su primera sonrisa, que me calmó y me hizo sentir al lado de un ser humano. Comprendí los sufrimientos que seguramente hubo de haber pasado en su vida y las luchas en las que tuvo que verse envuelto para llegar a su grado de seriedad. Después de varios minutos me empezó a parecer simpático, agradable, lo respeté intuitivamente y comencé a hablarle de mis ideas y teorías. Me escuchó con atención y cada vez más me hizo sentir frente a alguien extraordinariamente abierto a los planos de lo oculto, misterioso y espiritual. Estábamos en su oficina, toda pintada de blanco y adornada con una pintura representando a Isaac Luria, el más grande cabalista de todos los tiempos. Luria murió muy joven después de haberse convertido en el líder indiscutible de los cabalistas de Safed, una aldea situada en el norte de la Galilea. Le dije a Yechiel que toda mi actividad como científico estaba orientada al análisis de la actividad cerebral y las relaciones de esta con la conciencia y sus niveles. Hablábamos mezclando el hebreo con el inglés ayudados por un traductor. Yechiel me escuchó con gran atención y me sentí verdaderamente comprendido y acompañado con alguien que comparaba mi discurso con su propia experiencia. Cuando terminé de hablar me dijo que la cábala consideraba la existencia de varios niveles del alma.

El primer nivel, llamado Nefesh, es la conciencia del cuerpo y se encuentra ligado a la Tierra. Es, por así decirlo, la conciencia de la Tierra. En el sistema del pensamiento occidental Nefesh corresponde al alma humana común y corriente.

El segundo nivel se denomina Ruaj y el territorio de su actuación es más amplio que el de Nefesh. No está como en Nefesh ligado al cuerpo y la Tierra sino a todo el sistema solar. Es, por así decirlo, una expansión con respecto a la Tierra y existe como la conciencia de todo el sistema solar.

El tercer nivel es Neshamah y corresponde al espíritu. Su territorio es el de toda la galaxia.

El cuarto nivel es Jai y se asocia a un conjunto de galaxias. Es la conciencia de la existencia, y su pureza y alcance es mucho mayor que la de los otros niveles.

Por último, el quinto nivel es el de la singularidad de la Unidad de todo el universo y se denomina Yehida, término hebreo cuya traducción literal es precisamente "singularidad". Cuando un ser humano alcanza el nivel de Yehida, llega a su verdadera identidad.

Después de su explicación, Yechiel me miró fijamente como preguntándose si había comprendido sus palabras. Mi impresión es que sí lo había entendido pero transformado a mi propio sistema referencial en el cual el desarrollo es visto como una gradual expansión de la identidad hasta alcanzar la Unidad. Lo que Yechiel me había explicado coincidía perfectamente con mis propias ideas, aunque nunca mis ideas las había podido sistematizar en una forma tan impecable como lo había hecho la cábala.

Después hablamos acerca de la supervivencia. Esta, según Yechiel, no se limita a una sola vida. Existe un principio esencial que reencarna pero lo que se transfiere está mezclado con el Nefesh, Ruaj, la Neshamah y el Jai de muchas gentes. Yo puedo ser la reencarnación del rey David pero no porque haya sido íntegramente ese personaje sino porque alguna parte del alma de él está en mí. Así, existen muchas gentes que son la reencarnación de una misma pero en sus distintas porciones. Esto es así por dos razones: primero porque alguna de las partes o niveles de alguien del pasado requiere perfeccionarse y si nos toca es para resolver a través de nuestra vida esa parte. La segunda razón es por lo contrario, esa parte que nos tocó nos ayudará a desarrollarnos. Al final se debe alcanzar la singularidad de cada uno, es decir, la verdadera identidad en Yehida, pero eso solo se consigue después de una labor ardua de purificación. El término hebreo *tikún* describe este proceso de resolución de problemas pendientes y la vida que vivimos es la oportunidad para lograrlo. Al mismo tiempo, nuestra propia labor de purificación limpia las partes de otras gentes que tenemos en nuestro interior. También se reciben partes por impregnación del aura pero estas almas que se nos conectan lo hacen temporalmente. Las impregnaciones duran más o menos dependiendo de la permisividad del receptor y de su propio grado de purificación. En ocasiones, la impregnación se debe aceptar con el objeto de pagar alguna deuda del pasado haciendo tikún con ella. En otras, la impregnación se debe rechazar, sobre todo cuando es intrusiva y violatoria de la propia identidad.

Jesús, por ejemplo, era la reencarnación de la misma cadena que formaron Moisés y Mahoma pero no se le entendió como tal. Vino al mundo para reformar al judaísmo, pero fue rechazado por él.

Yechiel me asombraba cada vez más. Su apertura y libertad me inspiraron el mayor respeto y lo seguí escuchando con atención. Pero no pude seguir sus palabras. Oía su discurso pero mientras él hablaba me imaginé observando el cuarto en el que nos encontrábamos, desde una diminuta mota de polvo. Un cosmos apareció ante el ojo de mi mente. Lo poblaban estrellas lejanas, galaxias y soles vibrantes y me era imposible vislumbrar nada conocido. Recordé un sueño en el cual asistía a una ceremonia chamánica. Gente vestida en forma tradicional daba vuelta alrededor de una especie de altar gigantesco, cubierto con una manta bordada con los más extraños símbolos. Discutían acerca de un acontecimiento que me era inaccesible por su sutileza y profundidad. Algunos hacían ademanes como señalando errores o faltas de interpretación. Los más ancianos daban consejos a los más jóvenes mientras yo permanecía detrás de un umbral señalado por una línea trazada en el piso. No osaba atravesarla pero distinguía que la mayoría de los participantes en la ceremonia eran extranjeros, es decir, no mexicanos como yo. En el centro de todo aquel movimiento había alguien recostado tranquilamente en contra de una pared aledaña al altar. Era un indio delgado de pelo cano y rala barba blanca. Me llamaba y me hizo atravesar el umbral. Alguien me dijo que se trataba de don Juan y yo me asombré. Me acerqué a él sintiendo un gran respeto mezclado de una familiaridad total. Comenzamos a platicar y don Juan me dijo que viera hacia arriba. Vi un cielo estrellado y de pronto una de las estrellas se salió de su lugar y uno de sus fragmentos, un cristal blanquecino, bajó hacia mí y se depositó en una de mis manos. Don Juan se regocijó y me informó acerca del significado del evento: "Has recibido una magnífica señal", me decía riéndose con gran alegría. Yo sentía que aquel cristal era la estrella misma y me asombraba su diminuto tamaño. Don Juan me miraba con una expresión de ternura en los ojos y me señaló el espacio de la habitación en la cual se realizaba la ceremonia y después el cosmos. "Ese —me decía refiriéndose al cielo estrellado— es la siguiente habitación".

Yo comprendía sus palabras a la perfección. Cuando me expandiera lo suficiente, lo que ahora veía como lejano y externo a mí, se convertiría en un lugar reconocible. Cambiaría de referencia desde una mota de polvo hacia un ser capaz de manipular galaxias, como un humano manipula objetos.

Volteé a ver a Yechiel dándome cuenta de que no había oído nada de lo que había dicho. Me disculpé y le pedí repetir su explicación. Yechiel se rio como entendiendo que mientras él había hablado yo había estado visitando otros mundos.

"No todos provenimos del planeta Tierra —dijo—. Existen gentes cuyo origen es lejano pero viven como humanos y no se distinguen del resto excepto en su interior. Traen una misión con ellos y su interés fundamental está en cumplirla. No se identifican con lo terrenal y sus motivaciones son más sutiles. Si no pueden cumplir su destino, viven muy infelices. Se les puede reconocer por marcas sobre su frente. Esas marcas se parecen a las letras del alfabeto hebreo y mientras más avanzados son en su desarrollo, las letras son más grandes".

Mientras Yechiel hablaba, dos imágenes se conectaron con su monólogo. La primera era la de Mijael Gorbachov, con su gran marca localizada en el cráneo. Yo lo admiraba mucho y siempre que lo veía a través de la televisión o aun en fotografías me impresionaba su calma y paz interior y su tremenda seguridad en sí mismo, como si en verdad supiera que la suya era una vida con una misión grandiosa. La segunda imagen era la de Mayra, una joven de 18 años, ciega de nacimiento, quien decía provenir de otra galaxia y afirmaba recibir mensajes de seres no humanos (véase el capítulo XIX).

Yechiel me volvió a mirar y yo asentí con la cabeza, como dándole a entender que lo había comprendido bien y compartía su conocimiento. Él siguió hablando: "Existen guías espirituales y cada quien tiene el que merece. Se les puede contactar imaginando una casa blanca y penetrando en su interior. Estos guías son nuestros protectores porque nos conocen en el nivel de Neshamah y saben lo que es necesario corregir en nosotros y lo que nos falta por hacer. Nosotros generalmente nos conocemos en el nivel de Nefesh pero no en Neshamah. En la vida —continuó Yechiel—, la ayuda que podemos brindar al prójimo es limitada porque alguien puede estar sufriendo al estar arreglando un tikún y no se le puede interrumpir de ello". En ese momento nos interrumpieron. Yechiel era esperado en el sótano de su centro, lugar preparado para las clases que impartía diariamente. Me invitó a conocer a sus alumnos y ambos descendimos una escalera que nos depositó en un salón amplio pintado de blanco con adornos en rosa. Frente a una veintena de gentes, Yechiel prendió dos velas situadas sobre una mesa y comenzó a hablar. La lección trataba precisamente del tema del tikún y me pareció una continuación de lo que estábamos hablando en su oficina. Para ilustrar el tema, Yechiel contó una anécdota de una mujer en estado de coma y a punto de morir en un hospital. La familia, desesperada, mandó llamar a un cabalista experto en curaciones y este intentó todo para sanar a la mujer, pero sin éxito. Casi sin esperanzas de poder resolver el caso, se sentó a meditar junto a la cabecera de la enferma y pidió permiso para comunicarse con la Neshemah de la moribunda. Esta le dijo que sus intentos estaban destinados al fracaso y que al día siguiente a las diez de la mañana explicaría ante él y su familia las razones de su falta de éxito. El cabalista convocó a la familia y a las diez de la mañana en punto la mujer recobró el conocimiento y les dijo a todos que no se preocuparan, que lo que sufría era necesario para purificarse y que no intentaran sanarla.

Alguien le preguntó a Yechiel la razón del sufrimiento humano y de la aparente injusticia en donde los más buenos tienen más dolor y problemas que las gentes malas, las que en ocasiones viven con gran lujo. La contestación de Yechiel, basada en la cosmovisión judía, me llenó de satisfacción y claridad: "No hay justo que nunca haya cometido algún pecado, como malvado que nunca haya realizado una buena acción. Los premios o castigos, es decir, las consecuencias de los actos, pueden ser en este o en el mundo por venir. Al malvado se le recompensa en este mundo por sus buenas obras y se le castiga en el otro por sus males. Al justo (si no obtuvo el perdón de Dios) se le castiga por sus malas acciones en este mundo y se le recompensa por sus buenos actos en el otro. El premio al malvado no debe ser eterno ni tampoco lo puede ser el castigo para el justo. Solamente el justo perfecto o el que obtiene el perdón de Dios goza en ambos mundos".

Recordé en ese momento que algo similar lo había oído en boca del rabino Mishkin en México, con este añadido: "El castigo es efectivo en el justo porque recapacita y corrige su falta, no busca justificación fácil, reconoce sus errores y se arrepiente de todo corazón. Busca sus errores para enmendarlos y si no los encuentra, palpa cada acto de su vida y termina por hallar el pecado. Con el malvado sucede todo lo contrario. Se defiende, no acepta su culpa aunque sea evidente. Sobre sí mismo no halla mancha. El castigo lo hunde más, se considera víctima de la injusticia, no está en condiciones de soportar sufrimientos, no está preparado para ellos y el efecto es lo contrario a lo esperado; ahonda en sus errores. El castigo o la recompensa no deben afectar el libre albedrío del hombre. Esto hace muy difícil comprender el camino de Dios dado que Él debe aplicar justicia sin afectar la libertad humana".

Después de un breve descanso durante el cual tomamos té se realizó una meditación cabalística con la que se concluyó la sesión. Todos tomamos asiento y Yechiel explicó lo que debíamos hacer. Pintó en el pizarrón la palabra UNO en hebreo y nos pidió concentrarnos en ella y después visualizarla en nuestro interior. Mientras lo hacíamos se tocó una música casi celestial compuesta por uno de los miembros del grupo.

Yo sentí primero la unidad de mi cuerpo. Después la de mi mente en unión de las mentes de todos los integrantes del grupo. Más adelante me conecté con todos los habitantes de Israel, del planeta, y viví por primera vez un estado de conciencia planetaria. Traté de sentir la Unidad de todo el sistema solar y creí lograrlo y terminé sintiéndome ligado a toda la galaxia y recordando los niveles del alma que la cábala ha considerado.

Salí entusiasmado de la sesión y me dispuse a viajar a Safed en el norte de la Galilea, con el objetivo de conocer a los cabalistas que viven allí.

Rab Noaj

El viaje de Tel Aviv a Safed es un continuo ascenso sobre todo después de hacer escala en la ciudad de Haifa. Esta parece una joya enclavada en unas montañas con vista al mar. Llegué a Safed en la noche después de cuatro horas viajando en un autobús. Hacía frío y me alojé en la ciudad vieja.

Safed, después de Jerusalén, es la ciudad más sagrada de la cábala. En Safed, durante los siglos xvi y xvii, florecieron las escuelas de cábala más importantes de la historia. El más grande cabalista de todos los tiempos, el rabino Isaac Luria, mejor conocido como el Ari (león) de Safed, vivió aquí y murió aquí después de crear todo un movimiento de despertar místico y espiritual.

La parte vieja de la ciudad todavía conserva el embrujo de sus casas de piedra y sus rincones tradicionales poseen tal belleza que toda una colonia de pintores convive aquí junto con los grupos de hasidim y rabinos que abundan en este lugar como en ningún otro. Varias escuelas de cábala, docenas de sinagogas y seminarios religiosos se han establecido entre sus callejuelas y veredas. El visitante de Safed puede sentir el ambiente de religiosidad y contemplación mística flotando en el aire, y la situación de la ciudad, elevada sobre una colina, ayuda a la sensación de inefabilidad y santidad.

Durante días recorrí la ciudad vieja y en el curso de tres noches mis sueños alcanzaron tal nivel de lucidez como nunca antes en mi vida. Seguramente tengo muchas cosas por resolver porque cada noche de las tres fue matizada por pesadillas terribles que me asaltaron con una claridad meridiana.

Busqué cabalistas y al primero que conocí fue a Rab Noaj, un anciano de barba enorme que me recibió en su instituto, situado en una calle empedrada. Había oído hablar de él en Tel Aviv y esperaba una entrevista llena de iluminaciones y sugerencias místicas. No me decepcioné, pero más que de la profundidad de los conceptos, me sentí bendecido por la bondad y ternura que Rab Noaj me transmitió. Nos sentamos uno frente al otro y él me preguntó la razón de mi visita y mi interés por la cábala. Le dije que era mexicano, que trabajaba en la Universidad de México y deseaba encontrar más sentido y significado a mi existencia. Me miró con ojos bondadosos y se acarició su barba. Su cuerpo corpulento y grueso y sus largas filacterias lo hacían un perfecto arquetipo del místico y religioso judío, siempre bendiciendo cada alimento y sintiendo dentro de sí la presencia de Dios.

—El cuerpo debe purificarse y cada célula espiritualizarse. Cuando eso se logra se experimenta algo bello y extraordinario. —Rab Noaj me miró después de hablar y otra vez me sentí acariciado por una ola de bondad y ternura—. La Torá lo dice todo y no existe mayor bendición que estudiarla.

Rab Noaj es un hasid, es decir, pertenece al grupo de los hasidim iniciado en Polonia hace casi 300 años por Israel Baal Shem Tov. Los hasidim y los cabalistas se distinguen entre sí porque los primeros intentan traer a Dios hacia el hombre mientras que los segundos tratan de llevar al hombre hacia Dios. El buen hasid ve a Dios en todas las cosas y su alegría y devoción son legendarias. Ambos son místicos y la cábala forma la base ideológica del movimiento hasídico.

Uno de los más grandes hasidim fue el rabbi Nachman de Breslov, descendiente de Israel Baal Shem Tov y creador de su propia secta: los hasidim de Breslov. En Safed vive un grupo de ellos, habitan una colonia situada frente al cementerio, en el cual reposan los restos del Ari. Rab Noaj me conminó a conocerlos en su centro de estudio devocional.

Baruj Katz

Encontré el centro de los hasidim de Breslov después de visitar la tumba de Isaac Luria. Lo único que distinguía a esta última del resto era una veladora prendida en uno de sus extremos y el color azul intenso en el que estaba pintada. Junto a ella y también pintada de azul estaba la tumba de Moisés Cordovero, otro de los grandes cabalistas de Safed. Medité junto a las dos tumbas y sentí una presencia extraordinaria que me llenó por completo. Era asombroso que todavía hubiese restos energéticos ligados al Ari. Recordé una sensación similar junto a la tumba de Sivananda en la India. Pensé que todos los grandes místicos, independientemente de la tradición a la que pertenecen, llegan a lo mismo.

Rab Noaj y Yechiel me habían recomendado tomar un baño ritual en la mikve del Ari. Esta última es un estanque alimentado por agua de montaña que surge de un manantial y que tiene un efecto purificador. El ritual consistía en sumergirse siete veces en el agua helada y así lo hice, sintiendo una reactivación de mi circulación y una viveza intelectual que no supe si se debía a la baja temperatura o a otro fenómeno. También recordé el Ganges a la altura de Rishikesh, helado como la mikve del Ari y con el mismo efecto. Después de secarme y vestirme ascendí la loma sobre la cual está construido el centro hasídico, pero en el trayecto me encontré con la sinagoga sefaradita de Isaac Luria. De ella se cuentan las más extraordinarias anécdotas. Sobrevivió a un terrible terremoto que destruyó Safed durante el siglo pasado y en ella se encerraba el Ari a recibir inspiración directa del profeta Elías.

Penetré en su interior después de lavarme las manos con agua. Supe que debía hacerlo al recordar que mis abuelos siempre se purificaban antes de entrar a una sinagoga. Esta era primorosa. En lugar de las bancas a la usanza de las sinagogas ashkenazís de la Europa Occidental, largos asientos acolchonados rodeaban todas las paredes, dejando lugar para el altar con los rollos de la Torá en un extremo y un circular y elevado estrado en el centro. Después de meditar en el interior de la sinagoga y volver a sentir una energía similar a la de la tumba del Ari volví a ascender la cuesta y por fin entré a la yeshivá de Breslov. La yeshivá es el término hebreo para los centros de estudios religiosos. Los techos de la yeshivá eran abovedados y por lo menos 10 mesas con cuatro sillas cada una ocupaban todo el espacio interior. En un extremo del salón de unos 15 metros de largo por cuatro de ancho, docenas de hasidim, todos vestidos de negro, todos con largas barbas, filacterias y cubiertas sus cabezas con sombreros, estudiaban. Unos grandes libros de pastas duras y letras diminutas les servían de material de lectura. La mayoría formaba parejas que discutían a grandes voces los textos. Me sorprendió que no se distrajesen unos a los otros. Al contrario, todos parecían completamente concentrados y absortos en lo que leían. Los había de todas las edades, desde niños de 14 años hasta ancianos de más de 70. Me dirigí a unos grandes anaqueles repletos de libros con la esperanza de encontrar algunos en inglés. Por fin hallé dos tomos, los agarré y me senté a leerlos. Los hasidim ni se habían enterado de que yo estaba allí. Algunos habían levantado los ojos para verme y en seguida continuaron con su estudio. Eso me tranquilizó y las siguientes horas acompañé a ese grupo de eruditos en su labor de estudio y lectura sintiéndome uno más de ellos. A mediodía hicieron un descanso, se prepararon té y algunos salieron al patio a tomar aire o fumar un cigarrillo.

Un señor de barba gigantesca y aspecto de patriarca bíblico se acercó a mí y me preguntó mi nombre. Reconoció mi acento latino y comenzó a hablarme en español. Era originario del Uruguay y se llamaba Baruj Katz. A los pocos minutos de iniciada la plática comenzó a hablarme de lo que había aprendido en la vida:

—Todo es como debe ser —me dijo mientras sus ojos negros brillaban llenos de vida y astucia—. Las pruebas las envía Dios según lo que cada uno necesita. No manda lo que no se encuentra en el límite de la capacidad de cada uno. —Yo estuve de acuerdo y lo estimulé a que siguiera hablando—. Un justo (tzadik) muere el día en el cual llega a su potencialidad total. Por ello, los hasidim festejan el aniversario de su muerte y su tumba es pintada de azul para mostrar que su vida concluyó la serie de reencarnaciones que le sirvieron para llegar a ese punto. Su alma (a partir de entonces) se encuentra en todos lados al mismo tiempo.

Mientras Baruj hablaba recordé a don Juan Matus y su enseñanza, que parecía ser similar a la que oía ahora de los labios de un erudito judío. La tumba azul del Ari también encontró su significado en mi interior. "El Ari llegó a su plenitud en su última encarnación y su energía está en todos lados; en su tumba, en su sinagoga o aquí en esta yeshivá".

Baruj no dejaba de hablar, seguramente estimulado por la intensa atención con la cual lo escuchaba:

—Siempre se recibe de arriba y el mundo es un reflejo del espíritu. Rab Nachman era un gran tzadik y aquí en su yeshivá de Safed estudiamos todo el día diferentes materias, desde que amanece hasta que anochece. Lo hacemos en parejas porque así se vuelve infinito. Dios creó 600 mil Neshamot para el pueblo judío, las que son compartidas. Por ello, trabajar en la propia Neshamah es trabajar con todas. Cada nivel del alma, Nefesh, Ruaj, Neshamah, Jai y Yehida, tiene a todos adentro.

En ese momento interrumpieron la plática para invitarnos a rezar el rezo vespertino. Meciéndose de atrás hacia adelante, los hasidim ofrecían su devoción a Dios. Envidié su fervor y su fe manifestada en la forma intensa en la cual repetían sus oraciones. Al final, todos nos tomamos de las manos y bailamos y cantamos con una alegría contagiosa y profunda.

Me despedí de Baruj y sus hasidim y regresé a mi hotel.

Shaul Leiter

El Instituto Ascent de Safed ocupa una vieja construcción de piedra y su interior parece una biblioteca por la cual ha pasado un huracán. Las paredes están cubiertas, del piso al techo, de libros, y libros hay sobre mesas, sillas, sillones, bancos y escritorios. En medio de ese desorden Shaul Leiter, fumando cigarrillo tras cigarrillo, deambula siempre deprisa y continuamente haciendo planes para desarrollar el instituto.

Me lo encontré estornudando y afiebrado. El frío de Safed lo había agripado pero su enfermedad temporal y sus molestias respiratorias no le quitaban un ápice de energía.

Después de presentarme y externar mi interés por el estudio de la cábala, Shaul me dijo que era una lástima que hubiese venido a visitarlo en esa época porque estaba muy ocupado con un proyecto tendiente a crear un gran museo de la cábala en Safed y solo contaba con siete minutos para hablar conmigo. Literalmente me jaló hacia una silla, me hizo sentarme en ella y en seguida inició un extraordinario monólogo que reproduzco en seguida:

—El nombre de Dios en hebreo, Yehova, es una fórmula de la creación del universo. Antes de crearlo, todo estaba ocupado por la Luz Divina y total del Ein Sof (Sin Final). Después, Dios creó un vacío en esa luz en el proceso de "Tzimtzum" e introdujo un punto de su luz (.), que es la primera letra de su nombre. Allí se inició lo que la astrofísica denomina el Big-Bang. Después de crear ese vacío e introducir su luz en él, Dios creó el espacio tridimensional, el cual se representa con la segunda letra de su nombre (H). Más adelante lanzó un rayo de luz para iluminar el espacio tridimensional, que está representado por la tercera letra de su nombre (I). Por último, hizo expandir el espacio tridimensional, lo que está representado por la última letra (H).

Al terminar de hablar, Shaul me miró fijamente como tratando de saber si lo había entendido. Fue a su oficina y me entregó las llaves de su instituto.

—Puedes quedarte aquí el tiempo que quieras leyendo nuestros libros. Cuando termines deja las llaves sobre mi escritorio y cierra la puerta.

Después salió hecho una tromba mientras yo, asombrado, me quedé sentado viendo los libros regados en todos lados.

Abraham Sutton

Llegué a Jerusalén una mañana nublada. En Safed me habían dado la dirección de varios cabalistas que vivían en la Ciudad Santa. El primero de ellos se llamaba Abraham Sutton y había concertado una cita con él. Me lo encontré trabajando al lado de una mesa gigantesca que le servía de escritorio. Las paredes del cuarto estaban "tapizadas" de enormes anaqueles repletos de libros. Aryeh Kaplan, un gran cabalista y escritor, había muerto hacía tres años y Sutton preparaba una edición *post mortem* de sus obras. Americano de origen, Sutton me impresionó por su humildad y por el cuidado con el cual verificaba fechas y datos para los libros de la edición de Kaplan.

—Lástima que no lo conociste —me dijo al preguntarle por Kaplan—, era una personalidad inolvidable y como casi todos los grandes cabalistas murió muy joven. Ni siquiera llegó a cumplir 50 años.

Discutimos acerca de lo anterior aventurando la hipótesis de que el contacto constante con otras realidades y la intensidad del mismo hacían que ciertos hombres abandonaran el plano terrenal en plena juventud, quizá porque llegaban a cumplir con su destino y misión. Abraham me dijo que él era apenas un estudiante de la cábala y que dudaba poder responder a mis preguntas. Sin embargo, lo que me comentó después de decir lo anterior no correspondía con su afirmación:

—Existe una presión enorme de los planos espirituales hacia el terrenal. Nos están bombardeando con información y prácticamente es como si estuviéramos bajo un baño del espíritu que intenta penetrar a la conciencia humana. Por lo mismo, existe mucha confusión subjetiva porque cada quien interpreta a su manera. Pero el momento está cerca en el cual se alcanzará un umbral y se captará el espíritu en todo su resplandor y pureza. Los profetas captaban directamente pero dependía de su pureza la exactitud de la información a la que tenían acceso. Las leyes proféticas eran extremadamente rígidas. Ningún profeta debía contradecir a los que lo antecedían. Si lo hacía o si daba información inexacta o falsa era sentenciado a muerte. El momento se acerca en el cual habrá un despertar tremendo y un cambio interno en la calidad de la conciencia. Cada quien tiene un trabajo que hacer en esa dirección.

La ciencia y la mística no están peleadas. Aún los científicos están recibiendo inspiraciones provenientes de las esferas superiores.

Le pregunté cuándo ocurriría el traspaso del umbral:

—Pronto, muy pronto —me contestó con ardor—, pronto se llegará al umbral y la conciencia brillará en todos. Mientras tanto, uno no debe ser rígido pero sí tener fortaleza y un punto de vista claro porque si no, la presión y la confusión reinante pueden también penetrarnos y eso sería muy doloroso.

David Toledano

Al despedirme de Abraham Sutton, este me sugirió ir a visitar a David Toledano, quien también vivía en Jerusalén y era hijo de Samuel Toledano, uno de los más grandes cabalistas de Tánger. La idea me pareció excelente, ya que me permitiría conocer la cábala sefaradita y ponerme en contacto con sus representantes actuales.

Mi primera impresión de David fue la de estar en presencia del hermano de Don Quijote. Alto, delgado, de larga barba y nariz aguileña, me recibió en su estudio localizado en el sótano del edificio de departamentos donde vivía.

En todos los lugares en los cuales trabajaban cabalistas, lo más aparente era siempre la gran cantidad de libros, la mayoría enormes y de pastas cafés. El estudio de David Toledano no representó una excepción a esta regla, aunque la computadora de su escritorio era, por qué no, un novedoso instrumento de la indagación cabalística. En el caso de David Toledano y según veremos más adelante, un instrumento absolutamente necesario. Al contrario de Abraham Sutton, quien sobresalió por su humildad, David Toledano mostrose seguro y confiado de sí mismo y ninguna de mis preguntas lo turbaron en lo más mínimo. Me presenté recomendado de Sutton. David lo conocía y era más que claro que los cabalistas de Israel se conocían unos a otros y formaban una especie de red interconectada en frecuentes y múltiples contactos. Le dije que venía de México, que había estado investigando el cerebro y su electrofisiología y había creado toda una teoría acerca de la percepción.

Toledano no me dejó terminar y comenzó un diálogo que duraría varias horas y que transcribo a continuación:

—Estamos en medio del Ein (Sin) y del Sof (Final) y debemos unirlos para vivir el Ein Sof (Sin Final).

Miré a David y le dije que en México yo había conocido a una mujer, Pachita, que parecía haber logrado eso porque era capaz de hacer milagros sin límite.

—Eso no tiene ningún secreto —me debatió Toledano—. Con la cábala práctica se pueden crear mundos y seres pero eso no sirve. Yo mismo tengo un libro que indica cómo hacerlo pero eso no me interesa. Además es peligroso si no se alcanza previamente la pureza total.

—¿Y a ti qué es lo que te interesa? —le pregunté.

—A mí me interesan las formas del espíritu. En realidad no existe la materia y las formas del mundo son las mismas que las formas espirituales, es decir, son isomórficas. Las letras hebreas, por ejemplo, son caminos de energía. Por ello las escrituras hebreas son tan poderosas; reflejan la energía de las formas espirituales y las conectan con el mundo. Aquí es un reflejo del otro mundo pero con diferente (opuesta) dirección de creación. Cada parte del cuerpo y todo él es un modelo del universo. Cada célula tiene toda la información. Es una parte pero al mismo tiempo es el todo. Yo no creía en nada, nací en Tánger y mi padre siempre estudiaba la cábala pero a mí no me atraía. Ahora no me puedo apartar de ella y de la Torá. Poseemos un mensaje directo de Dios y quien no lo estudie está cometiendo un grave error. Ya no tenemos tiempo que perder. Yo estudio la Torá y sus relaciones con la ciencia. Le pedí al gran rabino permiso para hacerlo y él me lo concedió. Quise entender las conexiones cerebrales para ver las relaciones entre las Sefirot, pero del cerebro no se sabe mucho, así es que prefiero trabajar con las conexiones directas.

Protesté diciendo que aunque sabemos poco acerca del cerebro hemos adelantado mucho en su estudio, además:

—No puedo creer que Dios escribió la Torá, eso es muy difícil de aceptar para mí —le dije con firmeza.

David se rio al oírme. Parecía encantado con la posibilidad de entrar en una polémica profunda. Me miró con una expresión chispeante y llena de inteligencia. Comprendí que me encontraba frente a alguien totalmente impredecible y traté de desechar la idea de entablar una discusión con él. Bastante ya había discutido en mi vida y ahora solo deseaba escuchar. Sin embargo, algo en la actitud de David me enfurecía y a pesar mío comencé a polemizar. Le dije que cada uno de nosotros ya es el Ein Sof desde siempre, pero no nos damos cuenta de ello. David volvió a reírse y a mirarme con esa expresión chispeante que, comprendí, aparecería cada vez que se le ocurría una contestación aplastante y desbastadora de algún argumento.

—Tú no puedes estar en el Ein Sof y creerte ilimitado durante un tiempo limitado.

Dije que ese argumento se podía aplicar a Dios y a su creación de un mundo limitado. Toledano pareció no haber escuchado mi razonamiento pero otra vez le salieron chispas de los ojos:

—Dios creó un mundo limitado para demostrar que es ilimitado en la creación de un mundo limitado; para que nadie diga que Dios no pudo crear un mundo limitado.

Lo miré y asentí asombrado de su astucia. Le pregunté qué ciencia trataba de relacionar con la Torá y esta vez, antes de contestarme, sus ojos verdaderamente relampaguearon.

—La reina de todas las ciencias, la física. ¿Conoces la ecuación de Einstein?: $E = mc^2$, claro que la conoces. Pues eso está también en la Torá.

Lo miré incrédulo y como esperando que me lo demostrara.

—Mira —me dijo—, la masa es inercia y dentro del pensamiento judío podría estar asociada con lo que presenta dificultades. En la Torá existen más de 200 prohibiciones. Así es que multipliqué ese número por el número de leyes permitidas pensando que eso representa la luz. Existen más de 300 preceptos de luz en la Torá. Elevé al cuadrado ese número y lo multipliqué por el otro. El resultado fue 13 millones y pico. Busqué en la Torá ese número y se me ocurrió contar la cantidad total de letras en la Torá a partir del versículo en el cual Eva puso atención por primera vez a la manzana en el Jardín del Edén. Es decir, a partir del instante en el cual, por primera vez, un ser humano se conectó con la materia. Pues adivina: el número total de letras de la Torá a partir de ese versículo es exactamente los 13 millones y pico que obtuve en la ecuación más uno. Es decir, la diferencia fue solamente de uno.

En ese momento sentí que las paredes del cuarto en el cual dialogábamos se empezaban a difuminar y el piso a desvanecerse. El descubrimiento de David era fenomenal y por primera vez admití la posibilidad de que fuera cierto lo que todos los cabalistas afirmaban: que la Torá es un mensaje directo de Dios. Se lo hice saber a David y se rio encantado.

A partir de ese momento nuestro diálogo adquirió otro sentido, más cercano y directo. Le dije a David que en el budismo no se aceptaba la existencia de un yo permanente. Me contestó que él había nacido con un yo y que sentía que su yo actual era igual que aquel: "Es un centro que se mantiene toda la vida".

Después David ya casi no me dejó hablar. Las ideas aparecían en su mente, una tras otra y él las verbalizaba dejándolas salir como una cascada libre y sin obstáculos.

—El cerebro representa la existencia de dos Sefirot. El hemisferio derecho es Chochma (sabiduría) y el izquierdo Binah (entendimiento). El cuerpo del hombre es un modelo de la organización de Dios. Los ojos están arriba de las orejas y estas por encima de la nariz y la boca. El cerebro es lo más alto y después lo demás; igual que lo más alto y lo más bajo. En los animales las orejas están por arriba de los ojos. Los ojos son el contacto con lo externo pero no deben servir de jueces. Es el sonido y los oídos lo que sirve adecuadamente para juzgar. Lo material y lo espiritual se separan para que lo material sea verdaderamente materia, es decir, espíritu limitado hasta que se insufle de este último. El final ocurrirá en el mundo cuando todo se materialice. Entonces lo espiritual desaparecerá y la oscuridad total durará 15 días y la mayoría morirá. Allí entonces aparecerá el Mesías y él vencerá en contra de la materia y todos sabrán que el Creador existe. En otras palabras, todo y todos se opondrán al Mesías y el hecho de que ganará a pesar de ello convencerá a los seres humanos sin excepción de que existe el Creador. La mujer es la materia y el hombre el espíritu. El hombre baja a la materia y la mujer sube al espíritu y allí se unen y se vuelven el Ein Sof. La dificultad de la interrogante psicofísica se resuelve cuando se entiende que las formas físicas y las espirituales son lo mismo. La materia se espiritualiza y el espíritu se materializa y se juntan.

Lo que estaba diciendo David me recordó lo que afirmaban los hasidim acerca de la misión del hombre en el universo físico: "El hombre tiene como destino el recuperar la conciencia de toda materia". Solamente lo pensé y seguí escuchando a David:

—La materia es el Sof y el espíritu el Ein. Cuando se reúnen se produce el infinito Sin Final (Ein Sof). El modelo del Ein Sof es el acto sexual entre un hombre y una mujer. El estado de Israel es la materialización del espíritu. La materialización del judío es Israel. El hombre era capaz de ver de un extremo al otro del mundo pero después se limitó. Se necesita el entendimiento y la percepción directa para percibir. El nombre de Dios, Yehova, es un modelo de la creación y su algoritmo. Es como los genes. La Torá es igual, un mensaje cifrado y directo de Dios. Todo está en la Torá, aun la discusión entre la física ondulatoria y la corpuscular.

David Toledano se emocionaba a medida que seguía hablando y yo lo escuchaba con asombro y gran atención.

—¡Es increíble tener una comunicación directa de Dios en la Torá! Cuando me di cuenta de eso empecé a estudiar la Torá sin parar y con la convicción de que no existe tiempo que perder. De acuerdo con las profecías, la materia está a punto de desaparecer.

Cuando uno se da cuenta de la sabiduría de la Torá y de que proviene de Dios, se llena de temor reverente por tanta grandeza. Cada letra hebrea es un camino de energía de los mundos espirituales al físico. Hay isomorfismo funcional entre el cuerpo del hombre y Dios. Cada cosa se bendice y cuando se hace con fervor total, se ilumina el alma. El universo desaparecería si no existiera por lo menos un ser humano estudiando la Torá.

Recordé a mis abuelos; cada vez que tomaban agua, comían pan o se lavaban las manos hacían una bendición. La visión era tan cotidiana y natural que había perdido la magia y el significado. David me hacía recuperar la frescura quizá porque su edad y la mía no eran muy diferentes. La cascada de cogniciones seguía:

—La vida es asimétrica; en cambio, la materia es simetría. La vida se basa en siete elementos de asimetría. La asimetría de la vida llega hasta la lateralización cerebral en el hombre...

Itzjak Ginsburg

El último de los grandes hasidim, el rabino Luvabitcher, nonagenario y heredero del linaje Chabad, vive en Nueva York y desde allí coordina la expansión de un movimiento con cada vez mayor número de adeptos. En Israel existe inclusive todo un pueblo habitado por sus discípulos y seguidores; el pueblo Chabad a 30 o 40 kilómetros de Tel Aviv. Allí me dirigí para entrevistarme con Itzjak Ginsburg, uno de los más grandes cabalistas de Israel. Me lo encontré estudiando las escrituras y rodeado por una familia numerosísima. Dos de sus hijas jugaban con la llama de unas velas imitando la bendición sabatina.

La energía que irradiaba Itzjak me impresionó desde el primer instante que lo vi; en paz, tranquilo y con una profundidad de pensamiento que se adivinaba en su cara de frente amplísima, ojos relucientes y en sus ademanes. Su voz muy baja, casi susurrante, parecía provenir de un lugar lleno de misterios y no aumentaba de volumen, como si el hacerlo pudiese profanar un encantamiento sutil y delicado. Por teléfono ya le había explicado mi identidad y la motivación de mi visita, así es que no hubo ninguna necesidad de introducciones o preámbulos.

Comenzamos hablando de los niveles de la percepción. Le dije que, para mi entendimiento, la aparición de una imagen visual estaba precedida de por lo menos tres diferentes transformaciones energéticas. En primer lugar, un punto del espacio con sus campos energéticos era traducido a un lenguaje neuronal digital. Después los códigos neuronales activaban poblaciones gigantescas de neuronas en la corteza creando campos tridimensionales de interacciones. Por último, estos campos distorsionaban la organización básica del espacio-tiempo a través de una interacción de dos campos, el neuronal y el de la matriz del espacio. Itzjak me escuchó con suma atención asintiendo de vez en cuando.

—Lo mismo dice la cábala —me dijo en voz baja—; la percepción acontece como resultado de la interacción de dos luces, sin embargo no son tres los pasos intermedios para activar una imagen sino diez.

—¿Diez? —le pregunté como queriendo confirmar si la cifra era correcta.

—Así es —me aseguró sin levantar la voz—. A mí me han invitado al Instituto Weizman para explicarles a los científicos esos diez pasos e incluso he escrito un libro acerca de ellos.

Me invitó a su estudio localizado dentro de un pequeño cuarto en el jardín aledaño a su casa. Dentro de él, un niño con largas filacterias tocaba una sonata de Beethoven en un piano rodeado de grandes anaqueles repletos de cintas magnetofónicas con las conferencias que Itzjak había grabado. Una secretaria tecleaba en una computadora transcribiendo un texto hebreo que seguramente constituía uno de los capítulos de su libro. Mi impresión al ver todo aquello fue la de estar atestiguando la labor creativa y vital de un moderno cabalista en un ambiente de actividad inspirada y artística. Itzjak me obsequió un libro y unas cintas explicando el significado esotérico de las letras hebreas, mientras seguimos conversando. Yo quería saber más acerca de los diez niveles de la percepción, pero la conversación se derivó hacia otros tópicos:

—Mientras mayor sea la unidad cerebral, mayor será la capacidad de poder. En el espacio puro, no existe el tiempo. Esto se produce por la interacción del espacio con la conciencia humana.

Lo que me decía Itzjak estaba totalmente de acuerdo con mis ideas. Esto me produjo un gran regocijo y una sensación de que, sin quererlo, yo también estaba en el camino de la cábala.

—Dios creó al vacío pero dejó un rastro de su luz en él y después hizo penetrar un rayo de su luz que creó el espacio tridimensional y el resto del universo conocido. Cada letra hebrea es un camino de energía y el hombre y la mujer equivalen a los dos campos en interacción que crean la percepción. La parte occipital (posterior) del cerebro humano produce la percepción directa de las formas mientras que la parietotemporal da lugar a la percepción con significado.

Recordé un experimento electrofisiológico que unos años antes había realizado con E. Roy John en el cual encontramos exactamente los mismos resultados que ahora Itzjak me comentaba.

—Binah (entendimiento) es uno de los hemisferios cerebrales mientras que Chochmah (sabiduría) es el otro. La unión de ambos es Dat, es decir, las tres principales Sefirot.

Eso también coincidía con mis investigaciones psicofisiológicas. Durante años había estado analizando la actividad del hemisferio derecho e izquierdo y desarrollando toda una tecnología que permitía incrementar la unidad entre ambos. Lo que los sujetos reportaban al activar uno de los hemisferios era el favorecer el entendimiento (Binah), mientras que la del otro estimulaba la intuición directa (Chochmah) y la unión de ambos daba lugar a un tercer estado (Dat), que trascendía a los otros dos y los englobaba. El tercer estado era de Unidad y su resultado era el incremento del poder personal. Entendí la denominación Chabad precisamente como referencia a la activación de esas tres funciones asociadas con las Sefirot. El movimiento hasídico al que pertenecía Itzjak se interesaba en la unión del entendimiento y la sabiduría en una resultante trascendental más ligada con la espiritualidad pura o el funcionamiento místico en la Unidad.

Lo último que me dijo Ginsburg antes de despedirnos fue que precisamente cuando el cerebro llega a la Unidad adquiere control sobre el universo físico.

Moshe Shatz

A pesar de que el concepto de las Sefirot es central en el conocimiento cabalístico y de que todos los maestros de cábala que había conocido hablaban de ellas y les otorgaban una importancia fundamental, yo tenía dudas acerca de su significado. Se lo hice saber al siguiente cabalista que conocí en Jerusalén: Moshe Shatz. Abraham Sutton me había sugerido ir a conocerlo puesto que en su opinión, Shatz había logrado tocar los principios cabalísticos en un nivel de abstracción envidiable. Moshe escuchó mis dudas acerca de las Sefirot y se dispuso a darme una explicación acerca de su significado:

—Las Sefirot, en su dinámica y secuencia, son una fórmula de la creación; la primera Sefira se llama Keter y equivale al deseo de crear o a la idea primigenia, mientras que la última Sefira, Malkut, equivale a la creación de la obra final. Malkut contiene todo el proceso previo pero no es una etapa de la creación sino su resultante final manifestada en el universo físico y material. Cada Sefira contiene el mismo esquema interno que el externo. Malkut se introduce en una cadena ascendente y descendente. El legado del Ari es que cada realidad es una unidad, una Gestalt, y que cada punto contiene el todo pero se especializa. Así sucede con cada Sefira, es una unidad que contiene la totalidad pero al mismo tiempo cumple una función específica. Por ejemplo, todas las células del cuerpo contienen información acerca de la totalidad corporal pero un brazo es un brazo porque las células de este miembro "piden" a todas las demás que otorguen máximamente lo que cada una posee de brazo. Se parece a la resonancia de Rupert Sheldrake. Las células resuenan entre sí, extrayendo su especialidad, pero cada célula contiene toda la información. El secreto es la Gestalt, que no puede ser vista desde los elementos. La resultante final siempre es una unidad en sí, en cualquier mundo o realidad. El proceso de ir desde Keter a Malkut se realiza a través del Tzimtzum o la concentración de cada nivel. Cada nivel es una unidad pero procede y da lugar a otras unidades.

Al igual que David Toledano, Moshe Shatz se emocionaba a medida que continuaba con su explicación y de pronto pareció que un dique de su mente se abriera y las ideas comenzaron a fluir en forma natural y radiante:

—La ciencia es el contenedor o vasija y la cábala es la luz. No debe haber conflicto alguno entre ciencia y mística. Ambas deben colaborar y complementarse. El Ein Sof se esconde a sí mismo con el objetivo de revelar la otredad de sí mismo a sí mismo.

Han existido muchos profetas de la unión entre la ciencia y la cábala. El Gaon de Vilna predijo la cooperación de la ciencia con la cábala. La ciencia habla de diferentes familias de fuerzas en el universo. Las cuatro fuerzas principales que ha descrito la física están representadas en el nombre de Dios. Existen cuatro dimensiones visibles (espacio-tiempo) y seis invisibles superiores a las otras. Debe haber cooperación entre la ciencia y la mística pero la mística no debe fundamentarse por la ciencia. "El Observador es el Ein Sof".

Samuel Toledano

El último cabalista que conocí en Israel fue el padre de David Toledano: Samuel. Me lo encontré en su lecho, enfermo, y aunque su cuerpo estaba debilitado por la enfermedad y su edad muy avanzada, sus ojos poseían tal vitalidad y frescura, que me parecieron más los ojos de un niño que los de un anciano. La misma impresión la tuve al oír sus palabras y sentir su entusiasmo. Todo lo que me dijo fue pronunciado con tal fervor y pasión que me olvidé de estar junto a un anciano que posiblemente estaba a punto de morir y más bien sentí la presencia de un espíritu vigoroso, joven y optimista sin edad ni fatiga. Le pregunté a Samuel qué es lo que había aprendido de la cábala y cómo se había iniciado en ella:

—Nací en Tánger —me dijo con dulzura—, y no me interesaba por la religión sino solamente en las matemáticas. Era tanto mi amor por ellas que acabé doctorándome en matemáticas en la Universidad de París. Me dediqué a estudiar las relaciones matemáticas que existen entre dos puntos en el espacio y poco a poco descubrí que todas las leyes de la física se encuentran en las relaciones entre cualquiera de los puntos del espacio. Allí empezó mi conversión religiosa. Aquello no podía ser producto del azar. Debía existir una mente maestra en el universo capaz de incorporar todas las leyes en el espacio entre dos puntos. No sabía ni siquiera hebreo pero algo en mí me dijo que la verdadera ciencia y mi vocación estaba en el estudio del judaísmo y este no se podía encarar sin conocer el idioma hebreo. Decidí entonces aprenderlo y para ello utilicé mi conocimiento de las matemáticas. Comencé con la primera palabra del libro de Isaías. La permuté en todas sus posibilidades y me aprendí el significado de cada una de ellas. Así continué consultando el diccionario y haciendo permutaciones hasta que en seis meses dominaba el hebreo a la perfección. Después estudié arameo y me interesé en la asociación numérica de cada letra hebrea. Tú sabes que en el idioma hebreo cada letra además de serla representa un número. Comencé a descubrir maravillas; traducía cada término hebreo a su correspondencia numérica y después comencé a encontrar relaciones entre los números resultantes. Entendí la sabiduría escondida en el judaísmo, en su lengua y en sus escrituras. Me dediqué a crear escuelas judías en Tánger, después, seminarios de estudios religiosos y entendí por qué todos mis antepasados judíos españoles se mantuvieron como judíos a pesar de todas las persecuciones. Miles de ellos prefirieron la muerte antes que traicionar su judaísmo. Yo estoy dispuesto a hacer lo mismo y lo estuve a partir del momento en el cual entendí toda la sabiduría y belleza que encierra el judaísmo. Un día me llegó un libro de cábala. Me lo envió el gran rabino de Inglaterra. Lo devoré y entendí que lo que yo estaba haciendo era precisamente desarrollando el mismo conocimiento conocido como cábala. ¿Ves ese escritorio pegado a la pared? Ahí me siento a escribir mis libros y a estudiar. Lo hago desde que amanece hasta que anochece y no pasa un día sin que llore asombrado y maravillado de todo lo que descubro. Deseo que la vida de todo judío alcance la luz que yo he podido ver. No existe belleza mayor ni éxtasis más sublime.

Me sentía bendecido por las palabras que oía de boca de Samuel Toledano. No era la historia extraordinaria que me contaba la que me iluminaba por dentro sino la emoción de vida de este anciano de ojos de niño que se introducía a mi cuerpo y a mi espíritu como un bálsamo dulce y precioso. Le pedí que compartiera conmigo algunos de sus hallazgos y él se sonrió al oír mi petición.

—¡Son tantos y tan variados! La Unidad está oculta y no es dual. En cambio, se manifiesta a través de la dualidad. En el cuerpo esto se modela por los labios que son dos y están hacia afuera y la lengua que es una y se encuentra escondida y resguardada por la dualidad externa. Cada palabra en hebreo posee un significado oculto. Es como la unión entre un hombre y una mujer. Esta última es un misterio, la vacuidad, y el hombre la llena, le da y juntos en unidad florecen y son mejores. Los pies y la cabeza son dos opuestos que se tocan. Los pies en contacto con la suciedad que ciega el espíritu y la cabeza cegada por la Luz Divina. Ambos extremos deben cubrirse. Lo mejor es cuando el cerebro se calienta con el corazón. El corazón es el punto medio que da equilibrio. El estómago es animal, la cabeza es divina. Uno debe espiritualizar todo pero eso solo se consigue si uno vive una vida plena abajo en la Tierra; una vida completa. Por eso uno debe tener una mujer y crear una familia. Hay que ganarse el pan pero nunca dejar de buscar la verdad. El amor es lo más importante porque allí se unifican los opuestos. La mujer y el hombre se casan bajo una tela para que recuerden que existe algo arriba de su dualidad que los une. Dios está en todo, aun en el mal, y allí también se le puede encontrar. El hebreo es intraducible y cada palabra es un milagro. Todos los días doy gracias a Dios por el milagro de haber vuelto al judaísmo. La sabiduría de la Torá se encuentra más allá del intelecto, no se puede explicar. Se debe sentir y yo lloro cuando encuentro la sabiduría de la Torá. Me llena y siempre vivo maravillado de lo que estudio. Tengo 81 años, 10 operaciones y dos ataques cardiacos. Es un milagro verme vivo. Todo lo hace Dios en su majestad grandiosa. La Torá es su mensaje.

Epílogo

Me he tardado más de tres meses en terminar de transcribir todas las notas que tomé durante mis conversaciones con estos nueve cabalistas. Cada vez que me sentaba a escribir acerca de las enseñanzas de cada uno de ellos o en referencia a la impresión que me causaba el conocerlo y compartir algo de su vida sentía temor de hacerlo imperfectamente. Algunos de ellos quizá se sientan molestos por alguna interpretación errónea que mi ignorancia e inexperiencia haya hecho. De antemano les pido disculpas.

En otras ocasiones, al escribir he sentido que he profanado un conocimiento profundo que no puede transmitirse en tan breve espacio y que aun contando con mayor amplitud sería mejor que permaneciera oculto. He luchado en contra de esta sensación y justifico el hacer públicos todos estos diálogos porque creo firmemente que vivimos un tiempo en el cual las diferencias entre las tradiciones no deben ser un obstáculo para su conocimiento y divulgación. No importa que este escrito sea leído por un judío, un cristiano o un budista. Todos somos iguales aunque cada uno de nosotros es un individuo absolutamente único e irrepetible en toda la eternidad y en todos los mundos vivos del universo.

La Unidad es el misterio y es la fuente y la cerradura que puede llevarnos a ser cada vez más humanos y auténticos. En esto todos estamos de acuerdo, independientemente de nuestro origen, linaje, religión, tradiciones o educación.

Mi deseo es que lo que me he atrevido a compartir con el lector le sea de utilidad y lo ayude en su camino, cualquiera que este sea.

Cuixmala, Jalisco, 1.º de abril de 1990

AGRADECIMIENTOS

Gracias a mi padre amado, por dejar a la humanidad este regalo tan grande en todos sus textos e investigaciones. Gracias por haber tenido el atrevimiento de ahondarse en lo más profundo y darnos con sus letras una ventana para comprender un poco más nuestra naturaleza.

Gracias por ser uno de los pioneros en la investigación científica de la conciencia.

Gracias, padre, por enseñarme tantas cosas, acompañarme y cuidarme siempre con tanto amor.

Gracias a mi madre por siempre estar presente y siempre recordar a mi padre con respeto y cariño.

Gracias a mis hijas Ixchel y Leilani, por traer dentro esa herencia llena de sabiduría. Gracias por cuidar con tanto amor el legado de su abuelo.

Gracias a Nicolás por ayudar tanto en la recuperación de la obra de mi padre.

Gracias a la música por ser un canal tan sutil de comunicación con mi padre.

Gracias a todos los amigos entrañables de Jacobo.

Gracias a la familia.

Gracias a todos los científicos que han seguido la investigación en sus laboratorios.

Gracias a la UNAM por apoyar siempre el trabajo de mi padre.

Gracias a Penguin Random House por difundir el trabajo de Jacobo Grinberg en esta nueva edición de sus libros.

Gracias a la humanidad por estar llena de luz a pesar de todo lo que hemos y estamos pasando... Somos seres hermosos, parte de este universo que lo es todo... Somos polvo de estrellas.

Gracias, padre, donde sea que te encuentres. Te amo en lo más profundo de mi ser.

ESTUSHA GRINBERG

Esta obra se terminó de imprimir
en mes de noviembre de 2024,
en los talleres de Corporativo Prográfico, S.A. de C.V.
Ciudad de México